U0890387

散户投资一招制胜

王波海　著

SPM 南方传媒 | 广东经济出版社
·广州·

图书在版编目（CIP）数据

散户投资一招制胜 / 王波海著. — 广州：广东经济出版社，2025. 2. — ISBN 978-7-5454-9370-2

Ⅰ. F830. 91

中国国家版本馆 CIP 数据核字第 2024WL9188 号

责任编辑：周伊凌　许　璐
责任校对：李孜孜　汪宗跃
责任技编：陆俊帆
封面设计：集力書裝　彭　力

散户投资一招制胜
SANHU TOUZI YIZHAO ZHISHENG

出 版 人：刘卫平
发　　行：广东经济出版社（广州市水荫路 11 号 11～12 楼）
印　　刷：广东鹏腾宇文化创新有限公司
（广东省珠海市高新区唐家湾镇科技九路 88 号 10 栋）

开　　本：787mm×1092mm　1/16　　**印　　张：**19. 75
版　　次：2025 年 2 月第 1 版　　**印　　次：**2025 年 2 月第 1 次
书　　号：ISBN 978-7-5454-9370-2　　**字　　数：**327 千字
定　　价：68. 00 元

发行电话：（020）87393830
广东经济出版社常年法律顾问：胡志海律师
如发现印装质量问题，请与本社联系，本社负责调换
版权所有 · 侵权必究

自　序

"满纸荒唐言，一把辛酸泪"

这里没有诗歌，来赞美人间的正直和善良，去鞭挞世间的不公和丑恶；这里没有哲理，去探讨人生的目的、价值、意义和形态。但在这个特殊的商品市场，有莺歌燕舞、高歌猛进，有垂头丧气、血雨腥风。

正是人性中的贪嗔痴念，让这世界上的每一个人，都鲜活了起来。世间繁华万千，沧海桑田，岁月如烟，有人迷失了本心，有人保持初衷。这形形色色、善善恶恶，谁又能说得清，可也正是这份说不清，构成了真实的世间。

本人是一个小小散户，1994 年入市，自从入市以来，虽然偶尔也盈利一点，但整体处于亏损状态。每到发工资，除了留下生活费，我便将剩余的资金毅然决然投入股市。因为本人从不举债炒股，也不融资融券，所以在股市里存活了下来。我和我妻子在当地收入算是比较高的，但因为炒股，相对同学、同事来说，我的家庭成了一个相对的"贫困户"。但我一直没有停下炒股的脚步，直到今天，我仍奋战在股市里，从不气馁，决不退缩，永不言败。这么多年来，我经历过彷徨、徘徊和郁闷的日子，"炒"得我怀疑人生，但支持我的精神动力告诉我，绝对不能就此罢休，所以我一直在思考人生，领悟人生——我到底错在哪里？我开始阅读大量炒股书籍，从中受益匪浅，受用无穷，也开始结合所学到的理论知识和实战经历，掌握了点滴操盘实战经验。功夫不负有心人，近两年来，逐渐步入了"多头区域"，至少是盈多亏少，开始从"一赚二平七亏损”的散户投资者亏损队伍，渐渐进入到了10%盈利者的行列。

“工欲善其事，必先利其器。”我阅读过大量的炒股书籍，这对我汲取炒股理论知识起了很大的作用。我是从事财务工作的，与一般散户投资者相比，看炒股的书籍可谓轻车熟路。我国从事证券行业的专业人士不计其数，机构操盘手更是成千上万、多如牛毛。他们在操控一只股票时是绝对保密的，毕竟炒股如打仗，是机构与机构之间、机构与散户之间的博弈。散户投资者就是被机构投资者收割的“韭菜”，如果散户投资者都像机构投资者一样在股市里如鱼得水，得心应手，那这个市场谁主沉浮？我们可以想象，这个市场的透明度能有多高，机构在收集筹码阶段，是一点都不会向外泄露的，不亚于军事战斗前的作战计划，一旦筹码收集完毕，又会对外发布利好，吸引跟风盘，机构一路完成滚动派发。

机构在这个市场上是既可爱又可恨的存在，没有机构的市场犹如一潭死水，靠散户是掀不起波澜的。机构拉升股价，令我们散户投资者既兴奋又激动；机构的打压、洗盘令我们既沮丧又悲愤。特别是看着自己买入的股票一天天下跌，我们心口都在淌血，不愿意也不敢去看账面浮亏。但在这里我也要讲句客观实际的话，我们的散户投资者也太不争气了，不愿意去学习。大部分散户投资者除了会开户交易，对最基本的K线形态、均线系统和一般常用的技术指标都不太懂，就仓促上阵；更没有对自己进行过系统培训，哪怕是模拟实战，最后就稀里糊涂买入股票，你不亏钱谁亏钱？这也是我本人几十年来炒股生涯的真实写照，我没有任何权利去数落其他散户投资者。

散户投资者没有基本的炒股理论知识，就总结不出来一定的实战经验。自然，有了实战经验，也不一定能在这个风云诡谲、瞬息万变的市场中获利，并不是每个散户投资者阅读了炒股的理论书籍，均能总结出实战经验。你不去冥思苦想，“悟”出属于你自己的一套交易系统和一招制胜的技巧来，是无济于事的。

技术分析是预判股票后续走势的方法和技巧，包括但不限于K线分析、切线分析、形态分析、波动分析、技术指标分析等。本人的拙作主要是在各个周期级别运用常用的技术指标对大盘、中长线和短线股票进行分析的思路和技巧。投资者可以利用技术指标分析股票指数或个股后续是上涨还是下跌，是调整还是震荡。利用技术指标分析买卖股票有一定的风险。在股票交易中（特别是在短线交易中），技术分析很难作为判断股票指数或个股涨跌、调整或震荡的唯一方法，投资者可以结合基本面进行综合分析。技术分析建立在“历史会不断重演”的基础上，试图通过大量的统计资料来预测股市行情走势。尽管技术分析有用的证据很少，但它仍存在着，且被市场上机构和散户投资者广为使用。

炒股必须掌握一定的基本技巧，我们散户要有属于自己的一套交易方法。技术指标不是万能的，但不掌握最基本常用的技术指标是万万不能的。因为现在散户投资者基本是居家或在办公场所炒股，均在运用炒股交易软件，同时也有少部分散户投资者掌握了对基本的 K 线形态、均线系统和基本常用的技术指标的分析能力，所以现在机构经常会在上述这些方面，特别是在技术指标方面制造“骗线”，形成假多头或假空头来欺骗散户投资者做多或做空。该问题暂不在此赘述，在本书中我会加以阐述的。

目前，二级市场交易上的技术指标有上千种，总体可以分为三类：一是摆动类指标，二是趋向类指标，三是能量类指标。在实盘操作中，我们不能只看一种指标，而要将多个指标结合起来使用，但我们在操盘时运用的技术指标不能过多，否则容易混乱，不知道哪个是对的，哪个是错的。

技术指标真是非常奇妙，在各个周期级别上发挥着独特的作用。一个指标在日周期级别发挥不了它应有的作用，但是在周周期、月周期、季周期和年周期级别上却发挥着其他技术指标替代不了的作用，如 BOLL 指标在年周期级别上就发挥着识别大盘底部的作用。当年周期 CCI 指标触底后，我们只能初步判断未来行情可能是结构式慢牛行情、慢牛行情或大牛市行情中的一种，但无法具体确定是哪一种。利用年周期 KDJ 指标可以判断大盘的顶部和底部，并能区分大盘行情是结构式慢牛行情、慢牛行情还是大牛市行情。借助年周期 RSI 指标并结合年周期 KDJ 指标就可以比较准确地推断出结构式慢牛行情、慢牛行情或大牛市行情的底部和顶部。特别是季周期 MACD 指标的应用，那真的是王者风范，它的每一次“金叉”或“死叉”都预示着“牛熊”的交替。在此就不一一列举了，在本书中你们会了解到的。

常用的股票分析理论无非就是：基本面分析理论、技术分析理论、心理分析理论等。本书主要内容是利用 MACD 指标、TRIX 指标、KDJ 指标、RSI 指标、BOLL 指标和 CCI 指标等技术指标对大盘指数在各个周期级别进行分析，并利用 MACD 指标、TRIX 指标和 KDJ 指标共振原理对个股进行技术分析。

本人写书的目的只有一个，就是把我在实战中所遇到的、对散户投资者有所裨益的内容以书面形式写出来，分享给每一位散户投资者。本书中穿插了一些常用的股票基本概念和理论知识，着重结合基本的 K 线形态、均线系统和技术指标进行讲述。书中很少涉及股指和个股的基本面和消息面，因为广大散户投资者没有时间和精力去挖掘这些信息，在 5000 多只股票里，我们也找不出这些“金子”来。

本书主要分为“大盘篇”“中长线股票篇”“短线股票篇”和“运用各周期级别 MACD 指标、TRIX 指标和 KDJ 指标选股需要注意的问题”四大部分。“大盘篇”主要分享了运用各周期级别常用技术指标对大盘指数进行分析的思路和技巧。“中长线股票篇”着重讲解如何运用各周期级别常用技术指标对中长线股票进行分析。“短线股票篇”主要在日周期级别，对所选个股进行解析。我独创的超级短线（当日买入，次日卖出）方法很有特色，每天操盘盈利在 0.5%～2%。特别是在“短线捕捉强势龙头股和妖股的思考和方法”中，以技术指标为基础，我分享了自己的见解。“运用各周期级别 MACD 指标、TRIX 指标和 KDJ 指标选股需要注意的问题”主要对怎样操作个股进行剖析。

本人就是一个无名小卒——一个小小散户投资者，在两亿股民中就是沧海一粟，而且文化程度仅为大专，没有在任何时间、任何领域取得过任何荣誉，所以书中可能会有一些谬误或其他问题①，敬请诸位经济学者、机构主力和广大散户投资者给予批评指教！本人利用技术指标分析大盘走势和选取个股的能力，是日积月累的结果，不是一朝一夕、一蹴而就练成的。我想到某个问题，

---

① 本书的撰写工作完成于较早的时间点，书中包含的分析和结论是基于当时的信息和数据做出的，信息与数据可能会随时间发生变化；同时本书涉及信息与数据来源于特定交易软件，该交易软件可能与同类型交易软件存在一定差异，因此本书提供的信息和数据仅供参考。读者在阅读本书时，应自行核实最新信息和数据，并结合实际情况做出明智的投资选择。

即使在深更半夜也要爬起来打开电脑加以验证。作为一个散户投资者，这本书是我个人炒股生涯的心路历程。

本书剥茧抽丝、深入浅出地揭示股票二级市场交易的秘诀。愿此书能为散户投资者在股海里奋力前行时释疑解惑！在本书的写作过程中，我得到了部分机构和同仁的支持与鼓励。你们是我前行的源泉动力，在此一并表示衷心的感谢！

股市有风险，投资须谨慎！

目 录

第一篇 大盘篇

股票市场的前身是1602年荷兰人在阿姆斯特河大桥上进行荷属东印度公司股票的买卖，而正规的股票市场最早出现在美国。股票市场唯一不变的就是它时时刻刻都是变化的。股票市场是人类社会发展的必然产物，是从小到大、从弱到强的一个不断发展的资本市场，遵循着循序渐进、周期循环、行业轮动、物极必反、受资金面和政策面影响等一些规律。从最初的“老八股”到如今的5000多只股票，从最初的柜台交易到现在的手机操作交易和居家电脑操盘交易，从最初的审批制、核准制到现在的注册制，无不体现了我国对股票市场不断发展壮大提供的物质保障和制度保证。

为此，本人根据自己所学的理论知识、操盘思路和技巧，对股票市场的大盘作了一些粗浅的分析判断，其中不乏一些不成熟的想法，但我相信“百花齐放，百家争鸣”同样适合我国的股票市场。所以，作为一个小小的散户投资者，我并非要著书立说，只是通过这么多年的磨砺，总觉得不将这些经验和感悟书写出来，心里好像压着一块石头。

本书采集了海量的数据，在阅读过程中读者可能会觉得繁杂和啰唆，但缺少了对这些数据的分析，就得不出可信的结论。诚然，我在运用年周期BOLL指标进行分析时，就知道2023年的大盘支撑位在2840点上下，最坏的结果也就是2810点，因为历史上大盘也有跌破中轨的情况，但下跌也不过就是20点或30点。年周期CCI指标可帮助我们预见结构式慢牛行情、慢牛行情或大牛市行情的来临，至于判别它是结构性慢牛行情、慢牛行情还是大牛市行情，我们要借助年周期 KDJ 指标。KDJ 指标的 J 线一旦运行到 20 以下“超卖”区间，意味着慢牛行情或大牛市行情将会启动；J 线在 20 以上空头区域拐头向上运行，则预示着结构性慢牛行情开启。利用年周期 RSI 指标并结合年周期 KDJ 指标，就可以判断大盘的底部位置在哪里，且可以预判顶部在什么点位。以上这些内容，我都想分享给投资者，主要是散户投资者，因为机构投资者专业人士对这些“雕虫小技”早已烂熟于心了。这就是我著书的初衷，散户投资者若能理解我的良苦用心，我就知足矣！

我时常惊奇地发现上证指数、深证成指和创业板指有许多相似之处，好像有一只无形的手在操控市场，就连它们的分时图也有很多相似点。每个市场都有上千只股票，有趋同性也不至于其分时图也有趋同性吧？股票市场真是一个奇妙的市场。但有一点我是深信不疑的，那就是技术指标在其中起了很大的作用。

扫码获取

更多数字资源

第一章 运用月周期级别常用技术指标对大盘指数的分析思路和技巧

运用月周期级别 MACD 指标的思路和技巧

MACD 指标又叫异同移动平均线，由 DIF 值（差离值）、DEA 值（差离值平均数）和 BAR（柱状线）三部分组成，MACD 指标是判断股票买入与卖出时机、信号的一个经典指标，具有多种形态。在运用 MACD 指标时，先计算一段时间内股指和个股股价的快速和慢速平滑移动平均线，对二者的差值再次进行平滑后，再据此进行研判。简单理解就是，当 MACD 指标从负数变为正数时，可以买入；当 MACD 指标从正数变为负数时，可以卖出。MACD 指标是根据移动平均线的优点所发展的技术分析工具，主要是利用长短线两条平滑的平均线，计算出两者之间的离差值。MACD 指标既可以去掉简单移动平均线经常出现的假信号，又保留了移动平均线的优点。这一趋势性的指标在用于趋势变化、震荡行情、底部和顶部的判断的时候有着惊人的准确率。

MACD 指标柱状线表示的是 DIF 值和 DEA 值之间的距离，当 DIF 值大于 DEA 值时为红柱状线，当 DIF 值小于 DEA 值时为绿柱状线。MACD 指标红柱状线的出现意味着股票价格将由低位回升或进一步上扬，对应走势通常是呈单边上行，是多头动能持续累积的信号，且盘面以多头行情为主导。在股票市场上，投资者可以利用 MACD 指标红绿柱状线的变化来分析个股，寻找买卖机会：MACD 指标柱状线由红变成绿是一种卖出信号；它由绿变成红，则是一种买入信号。MACD 指标红柱状线连续放大，说明市场能量越来越强，买入的人越来越多，投资者可以考虑适量地买入一些。MACD 指标红柱状线连续缩短，说明市场上的多方力量在不断衰减，投资者应当进行减仓操作。MACD 指标绿柱状线连续放大，说明市场上卖出的人越来越多，投资者应以卖出为主；MACD 指标绿柱状线连续缩短，说明市场上的空方力量在不断地衰退，投资者可以考虑进行建仓操作。

MACD 指标的意义和双移动平均线基本相同，即由快、慢均线的离散、聚合表示当前多空状态和股价可能发生变化的趋势。MACD 指标以大角度变化，即快的移动平均线和慢的移动平均线的差距被迅速拉开，代表了市场大趋势的转变。

MACD 指标有一个 0 轴——这是这个指标的关键。第一眼就要先看它，看看快慢线到底是在 0 轴以上还是在 0 轴以下。如果快慢线在 0 轴以下，那股价呈下跌趋势。如果投资者被套了，则每次黄金交叉（金叉）形成时都是出逃的机会。如果你死板地按照金叉买入，就彻底做错了。如果快慢线是在 0 轴以上，它跨越 0 轴之时就是股价转势之时。因此，从 0 轴以下开始运行的转势叫“反弹”，从 0 轴以上开始运行的转势叫“反转”。按照软件自定的参数，0 轴其实就相当于 20 日均线。

从目前情况来看，大盘运行时间相对来讲还是比较短暂的，所以分析季周期和年周期可以以全景图的形态作详细分析，而月周期就过于长了，只能截取现在的部分图形作粗浅的分析。

图 1-1-1 是上证指数月周期 MACD 指标和 KDJ 指标行情图。周期不同，K 线形态、均线系统和技术分析指标反映的详细情况就不一样。一般来讲，小周期受制于大周期，特别是小周期级别指数和个股股价的涨跌，日周期一般受制于周周期，周周期又受制于月周期，但最终小周期级别行情的涨跌也可以改变大周期级别的指数或个股的走向，同时周周期、月周期、季周期和年周期级别行情对日周期级别行情又具有反作用。我们会在“中长线股票篇”和“短线股票篇”中加以探讨。

2014 年 6 月，第二波大牛市行情启动，但我们不但要看 MACD 指标是否出

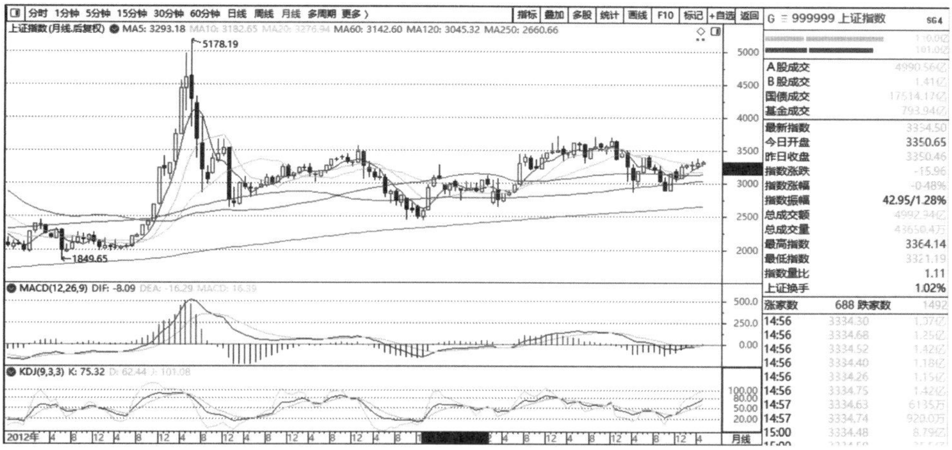

图 1-1-1　上证指数月周期 MACD 指标和 KDJ 指标行情图

现金叉，还要看 RSI 指标和 KDJ 指标等其他指标是否一起联动形成金叉或趋向金叉。

根据 MACD 指标的红柱状线是否一根比一根有效放大，我们从季周期级别行情可以确定牛熊是否交替，而这一波行情是大是小，就要以 MACD 指标的红柱状线为依据了，但我们至少要等待 4 个月才能确定月周期 MACD 指标的红柱状线是否一根比一根有效放大。①

在这波牛市行情中，上证指数达到了最高点。2015 年 6 月，上证指数为 5178 点，DIF 值为 522. 61，DEA 值为 283. 47，红柱状线值为 478. 29。实际上在当年 5 月，DIF 值为 481. 29，DEA 值为 223. 68，红柱状线值为 515. 22。6 月的红柱状线值小于 5 月的红柱状线值，红柱状线缩短，在大牛市行情中，这是见顶的信号，投资者应当果断离场。接下来 4 个月的月大阴线结束了长达 10 个月的牛市行情。2015 年 10—12 月是持续 3 个月的反弹行情。虽然是反弹，但大势已去，MACD 指标已经出现了死叉，反弹行情中也出现了绿柱状线。2016 年 1 月，上证指数跌到了 2638 点。2016 年 2 月，绿柱状线继续放大，此

① 在周周期级别上，我们是无法判断行情大小的。投资者可以去看看在这波大牛市行情中，周周期 MACD 指标也涨跌不定，但我们可以根据周周期级别行情的反复上涨和下跌，在个股上做高抛低吸。我们在月周期和季周期级别上已经明确了大牛市行情的存在，就不怕在个股上被套牢。因此我们可以等行情调整到相对低位时买入，在相对高位时卖出。

时绿柱状线值为-241.88。2016年3月，行情出现反弹，绿柱状线值为-240.73，本次反弹行情一直持续到2018年1月才结束。2018年2月，大盘的上涨趋势结束，接下来是持续11个月的下跌行情。MACD指标出现绿柱状线，且已经形成死叉。MACD指标在0轴下方运行，到2019年1月，大盘才止跌回稳。股市开始了持续4个月的反弹行情，之后在2019年5月进入了长达13个月的震荡行情，同年6月又进入了结构式慢牛上升行情。在此期间，MACD指标的红柱状线时长时短。上证指数一直在高位震荡，直到2022年1月，结构式慢牛行情结束，指数向下运行。2023年4月，MACD指标的DIF值为-17.18，DEA值为-18.34，绿柱状线值为2.32，MACD指标已形成金叉。

因此，投资者不仅要看MACD指标是否出现金叉和死叉，更要看红绿柱状线的长短。在第一次大牛市行情（2005年12月至2007年10月）中，上证指数月周期MACD指标红柱状线一根比一根有效放大。相较于观察季线，投资者能更早预测见顶信号。相对于第二次大牛市行情（2014年5月至2015年5月），第一次大牛市行情的红柱状线就较为长、多。在第一次大牛市的调整中，绿柱状线一根比一根放大。第二次大牛市行情下，绿柱状线则较为短、少。一般在结构式慢牛行情、慢牛行情或是慢熊行情下，红绿柱状线就在0轴附近徘徊，特别是“牛皮市”中，MACD指标就在0轴上盘整。在月周期级别上，我还发现红绿柱状线还有着相应的对称性，也就是说，在行情上涨过程中，红柱状线有多长，下跌行情中对应的绿柱状线就会有多长，这为我们判断行情有多少下跌空间提供了比较确切的依据。

图1-1-2是深证成指月周期MACD指标和KDJ指标行情图（2012年8月后），与上证指数走势相差无几；但2019年2月后，其涨幅明显大于上证指数，原因是上证指数绩优蓝筹大盘股在本次行情中没有发力，而深证成指中小盘股比较活跃，导致深证成指比上证指数涨幅大。2023年4月，深证成指的情况跟上证指数的一样。

图 1-1-2　深证成指月周期 MACD 指标和 KDJ 指标行情图

图 1-1-3 是创业板指月周期 MACD 指标和 KDJ 指标行情图，与深证成指一样，涨幅可观。

图 1-1-3　创业板指月周期 MACD 指标和 KDJ 指标行情图

三大指数情况大致相同。在月周期级别上，上证指数、深证成指和创业板指的 MACD 指标大多在 0 轴下方形成金叉的，这就是我们通常所说的“水下金叉 ①”。

① 常见情况有“水上金叉”“水下金叉”“水上死叉”和“水下死叉”。“水上金叉”是 DIF 线和 DEA 线都在 0 轴（即“水面”）上方，DIF 线向上穿过 DEA 线时形成的。“水下金叉”是 DIF 线和 DEA 线在 0 轴下方，DIF 线向上穿过 DEA 线时形成的。“水上死叉”是 DIF 线和 DEA 线在 0 轴上方，DIF 线向下穿过 DEA 线时形成的。“水下死叉”是 DIF 线和 DEA 线在 0 轴下方，DIF 线向下穿过 DEA 线时形成的。

运用月周期级别 KDJ 指标的思路和技巧

KDJ 指标是最常用的技术分析工具之一，被广泛用于股市的中短期趋势分析。它主要研究最高价、最低价和收盘价之间的关系，反应比较敏感、快速。它由 K 线、D 线和 J 线构成，其中 K 线是快速确认线，D 线是慢速主干线，而 J 线是方向敏感线。KDJ 指标坐标数值在 0 至 100 之间波动，中轴位置在 50，所以坐标数值 50 又被我们习惯称为“多空分水岭”。KDJ 指标值超过 50，且向上发散，被看作多头占优势；反之，KDJ 指标值低于 50，且向下发散，被看作空方占优势。一般对做大资金大波段的人来说，在月周期 KDJ 指标处于低位时逐步进场吸纳，主力平时运作时重点关注周周期 KDJ 指标所处的位置，日周期 KDJ 指标对股价变化方向极为敏感，是日常买进卖出的重要信号。

KDJ 指标使用技巧如下：

（1）K 值与 D 值永远介于 0 到 100 之间，D 值大于 80 时，行情呈“超买”现象；D 值小于 20 时，行情呈“超卖”现象。

（2）在上涨趋势中，K 值大于 D 值，K 线向上突破 D 线，为买进信号；在下跌趋势中，K 值小于 D 值，K 线向下跌破 D 线，为卖出信号。

（3）KDJ 指标不仅能反映出市场的“超买”和“超卖”程度，还能通过交叉突破发出买卖信号。

（4）KDJ 指标不适用于发行量小、交易不活跃的股票，但 KDJ 指标对判断大盘和热门大盘股有极高准确性。

（5）KDJ 指标与个股股价出现背离，一般为转势的信号。

（6）K 值和 D 值上升或下跌速度降低，倾斜度趋于平缓，这是短期转势的预警信号。

KDJ 指标本身有一定局限性，因此投资者在利用 KDJ 指标来制定股票投资策略时应加以注意。小周期有小周期的作用，大周期有大周期的功能。对于同一指标，我们可以在不同周期相互参照比较，相互参考验证。

从三张上证指数月周期 KDJ 指标行情图（图 1-1-4、图 1-1-5 和图 1-1-6）来看，J 值超过 100 的有 11 个重要高点，均在绝对“超买”区间。在 0 轴下方有 8 个重要低点，金叉和死叉也相当多，顶背离和底背离情况屡屡发生。

图 1-1-4　上证指数月周期 KDJ 指标行情图一

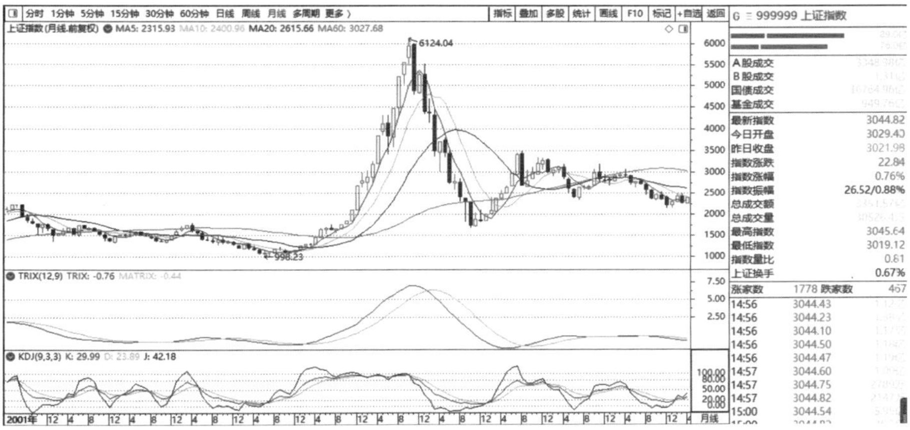

图 1-1-5　上证指数月周期 KDJ 指标行情图二

图 1-1-6　上证指数月周期 KDJ 指标行情图三

由于月周期级别行情涉及时间较长，我们再截取其中一段时间的上证指数月周期 KDJ 指标行情图作分析。回看图 1-1-1，J 值有 7 个高点（表 1-1-1），比较重要的低点有 6 个（表 1-1-2）。但我们根据月周期级别行情分析 KDJ 指标时，还要看 D 值的情况，不能仅依据 J 值对大盘作出判断。

表 1-1-1　上证指数月周期 KDJ 指标重要高点

序号	详细说明
1	2013 年 2 月，K 值为 60.14，D 值为 40.09，J 值为 100.26
2	2014 年 11 月，K 值为 87.42，D 值为 71.15，J 值为 119.97，此时的牛市行情才运行 7 个月，2015 年 1 月后，KDJ 指标 J 值就出现了顶背离
3	2016 年 11 月，K 值为 66.59，D 值为 47.23，J 值为 105.30
4	2017 年 10 月，K 值为 86.06，D 值为 78.68，J 值为 100.80
5	2019 年 4 月，K 值为 61.13，D 值为 42.27，J 值为 98.84
6	2020 年 12 月，K 值为 85.31，D 值为 74.92，J 值为 106.08
7	2023 年 4 月，K 值为 69.01，D 值为 56.00，J 值为 95.04，从 D 值的情况来看，D 值还处于相对低位，但 J 值已经在高位，只有 2023 年 5 月有一根月阴线，使 K 线和 J 线向下运行，而 D 线继续向上运行

表 1-1-2　上证指数月周期 KDJ 指标重要低点

序号	详细说明
1	2012 年 11 月，K 值为 11.94，D 值为 16.93，J 值为 1.96
2	2014 年 5 月，此时是大牛市行情启动前的低点，K 值为 29.29，D 值为 37.73，J 值为 12.41，说明大牛市行情的 KDJ 指标的低点并不是历史最低点形成的
3	2015 年 9 月，熊市行情的最后一根月阴线，K 值为 39.16，D 值为 61.61，J 值为-5.76
4	2018 年 6 月，K 值为 20.73，D 值为 37.61，J 值为-13.04，此时指数并没有下跌到位，总体下跌趋势仍未改变，但 KDJ 指标出现了底背离
5	2022 年 4 月，K 值为 33.93，D 值为 43.76，J 值为 14.27
6	2022 年 10 月，K 值为 25.37，D 值为 35.58，J 值为 4.95

关于金叉和死叉的问题，一般在 K 值、D 值和 J 值比较接近的情况下才出现金叉或死叉，特别是 K 值和 D 值一定要十分接近，才会出现金叉或死叉。

图 1-1-1 中主要有以下 6 个金叉点位（表 1-1-3），重要的死叉点位有 3 个（表 1-1-4）。

表 1-1-3 上证指数月周期 KDJ 指标金叉点位

序号	详细说明
1	2012 年 12 月
2	2014 年 7 月（大牛市行情）
3	2016 年 6 月
4	2019 年 1 月
5	2020 年 5 月
6	2022 年 11 月

表 1-1-4 上证指数月周期 KDJ 指标死叉点位

序号	详细说明
1	2015 年 6 月（大牛市行情结束的起始月）
2	2018 年 1 月
3	2021 年 3 月（此后，指数震荡走高，但 KDJ 指标一波比一波走低，出现了顶背离）

在这里我要重点讲述一下，月周期 KDJ 指标 K 线、D 线和 J 线同时运行到“超买”区间只有 4 次（图 1-1-4，图 1-1-5 和图 1-1-6）。第一次是 1991 年 8 月至 1992 年 6 月，指数从 95 点涨至 1249 点；第二次是 2000 年 9 月至 2001 年 1 月；第三次是 2006 年 6 月至 2007 年 10 月，市场一直处于“超买”状态，这是大牛市的特点；第四次是 2015 年 1 月至 2015 年 5 月。

为什么我要在这里重点强调这个情况？因为该情况为大牛市行情见顶提供了切实有力的依据。尽管月阴线的出现会让 KDJ 指标形成死叉（如 2007 年 6 月的月阴线让 KDJ 指标形成死叉，但 J 值仍为 83.51，没有运行到 80 以下多头区域）。只要 KDJ 指标中 K 线、D 线和 J 线一直在“超买”区间运行，我们就不能认为牛市行情结束（2007 年 11 月，一根月阴线使 J 线运行到 80 以下多头区域，此时我们才能确认牛市多头行情结束）。

上证指数月周期 K 线、D 线和 J 线一旦运行到“超卖”区间，大概率会有一波反弹行情或是牛市行情，但不是所有的牛市行情启动，KDJ 指标一定要运行到“超卖”区间。在此不一一叙述了，有兴趣的散户投资者可以自己去看看。

在月周期级别行情中，上证指数 KDJ 指标反复无常，频繁形成金叉或死叉，经常发生顶背离或是底背离（如 2015 年 9 月至 2016 年 2 月，KDJ 指标的 J 线形成了“双底”，在 2014 年 12 月以后发生了顶背离，在 2018 年 6 月之后发生了底背离）。第一次大牛市行情是在“超卖”区间启动的，但第二次大牛市行情只有 J 值进入了 0 以上 20 以下“超卖”区间，K 值和 D 值均没有进入“超卖”区间，这都给操盘带来了相当大的难度，所以我们要结合 MACD 指标才能判断买卖时机。

深证成指月周期 KDJ 指标运行情况与上证指数相差无几，在此就不赘述了。此处重点阐述一下创业板指（图 1-1-3）。2014 年 3 月至 2015 年 5 月的牛市行情，在上升途中，2014 年 3 月，一根月阴线让 KDJ 指标形成死叉并向下发散，我们不能因此认为上升行情结束了，这只是因为创业板指在 2014 年 3 月至 2014 年 9 月之间做了一个平台整理。并且，我们可以注意到，此时间段的 MACD 指标的 DIF 值一直大于 DEA 值，没有绿柱状线出现，所以我们确认上升行情并没有结束。

运用月周期级别 RSI 指标的思路和技巧

RSI 指标已经是被投资者最广泛应用的技术指标之一。投资的一般原理认为，投资者的买卖行为是各种因素综合结果的反映，行情的变化最终取决于供求关系，而 RSI 指标正是根据供求平衡的原理，通过测量某一期间内指数或是个股股价上涨总幅度与指数或是个股股价变化总幅度平均值的百分比，来评估多空力量的强弱程度，进而提示具体操盘的。RSI 指标的应用法则包括交叉、数值、形态和背离等多方面的判断原则。

运用 RSI 指标的目的是克服动能指标在构建过程中的两个问题：一是不规

则变动，二是为了比较的需要而设立固定的交易区间。不规则变动是由指数或个股股价剧烈的变动引起的，但在计算中逐渐消失。很多情况下指数或个股股价在短时间内剧烈上涨或下跌可能造成动能曲线的突然改变，RSI 指标试图消除这种扭曲现象。RSI 指标不仅能够提供这种平滑特征，而且可以产生一个能够在 0 到 100 之间固定区间变动的指标。

RSI 指标值将 0 到 100 之间分成了从“极强”“强”“弱”到“极弱”四个区间。“强”和“弱”以 50 作为强弱分界线，但“极强”和“强”之间以及“弱”和“极弱”之间的界限要随着 RSI 指标参数的变化而变化。

RSI 指标由 3 条线组成，分别是 RSI1、RSI2 和 RSI3。

从上证指数月周期 TRIX 指标和 RSI 指标行情图（图 1-1-7、图 1-1-8、图 1-1-9）来看，只有三次月周期 RSI 指标三个值同时到达“极强”区间。

图 1-1-7　上证指数月周期 TRIX 指标和 RSI 指标行情图一

图 1-1-8　上证指数月周期 TRIX 指标和 RSI 指标行情图二

图 1-1-9 上证指数月周期 TRIX 指标和 RSI 指标行情图三

（1）第一次为 1991 年 8 月至 1992 年 6 月，取 1992 年 6 月数值，RSI1 值为 94.60，RSI2 值为 95.00，RSI3 值为 94.99，均在绝对“极强”区间。

（2）第二次为 2007 年 3 月至 2007 年 10 月，取 2007 年 10 月数值，RSI1 值为 93.79，RSI2 值为 92.09，RSI3 值为 87.29。

（3）第三次为 2015 年 5 月，这次比较准确，上证指数和 RSI 指标同时到达次高点，为 4986 点（最高点为 5178 点，在月周期级别上，只要没有出现大的月阴线，一般不会发生顶背离情况），但这一次 RSI 指标的 RSI3 线没有运行到“极强”区间。

在月周期级别上，RSI 指标与 KDJ 指标一样，非常敏感，在 50 这一强弱分界线附近形成很多金叉和死叉。从历史上看，上证指数月周期 RSI 指标的三条线只有两次运行到了“极强”区间，一次是 1991 年 8 月至 1992 年 6 月；另一次是 2007 年 3 月至 2007 年 10 月。即便是在 2014 年 6 月至 2015 年 5 月的大牛市行情中，月周期 RSI 指标的 RSI3 线也没有运行到“极强”区间，2015 年 5 月该指标的 RSI3 值为 76.82（2015 年 6 月有一根月阴线，如果收盘指数为 5178 点，那么 RSI3 值大概率会运行到“极强”区间）。月周期 RSI 指标的 RSI1 线、RSI2 线和 RSI3 线均运行到“极强”区间的情况很少出现。

上证指数月周期 RSI 指标（图 1-1-7、图 1-1-8、图 1-1-9）有 6 个比较重要的低点。

表 1-1-5 上证指数月周期 RSI 指标低点

序号	详细说明
1	1994 年 7 月，RSI1 值为 18.91，RSI2 值为 35.71，RSI3 值为 44.51，此时 RSI 指标为低点，指数也是低点
2	2002 年 1 月，RSI1 值为 19.87，RSI2 值为 34.29，RSI3 值为 46.09，但尽管此时 RSI 指标为最低点，但上证指数不是低点
3	2005 年 5 月，此时 RSI 指标并不是低点，但开启了史上最大的牛市行情，RSI1 值为 24.07，RSI2 值为 31.47，RSI3 值为 38.65，牛市行情延续了 29 个月
4	2008 年 10 月，RSI1 值为 17.34，RSI2 值为 32.41，RSI3 值为 42.11，至此，开始了为期 9 个月的反弹行情
5	2014 年 6 月，此时 RSI 指标开始形成金叉，而此时 RSI 指标是在 50 强弱分界线下方的“弱”区间，并启动了第二波牛市行情，RSI1 值为 43.12，RSI2 值为 43.36，RSI3 值为 44.86
6	2018 年 12 月，RSI1 值为 18.75，RSI2 值为 29.87，RSI3 值为 41.20

上述 6 个低点，没有任何一个低点 RSI 指标的三条线同时运行到“极弱”区间。由于 RSI 指标在月周期级别上频繁出现金叉和死叉，在此就不赘述了。

深证成指有 4 个高点运行到了“极强”区间，有 7 个低点运行到了“极弱”区间。创业板指有 4 个高点运行到了“极强”区间，有 1 个低点运行到了“极弱”区间。

如上所述，只有在大牛市行情下，月周期 RSI 指标三条线才会运行到“极强”区间。在一般的反弹行情、结构式慢牛行情和慢牛行情中，RSI 指标的三条线触碰到 80 就会向下运行，为我们逃顶提供了比较准确的信号，比季周期级别行情抢先了一步。一般情况下，机构也是以月周期级别行情作为买卖依据，做中线进行操盘。散户投资者总是追高被套、抄底被套，就是机构控盘所致，所以散户投资者总处于被动地位。

运用月周期级别 DMA 指标和 TRIX 指标的思路和技巧

TRIX 指标属于趋向类指标，被称为“三重指标平滑移动平均指标”，是根据移动平均线的变动情况来预测指数或个股股价的长期走势，可以通过过滤掉许多不必要的波动（譬如 MACD 指标、KDJ 指标和 RSI 指标的频繁波动）来反映大盘指数或个股股价的长期技术分析工具。

DMA 指标又叫平行线差指标，是目前股票市场分析技术指标中的一种中短期指标，它常用于大盘和个股的研判。DIF 线向上与 DIFMA 线形成金叉，投资者可以买入；DIF 线向下与 DIFMA 线形成死叉，投资者可以卖出。

DMA 指标属于趋向类指标，也是一种趋势分析指标（有点类似于 TRIX 指标，但两者还是有区别的，特别是在某些个股上反映得比较明显。DMA 指标已经出现死叉了，但 TRIX 指标不为所动，仍然向上运行，这个现象在 60 分钟级别上屡屡出现）。它是根据快慢两条移动平均线的差值情况分析指数或个股价格趋势的一种技术分析指标，主要通过计算两条基准周期不同的移动平均线的差值，来判断当前买入卖出的能量大小和未来价格走势的趋势。DIF 和 DIFMA 的数值和曲线的运行方向如下：

（1）DIF 值和 DIFMA 值均大于 0，在图形上表现为它们处于 0 轴以上，并向上运行，一般表示股市处于多头行情中，投资者可以买入或持股。

（2）DIF 值和 DIFMA 值均小于 0，在图形上表现为它们处于 0 轴以下，并向下运行，一般表示股市处于空头行情中，投资者可以卖出股票或观望。

（3）DIF 值和 DIFMA 值均大于 0，在图形上表现为它们处于 0 轴以上，但经过较长时间的向上运行，两者同时从高位向下运行，一般表示股票行情处于退潮阶段，股票将下跌，投资者可以卖出股票或观望。

（4）DIF 值和 DIFMA 值均小于 0，在图形上表现为它们处于 0 轴以下，但经过较长时间的向下运行，两者同时从低位向上运行，一般表示短期行情将启动，股票将上涨，投资者可以短期买进股票或持股待涨。

由于 DMA 指标有预测股价涨跌的功能，因此，投资者也可以将 DMA 指标曲线和股价曲线配合使用：

（1）DMA 指标曲线与股价曲线从低位（DIF 值和 DIFMA 值均在 0 轴以下）同步上升，表明空头力量已经衰弱，多头力量开始积聚，短期内股价有望止跌企稳，投资者可以开始少量逢低买入。

（2）DMA 指标曲线与股价曲线从 0 轴附近向上攀升，表明多头力量大于空头力量，股价将在成交量的配合下，走出一波向上扬升的上涨行情，此时，投资者应逢低买入或持股待涨。

（3）DMA 指标曲线从高位回落，经过一段时间强势盘整后再度向上并创出新高，表明股价的上涨动力依然较强，投资者可继续持股待涨。

（4）DMA 指标曲线从高位（DIF 值和 DIFMA 值均在 0 轴以上）回落，经过一段时间盘整后再度向上，但到了前期高点附近未能创出新高却掉头向下运行，而且股价曲线也同时下跌时，一轮比较强劲的下跌行情将开始，此时投资者千万要小心，一旦股价下跌，应果断及时离场。

（5）DMA 指标曲线与股价均线从中位（DIF 值和 DIFMA 值均在 0 轴以上）继续同步下跌，表明短期内股价将继续下跌，投资者应持币观望或逢高卖出。

（6）DMA 指标曲线在长期弱势下跌过程中，经过一段时间弱势反弹后再度向下并创新低，而股价均线也在弱势盘整后再度向下创新低时，投资者可继续持币观望。

一般而言，在指数或个股完整的升势和跌势过程中，DMA 指标中的 DIF 线和 DIFMA 线会出现多次金叉和死叉的情况。

（1）指数或个股股价经过一段很长时间的下跌行情后，DIF 线开始向上突破 DIFMA 线，表明股市即将转强，指数或个股股价跌势已经结束，将止跌回升，投资者可以开始买进股票，进行中长线建仓，这是 DMA 指标形成金叉的一种形式。

（2）指数或个股股价经过一段时间上升过程中的盘整行情后，DIF 线开始再度向上突破 DIFMA 线，成交量再度放大时，指数或个股股价将再次上涨，投资者可以加码买进股票或持股待涨，这是 DMA 指标形成金叉的另一种形式。

（3）指数或个股股价在经过前期一段很长时间的上涨且涨幅已经很大的情况下，DIF 线向下突破 DIFMA 线，表明股市即将由强势转为弱势，指数或个股股价将大跌，这时投资者应卖出股票而不能买进股票，这是 DMA 指标形成死叉的一种形式。

（4）指数或个股股价经过一段时间的下跌后，上涨动力缺乏，各种均线对指数或个股股价形成较强的压力，表明股市将再度进入极度弱市中，指数或个股股价还将下跌，投资者可以再卖出股票或观望，这是 DMA 指标形成死叉的另一种形式。

DMA 指标的背离是指 DMA 指标的走势方向和 K 线的走势方向相反，DMA 指标的背离有顶背离和底背离两种形式：

（1）顶背离：K 线图上的指数或个股股价走势一峰比一峰高，股价一直在上涨，而 DMA 指标图上的 DIF 线和 DIFMA 线的走势在高位，一峰比一峰低，这叫顶背离现象。顶背离现象一般是指数或个股股价将高位反转的信号，表明指数或个股股价在中短期内即将下跌，是卖出的信号。

（2）底背离：K 线图上的指数或个股股价走势一峰比一峰低，股价一直在下跌，而 DMA 指标图上的 DIF 线和 DIFMA 线的走势在低位，一底比一底高，这叫底背离现象。底背离现象一般是指数或个股股价将低位反弹的信号，表明指数或个股股价在中短期内即将上涨，是买入的信号。

相比于其他技术指标的背离现象而言，DMA 指标出现的机会比较少，但在实际走势中，一旦 DMA 指标出现背离现象，它的准确性则更高，这点应引起投资者足够的重视。

图 1-1-10 是上证指数月周期 DMA 指标和 TRIX 指标行情图，是一张融合了两个指标的浓缩图。因为 DMA 指标要 50 个交易日以后才会出现数值和曲线，所以在之后的季周期和年周期部分我们不会讲述该指标。现将两个指标上下重叠在一起，我们可以对比这两个指标的异同。从大体上看，这两个指标没有什么大的区别，但 DMA 指标相对于 TRIX 指标更活跃，敏感度更高。

DMA 指标和 TRIX 指标有 3 个高点（表 1-1-6）。

图 1-1-10　上证指数月周期 DMA 指标和 TRIX 指标行情图

表 1-1-6　上证指数月周期 DMA 指标和 TRIX 指标高点

序号	详细说明
1	DMA 指标高点出现在 2008 年 1 月，DIF 值为 2560.03，DIFMA 值为 1783.46。TRIX 指标高点出现在 2007 年 11 月，比 DMA 指标高点出现提前了 3 个月，这预示着大牛市行情的结束，TRIX 值为 6.96，MATRIX 值为 5.48
2	DMA 指标高点出现在 2015 年 12 月，DIF 值为 1166.77，DIFMA 值为 951.68。此时在 K 线图上只是一个反弹行情的高点。TRIX 指标高点出现在 2015 年 8 月，也就是在下跌行情途中的第三根月阴线，TRIX 值为 3.03，MATRIX 值为 1.77
3	DMA 指标最高点与上证指数最高点基本吻合，出现在 2021 年 12 月，DIF 值为 406.01，DIFMA 值为 356.64；而 TRIX 指标高点出现在 2021 年 8 月，TRIX 值为 0.82，MATRIX 值为 0.67，也基本上与上证指数高点相吻合

DMA 指标和 TRIX 指标有 5 个比较重要的低点（表 1-1-7）。

表 1-1-7　上证指数月周期 DMA 指标和 TRIX 指标低点

序号	详细说明
1	DMA 指标低点出现在 1996 年 6 月，DIF 值为-125.69，DIFMA 值为-92.61，此时慢牛行情也已经运行了 6 个月；而 TRIX 指标低点出现在 1996 年 4 月，TRIX 值为-0.69，MATRIX 值为-0.68，当时慢牛行情刚刚启动
2	DMA 指标低点出现在 2005 年 10 月，DIF 值为-298.25，DIFMA 值为-276.88，是大牛市行情的启动点位；TRIX 指标低点出现在 2005 年 11 月，TRIX 值为-1.27，MATRIX 值为-1.06
3	DMA 指标低点出现在 2011 年 2 月，DIF 值为-457.44，DIFMA 值为-280.27（此时 TRIX 指标没有进入低点）；TRIX 指标低点出现在 2012 年 12 月，TRIX 值为-1.09，MATRIX 值为 0.93
4	DMA 指标低点出现在 2019 年 2 月，DIF 值为-428.02，DIFMA 值为-157.00；TRIX 指标低点出现在 2019 年 2 月，TRIX 值为-0.71，MATRIX 值为-0.30
5	DMA 指标低点出现在 2023 年 6 月，DIF 值为-49.91，DIFMA 值为 0.60；TRIX 指标低点出现在 2023 年 3 月，TRIX 值为-0.26，TRIXMA 值为-0.09

DMA 指标和 TRIX 指标形成金叉的点位有 7 个（表 1-1-8）。

表 1-1-8　上证指数月周期 DMA 指标和 TRIX 指标金叉点位

序号	详细说明
1	DMA 指标为 1996 年 8 月，TRIX 指标为 1995 年 7 月
2	DMA 指标和 TRIX 指标同为 1999 年 8 月
3	DMA 指标为 2004 年 2 月，而 TRIX 指标为 2003 年 11 月
4	DMA 指标为 2006 年 1 月，TRIX 指标为 2006 年 2 月，在该点位，大牛市行情启动了
5	DMA 指标和 TRIX 指标在同一时间发生金叉，即 2009 年 9 月，此时反弹行情将要结束
6	DMA 指标为 2013 年 7 月，DMA 指标 DIF 值为-393.87，DIFMA 值为-388.31；而 TRIX 指标为 2014 年 6 月，TRIX 值为-0.55，MATRIX 值为-0.59
7	DMA 指标和 TRIX 指标在同一时间形成金叉，为 2019 年 6 月，DMA 指标 DIF 值为-324.54，DIFMA 值为-332.94，TRIX 指标 TRIX 值为-0.54，MATRIX 值为-0.57

DMA 指标和 TRIX 指标形成死叉的点位有 6 个（表 1-1-9）。

表 1-1-9 上证指数月周期 DMA 指标和 TRIX 指标死叉点位

序号	详细说明
1	DMA 指标为 1998 年 3 月，DMA 指标 DIF 值为 358.71，DIFMA 值为 369.62；TRIX 指标为 1997 年 11 月，TRIX 值为 2.69，MATRIX 值为 2.69，而且到 2001 年 3 月，TRIX 指标和指数出现了顶背离
2	DMA 指标为 2001 年 7 月，DMA 指标 DIF 值为 525.14，DIFMA 值为 531.42；而 TRIX 指标形成死叉是 2001 年 3 月，TRIX 值为 1.94，MATRIX 值为 2.00
3	DMA 指标为 2008 年 5 月，是在大牛市行情结束以后，DMA 指标 DIF 值为 2261.68，DIFMA 值为 2293.34；TRIX 指标为 2008 年 2 月，TRIX 值为 5.99，MATRIX 值为 6.29
4	DMA 指标为 2010 年 5 月，DMA 指标 DIF 值为-62.26，DIFMA 值为-40.08；TRIX 指标为 2011 年 1 月，TRIX 值和 MATRIX 值均为-0.20
5	DMA 指标为 2016 年 1 月，此时大盘指数已经阶段性见底，DMA 指标才形成死叉，DIF 值为 1057.66，DIFMA 值为 1021.53；TRIX 指标为 2015 年 11 月，TRIX 值为 2.51，MATRIX 值为 2.48
6	DMA 指标为 2022 年 3 月，DIF 值为 363.76，DIFMA 值为 381.85；TRIX 指标为 2021 年 12 月，TRIX 值为 0.77，MATRIX 值为 0.79

将两指标对比来看，TRIX 指标虽然也存在缺陷（不能同步准确地反映指数的高低点位与金叉、死叉的问题），但 DMA 指标更加落后一步，虽然 DMA 指标的灵敏度比 TRIX 指标要高一点。但两个指标的底部特征还是比较明显的，在几次“慢牛”与“快牛”行情中，明显 DMA 指标的高度比 TRIX 指标高度要高不少。之所以我要在这里反反复复强调这两个指标，就是因为这两个指标在各个周期级别上对于我们选股均发挥着重要的作用，特别是在中长线和短线个股操盘上对我们有极大的帮助。这在以后的中长线个股篇和短线个股篇中我会详细地讲述。

运用月周期级别 BOLL 指标的思路和技巧

根据上证指数月周期 BOLL 指标行情图（图 1-1-11、图 1-1-12、图 1-1-13）来看，截至 2023 年 5 月，在月周期级别上，上证指数有 6 次跌破下轨（不包括 2024 年 1—2 月），分别是：

图 1-1-11　上证指数月周期 BOLL 指标行情图一

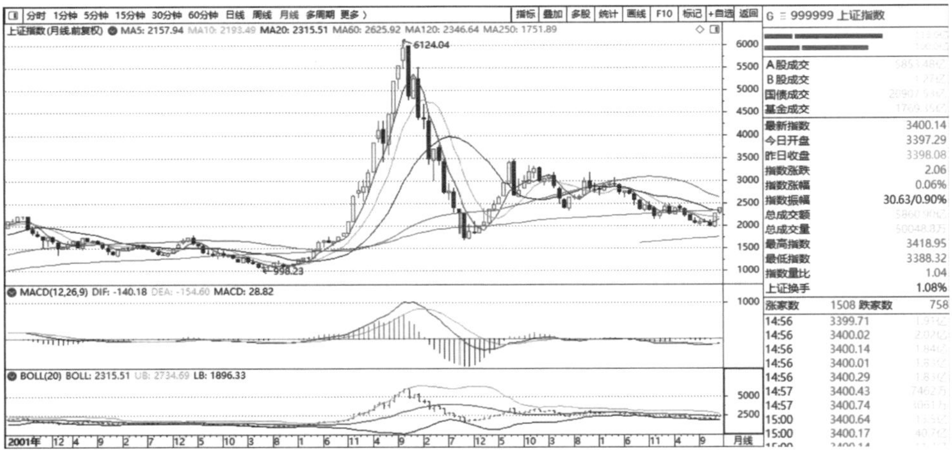

图 1-1-12　上证指数月周期 BOLL 指标行情图二

（1）2001 年 10 月，上证指数跌破下轨（请谨记一点，只要上证指数跌破下轨，那就不会只是一次，有可能两次以上，所以在月周期级别上，上证指数

图 1-1-13　上证指数月周期 BOLL 指标行情图三

第一次跌破下轨时，投资者不要急于抄底），在 2002 年 1 月再次跌破下轨（投资者在这个时间点上可以抄底了）。

（2）2011 年 12 月，上证指数跌破下轨，但跌幅不深。

（3）2013 年 6 月，上证指数跌破下轨，但收盘指数在下轨线之上，说明下方支撑力度较强。一般来说，美国线较长，并跌破 BOLL 指标下轨，上证指数月线会留下长的下影线。

（4）2018 年 6 月，上证指数跌破下轨，收盘指数在下轨线下方（说明下轨支撑力度不强），直到 2018 年 12 月才止跌回稳（请谨记一点，只要美国线未远离下轨线，投资者就不能抢反弹）。

（5）2022 年 3 月和 4 月，上证指数两次跌破下轨，4 月跌幅较大，3 月和 4 月月线均有长长的下影线。

（6）2022 年 10 月上证指数，在月周期级别上，大盘二次探底，上证指数也跌破了下轨线。

BOLL 指标无法预知大盘上升行情的顶部（尤其是大牛市行情的顶部）。然而，我们可以从慢牛行情和结构式慢牛行情中观察到，BOLL 指标的开口通常较小，各指数的 K 线一般不会在 BOLL 指标的上轨运行。只有在大牛市行情中，BOLL 指标的开口才会放大，各指数的 K 线会在 BOLL 指标的上轨运行。

从上述 6 次跌破 BOLL 指标下轨的情况来看，上证指数既有阶段性底部，如 2001 年 10 月、2011 年 12 月、2022 年 3 月和 2022 年 10 月，也有历史性大底，如 2013 年 6 月和 2018 年 6 月。

深证成指和创业板指与上证指数技术分析基本一致，在此不再赘述。

波浪理论在月周期级别上的运用思路和技巧

波浪理论适用于大盘分析。它是一种基于群体心理和自然规律的价格趋势分析方法，认为股价的波动会呈现出一定的规律性和周期性。一个完整的上涨或下跌由五个推动浪和三个调整浪组成，即五上三落或五下三升。波浪理论更加适合在有效市场（特别是强势有效市场）分析大盘和流动性比较好的蓝筹股时使用。任何技术分析系统都会有短板，如任何技术指标都存在一定的滞后性，波浪理论只是提供了一种预判市场行为的思路，并不能用于判断整个市场的走势。因此，投资者在使用波浪理论分析大盘时，还需要结合其他技术分析工具，如 MACD 指标、KDJ 指标、RSI 指标、价量分析和筹码分析等，以获得更准确的投资决策。

现在我们以深证成指月周期走势为例，利用各种技术指标进行综合研判（图 1-1-14、图 1-1-15 和图 1-1-16）。

图 1-1-14 深证成指月周期 KDJ 指标和 RSI 指标行情图一

（1）1991 年 10 月，KDJ 指标和 RSI 指标从钝化状态向上运行，确立了阶段性底部形态，指数为 396 点，开启了上升行情。1993 年 2 月，一根月中阳

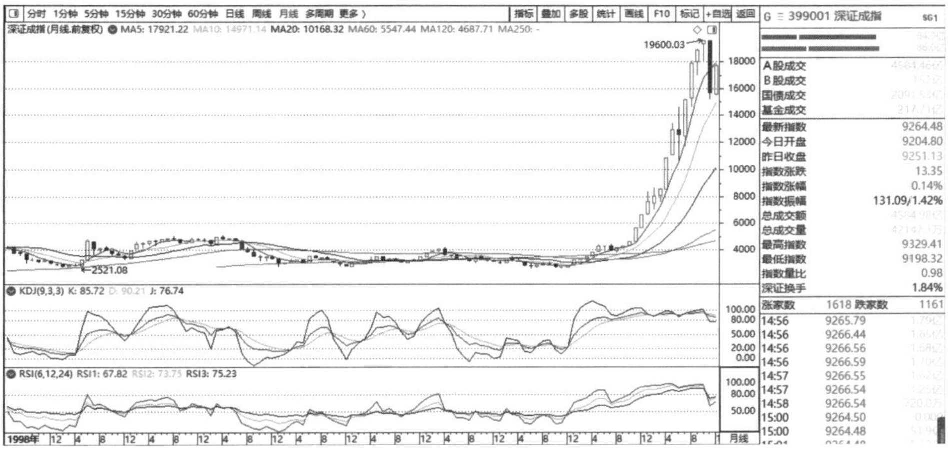

图 1-1-15　深证成指月周期 KDJ 指标和 RSI 指标行情图二

图 1-1-16　深证成指月周期 KDJ 指标和 RSI 指标行情图三

线，结束了上升行情，确立了阶段性顶部 3422 点。在这中间，KDJ 指标已经形成死叉了，但 RSI 指标没有形成死叉，TRIX 指标的 TRIX 线在平直运行，也没有形成死叉。并且在很多个股日周期级别行情中，我们经常可以见到这根月中阳线，这是庄家突破平台整理最后的诱多手法。

（2）1993 年 3 月，TRIX 指标形成死叉，深证成指开启了下跌行情，直到 1996 年 1 月见底 924 点，形成阶段性底部。在 1993 年 1 月至 1996 年 1 月，KDJ 指标虽形成了金叉和死叉，但均属于无效金叉和死叉，RSI 指标也形成了金叉和死叉，但 TRIX 指标一直没有形成金叉。

（3）1996 年 1 月，深证成指开启了一波较大的慢牛行情，指数涨至 6103

点，形成阶段性顶部。在上升途中，指数于 1996 年 12 月出现一根大阴线，此时 TRIX 指标的 TRIX 线与 MATRIX 线差值较大，TRIX 线走势也没有发生变化，仍在向上运行，尽管 KDJ 指标已形成死叉，RSI 指标快要形成死叉，但我们不能以此认为上升行情就此结束。只有 KDJ 指标形成死叉，RSI 指标快要形成死叉，且 TRIX 指标处于相对高位，两线差值相对较小，我们才能确认指数形成了阶段性顶部。到 1997 年 7 月，我们就更能确认上升行情结束，TRIX 指标的 TRIX 线形成拐点向下运行，RSI 指标形成了死叉，KDJ 指标向下运行。

（4）1997 年 5 月至 1999 年 4 月，深证成指处于下跌行情。1999 年，“五一九”行情爆发，因为它属于反弹行情，我们难以在月周期级别上确认阶段性底部。但根据月周期 KDJ 指标和 RSI 指标同时形成金叉的情况来看，我们还是可以初步确认的，而 TRIX 指标在这个时候对我们确认反弹行情不起作用。再从日周期级别上看，1999 年 5 月 19 日，KDJ 指标和 RSI 指标形成金叉；5 月 24 日，TRIX 指标形成金叉，借此我们可以对反弹行情加以确认。阶段性底部为 1999 年 5 月 2521 点，反弹阶段性高点为 1999 年 6 月 4896 点。

（5）1999 年 7 月至 1999 年 12 月，股指下跌，KDJ 指标形成死叉，但 TRIX 指标却向上运行，TRIX 指标与股指形成了底背离，说明上升行情不会因此而改变。

（6）1999 年 12 月，深证成指形成阶段性底部 3284 点，至 2001 年 4 月形成阶段性高点 5091 点。此时，KDJ 指标、RSI 指标和 TRIX 指标同时形成死叉，说明新一轮跌势已经形成。

（7）从 2001 年 4 月的 5091 点跌至历史性大底 2590 点，深证成指历经 4 年多的熊市，其间，虽然 KDJ 指标和 RSI 指标很多次形成了金叉和死叉，但 TRIX 指标仅形成了两次金叉和一次死叉，而且运行角度偏小，说明没有什么大的上升行情。

（8）从 2005 年 6 月历史性大底 2590 点至 2007 年 10 月的历史性大顶 19600 点，深证成指形成维持了两年多的超级大牛市。KDJ 指标和 RSI 指标于 2005 年 12 月形成金叉，TRIX 指标于 2006 年 2 月形成金叉。随着 MACD 指标的红柱状线连续放大和 TRIX 指标两线之间的角度不断增大，投资者应该知晓该波行情是大牛市行情。

（9）2007 年 11 月，随着一根月阴线的出现，MACD 指标的红柱状线缩短，TRIX 指标的 TRIX 线形成拐点向下运行，同时 KDJ 指标和 RSI 指标形成死叉，历史性大顶已经形成了。

（10）接下来是 2007 年 11 月至 2008 年 10 月的暴跌行情，历时近两年。阶段性底部为 5577 点，只有 MTM 指标①提前见底，KDJ 指标、RSI 指标和 TRIX 指标滞后，特别是 TRIX 指标对反弹行情更是滞后，等到反弹行情结束了才出现金叉。

（11）2008 年 11 月至 2009 年 12 月，深证成指为反弹行情，从阶段性底部 5577 点上涨到 14096 点。2008 年 11 月，MTM 指标的 MTM 线向上运行，于 2009 年 1 月形成金叉，KDJ 指标也于 2009 年 1 月形成金叉，RSI 指标于 2009 年 3 月形成金叉。

（12）2010 年 1 月至 2010 年 6 月，股指下跌，阶段性底部为 9335 点。2010 年 1 月，KDJ 指标、RSI 指标和 MTM 指标同时形成死叉，TRIX 指标在股指跌到 9335 点时还没有形成死叉。

（13）2010 年 7 月至 10 月，股指反弹，阶段性底部为 8945 点，阶段性顶点为 13863 点。MTM 指标于 2010 年 8 月形成金叉，KDJ 指标和 RSI 指标于同年 9 月形成金叉，但我们不能像在年周期级别上，只观察 KDJ 指标 J 线的运行方向就确认股指的涨跌。

（14）2010 年 11 月至 2014 年 6 月，股指处于漫长的熊市，其间多以反抽为主。

（15）2014 年 6 月至 2015 年 6 月，深证成指为大牛市行情，但接着往下分析意义不大，不再赘述。

---

① MTM 指标是一种专门研究股价波动的中短期技术分析工具。该指标关注股价波动过程中的加速、惯性和由静到动或由动到静的现象，其理论基础是价格与供求量的关系。该指标认为，随着股价的不断变化，其上涨速度会逐渐减缓，行情可能会反转。在多头行情中，随着股价的上升，股票上涨速度会逐渐减缓。MTM 指标通常由 MTM 线和 MTMMA 线组成，我们主要根据两条曲线的相交情况（金叉或死叉）以及它们的运动方向进行研判。

结 语

在月周期级别上，各指标有如下特点：

（1）K 线形态：结构式慢牛行情和慢牛行情的 K 线形态是阴阳相间的，而在大牛市行情中，我们很少见月阴线。

（2）均线形态：结构式慢牛行情和慢牛行情是伴着 20 月均线或 30 月均线上升的，2006 年至 2007 年的大牛市行情和 2014 年至 2015 年的大牛市行情是伴着 5 月均线上升的。

（3）MACD 指标：投资者观察月周期 MACD 指标比观察季周期 MACD 指标，能更早一步预知大盘见顶信号。在月周期级别上，红绿柱状线有相对对称性。在上涨过程中，红柱状线有多长，对应的绿柱状线也差不多就有多长，这对我们判断下跌行情多大、持续时间多长提供了比较确切的依据。

（4）KDJ 指标：我们要以 D 线为主，观察其运行情况，它为我们在牛市行情中提供了比较确切的见顶信号。历史上，上证指数 KDJ 指标的 K 线、D 线和 J 线只有四次同时运行到“超买”区间。只要月周期 KDJ 指标 K 线、D 线和 J 线一直在“超买”区间运行，不管金叉死叉，我们仍然应该认为上涨行情没有结束。只有在 KDJ 指标形成死叉后，J 线运行到多头区域，我们才可确定上涨行情结束。此外，只要大盘指数月周期 KDJ 指标 K 线、D 线和 J 线同时运行到“超卖”区间，大盘大概率会有一波反弹行情、结构式慢牛行情或大牛市行情，但不是所有牛市行情的出现都一定满足该要求（如 2014 年至 2015 年的大牛市行情）。

（5）RSI 指标：在大牛市行情下，三条曲线只有两次运行到了“极强”区间，一次是 1991 年 8 月至 1992 年 6 月，另一次是 2007 年 3 月至 10 月；即便是在 2014 年至 2015 年的大牛市行情中，月周期 RSI 指标的 RSI3 线也没有运行到“极强”区间，但如果月线收在 5178 点，可能 RSI3 线会运行到“极强”区间。一般的反弹行情、结构式慢牛行情和慢牛行情，RSI3 线触碰到 80 就会向下运行，因此为我们大盘逃顶提供了比较准确的信号，比季周期要抢先一步。

（6）BOLL 指标：在月周期级别上，上证指数曾有过 6 次跌破下轨的情况，既有阶段性底部（如 2001 年 10 月、2011 年 12 月、2022 年 3 月和 2022 年 10

月上证指数所处位置），也有历史性大底（2013 年 6 月和 2018 年 6 月上证指数所处位置）。在慢牛行情和结构式慢牛行情中，指数的 K 线很难穿过 BOLL 指标上轨运行，且 BOLL 指标的开口并未有效放大，但在快牛行情中，指数的 K 线大多穿过 BOLL 指标上轨运行且 BOLL 指标的开口放大。

第二章
运用季周期级别常用技术指标对大盘指数的分析思路和技巧

运用季周期级别 MACD 指标的思路和技巧

MACD 指标是股票分析中一个主要的技术指标，在季周期中该指标是真正意义上的大盘“王者”指标。

MACD 指标适用于对中长期走势的研判，我们可以根据图 1-2-1 对季周期的指标作进一步分析。我们知道，上证指数是以 1990 年 12 月 19 日为基日的，第一根季线也是在 1990 年 12 月出现的。当时上海证券交易市场刚刚起步，在 1991 年 9 月之前起伏不大，一直到 1991 年 12 月才出现比较大的涨幅。1992 年第 2 季度，市场走出了一波牛市行情，DIF 值为 110.12，DEA 值为 29.90，红柱状线值为 160.45。1992 年第 3 季度，上证指数出现一根季大阴线，几乎吞掉了前第 1 季度的季中阳线，此后一直到 1993 年第 2 季度市场均是季阳线。1993 年第 3 季度，上证指数出现一小根季阴线，开始了长达一年的熊市。但 MACD 指标仍然是红柱状线，只是一根比一根缩短，到 1994 年第 4 季度才出现绿柱状线，随后市场开始了长达 6 个季度的震荡。1996 年第 2 季度，上证指数出现了一根季阳线，直到 2001 年第 2 季度，这波慢牛行情才结束，并且季周期 MACD 指标的 DIF 线和 DEA 线一直贴着向上运行，红柱状线时长时短，这就是慢牛行情的特征。

图 1-2-1　上证指数季周期 MACD 指标和 RSI 指标行情图

2001 年第 3 季度，市场由牛转熊，直至 2005 年第 2 季度才结束熊市，并且于 2001 年第 4 季度出现了第一根绿柱状线，一直持续到 2006 年第 2 季度。MACD 指标同时也出现了死叉，直到 2006 年第 3 季度才出现红柱状线。尽管大牛市是在 2005 年第 3 季度启动的，但季阳线的出现并不代表红柱状线马上会出现。此后，随着四根季阳线不断向上运行，绿柱状线一根比一根缩短，红柱状线慢慢才出现，并且 MACD 指标在 0 轴上方形成了金叉，至此，一波井喷行情就此展开，至今未有的超级大牛市开始了。从图 1-2-1 中可以看出，MACD 指标的 DIF 线以近似 70 度的角度运行，角度越大，说明行情涨幅越大，反之亦然。红柱状线一根比一根长，这就是大牛市行情在技术上的典型特征。

紧接着，2007 年第 4 季度，一根季阴线的出现结束了长达两年多的超级大牛市，随后红柱状线一根比一根缩短，直到 2008 年第 4 季度绿柱状线出现、熊市结束，MACD 指标才出现死叉。所以，该指标有严重的滞后性，大概这也是“A”字形大牛市的一个主要特征吧。至此，尽管大盘指数其后也出现过报复性反弹，但 MACD 指标一路向下运行，并且绿柱状线持续了 24 个季度，直到 2014 年第 4 季度市场才出现第一根红柱状线，MACD 指标在 0 轴下方出现金叉。这波大牛市行情早在 2014 年第 2 季度就已经启动了，但由于 MACD 指标是在 0 轴下方形成金叉的，等 2014 年第 4 季度的一根季大阳线出现后，红柱状线“小荷才露尖尖角”。而 2015 年第 2 季度的季阳线上影线较长，使红柱状线没有有效放大，接着在 2015 年第 3 季度，一根季大阴线彻底结束了这波牛市行情。后来，市场一直处于震荡行情和结构式慢牛行情。2024 年第 2 季度，MACD 指标处于死叉状态，绿柱状线并没有有效放大。

上证指数季周期 MACD 指标有 5 个高点（表 1-2-1），有 5 个比较重要的低点（表 1-2-2），有 5 个金叉点位（表 1-2-3），有 5 个死叉点位（表 1-2-4）。

表 1-2-1　上证指数季周期 MACD 指标高点

序号	详细说明
1	1993 年第 2 季度，DIF 值为 201.54，DEA 值为 113.47，红柱状线值为 176.14
2	2001 年第 2 季度，DIF 值为 355.34，DEA 值为 289.36，红柱状线值为 131.97
3	2007 年第 4 季度，DIF 值为 767.98，DEA 值为 329.68，红柱状线值为 876.59
4	2015 年第 2 季度，DIF 值为 228.67，DEA 值为 33.37，红柱状线值为 390.59
5	2021 年第 4 季度，DIF 值为 179.10，DEA 值为 122.29，红柱状线值为 113.62

表 1-2-2　上证指数季周期 MACD 指标低点

序号	详细说明
1	1990 年第 4 季度，由于是初创年份，MACD 指标所有值均为 0
2	1996 年第 1 季度，DIF 值为 86.60，DEA 值为 124.36，绿柱状线值为-75.50
3	2003 年第 3 季度，DIF 值为 97.19，DEA 值为 185.67，绿柱状线值为-176.96
4	2012 年第 3 季度，DIF 值为-15.21，DEA 值为 118.59，绿柱状线值为-267.59
5	2018 年第 4 季度，DIF 值为 71.09，DEA 值为 153.41，绿柱状线值为-164.65

表 1-2-3　上证指数季周期 MACD 指标金叉点位

序号	详细说明
1	1991 年第 2 季度，DIF 值为 0.34，DEA 值为-0.03，红柱状线值为 0.73
2	1997 年第 1 季度，DIF 值为 145.52，DEA 值为 121.07，红柱状线值为 48.92
3	2006 年第 3 季度，DIF 值为 9.70，DEA 值为 1.21，红柱状线值为 16.98
4	2014 年第 4 季度，DIF 值为-6.23，DEA 值为-44.93，红柱状线值为 77.41
5	2020 年第 4 季度，DIF 值为 89.13，DEA 值为 76.33，红柱状线值为 25.61

表 1-2-4　上证指数季周期 MACD 指标死叉点位

序号	详细说明
1	1994 年第 4 季度，DIF 值为 149.19，DEA 值为 157.46，绿柱状线值为-16.55
2	2001 年第 4 季度，DIF 值为 295.83，DEA 值为 297.06，绿柱状线值为-2.45
3	2008 年第 4 季度，DIF 值为 412.66，DEA 值为 464.40，绿柱状线值为-103.47
4	2018 年第 2 季度，DIF 值为 158.70，DEA 值为 186.20，红柱状线值为-55.12
5	2022 年第 3 季度，DIF 值为 121.44，DEA 值为 132.54，绿柱状线值为-22.20

图 1-2-2 是深证成指季周期 MACD 指标和 RSI 指标行情图，与上证指数相比，基本上是大同小异，不同的是，深证成指在 1996 年第 2 季度走出了一波牛市行情，对照同一时期来看，上证指数相对较弱。深证成指的 MACD 指标红柱状线比上证指数的相对要长。再者，2019 年至 2021 年，深证成指走出了一波结构式慢牛行情，这波行情相对强于上证指数。深证成指这次结构式慢牛行情，时间跨度较长，至少比前两波大的牛市行情时间跨度要长，所以深证成指的 MACD 指标红柱状线比第二波大牛市行情要多、要长。

图 1-2-2　深证成指季周期 MACD 指标和 RSI 指标行情图

深证成指季周期 MACD 指标有 5 个高点（表 1-2-5），有 5 个低点（表 1-2-6），有 5 个比较重要的金叉点位（表 1-2-7），有 5 个比较重要的死叉点位（表 1-2-8）。

表 1-2-5　深证成指季周期 MACD 指标高点

序号	详细说明
1	1993 年第 1 季度，DIF 值为 445.94，DEA 值为 207.29，红柱状线值为 477.29
2	1997 年第 2 季度，DIF 值为 657.22，DEA 值为 312.69，红柱状线值为 689.06
3	2007 年第 4 季度，DIF 值为 2804.93，DEA 值为 1168.22，红柱状线值为 3273.41
4	2015 年第 2 季度，DIF 值为 617.33，DEA 值为 217.18，红柱状线值为 800.29
5	2021 年第 2 季度，DIF 值为 1004.16，DEA 值为 442.46，红柱状线值为 1123.40

表 1-2-6　深证成指季周期 MACD 指标低点

序号	详细说明
1	1991 年第 3 季度（初创时期），DIF 值为-21.79，DEA 值为-4.36，绿柱状线值为-34.86
2	1995 年第 4 季度，DIF 值为 39.83，DEA 值为 181.93，绿柱状线值为-284.19
3	2005 年第 4 季度，DIF 值为-110.97，DEA 值为-7.04，绿柱状线值为-207.89
4	2014 年第 1 季度，DIF 值为-179.80，DEA 值为 363.9，绿柱状线值为-1087.00
5	2018 年第 4 季度，DIF 值为-162.37，DEA 值为 231.27，绿柱状线值为-787.29

表 1-2-7　深证成指季周期 MACD 指标金叉点位

序号	详细说明
1	1991 年第 4 季度（初创时期），DIF 值为 4.96，DEA 值为-2.49，红柱状线值为 14.91
2	1996 年第 3 季度，DIF 值为 165.52，DEA 值为 137.55，红柱状线值为 55.94
3	2006 年第 2 季度，DIF 值为 16.60，DEA 值为-13.19，红柱状线值为 59.58
4	2015 年第 1 季度，DIF 值为 256.14，DEA 值为 117.15，红柱状线值为 277.99
5	2020 年第 2 季度，DIF 值为 107.11，DEA 值为 16.62，红柱状线值为 180.98

表 1-2-8　深证成指季周期 MACD 指标死叉点位

序号	详细说明
1	1994 年第 2 季度，DIF 值为 314.58，DEA 值为 340.16，绿柱状线值为-51.15
2	2001 年第 3 季度，DIF 值为 570.40，DEA 值为 632.51，绿柱状线值为-124.21
3	2011 年第 1 季度，DIF 值为 1722.03，DEA 值为 1780.01，绿柱状线值为-115.96
4	2018 年第 1 季度，DIF 值为 398.46，DEA 值为 425.02，绿柱状线值为-53.12
5	2022 年第 3 季度，DIF 值为 773.47，DEA 值为 812.16，绿柱状线值为-77.39

图 1-2-3 是创业板指季周期 MACD 指标和 RSI 指标行情图，从图中我们注意到，2010 年第 2 季度，MACD 指标所有值均为 0，接着第 3 季度至第 4 季度小“炒”了一波行情。2011 年第 1 季度，市场出现了第一根季阴线，直到 2012 年第 1 季度才结束了这轮调整，投资者没有像以往那样有“炒”新股的热情。

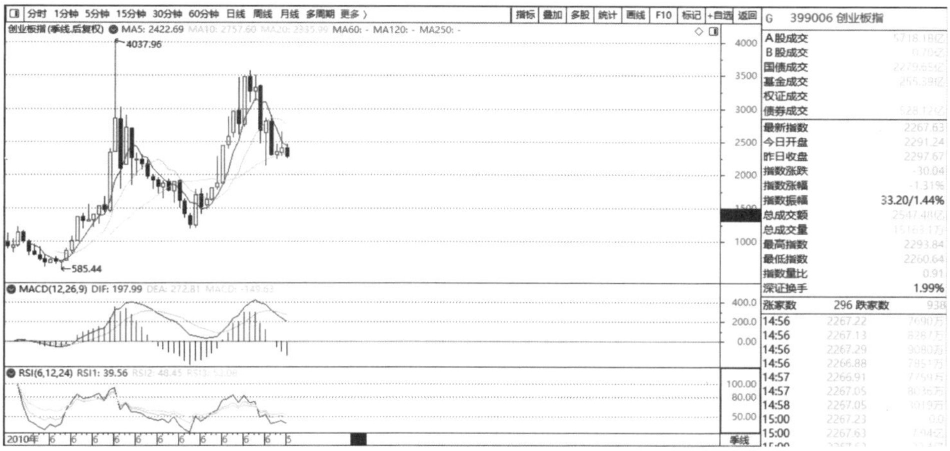

图 1-2-3　创业板指季周期 MACD 指标和 RSI 指标行情图

创业板指季周期 MACD 指标有 2 个高点（表 1-2-9），有 2 个低点（表 1-2-10），有 2 个金叉点位（表 1-2-11），有 2 个重要的死叉点位（表 1-2-12）。

表 1-2-9　创业板指季周期 MACD 指标高点

序号	详细说明
1	2015 年第 2 季度，DIF 值为 320.90，DEA 值为 140.57，红柱状线值为 360.67，创业板指达到了最高点，为 4037 点①
2	2021 年第 3 季度，DIF 值为 388.13，DEA 值为 234.42，红柱状线值为 307.42

表 1-2-10　创业板指季周期 MACD 指标低点

序号	详细说明
1	2012 年第 3 季度，DIF 值为-50.40，DEA 值为-20.43，绿柱状线值为-60.11
2	2018 年第 4 季度，DIF 值为 66.03，DEA 值为 189.48，绿柱状线值为-246.91

表 1-2-11　创业板指季周期 MACD 指标金叉点位

序号	详细说明
1	2013 年第 2 季度，DIF 值为-26.07，DEA 值为-29.93，红柱状线值为 7.71
2	2018 年第 4 季度底部启动，直到 2020 年第 2 季度，连续出现 4 根季阳线，MACD 指标才出现金叉。

表 1-2-12　创业板指季周期 MACD 指标死叉点位

序号	详细说明
1	2017 年第 2 季度，DIF 值为 281.8，DEA 值为 306.80，红柱状线值为-49.84
2	2022 年第 4 季度，DIF 值为 272.1，DEA 值为 304.9，红柱状线值为 65.51，与第一次形成的死叉极为相同

在季周期级别上，除 2014 年第 4 季度上证指数 MACD 指标在 0 轴下方形成金叉，2013 年第 2 季度创业板指 MACD 指标在 0 轴下方形成金叉外，上证指数、深证成指和创业板指 MACD 指标均在 0 轴上方形成金叉。个股（特别是一

① 大盘出现带长上影线的季阳线，就是大盘见顶调整的开始（但也有可能是庄家洗盘、诱多导致的）。

些妖股）的 MACD 指标在 0 轴上方形成金叉相对于在 0 轴下方形成金叉，买方累积的能量更加强大。

我们再探索一下上证指数。从 K 线形态看，第一，上证指数在 2006 年至 2007 年和 2014 年第 2 季度到 2015 年第 2 季度启动了大牛市行情，中间季线没有一根阴线，这就是强势多头市场的特征。上证指数在 1996 年第 1 季度至 2001 年第 2 季度和 2019 年第 1 季度至 2021 年第 4 季度的结构式慢牛行情或慢牛行情中，季线阴阳相间，行情有涨有跌，时间较长，涨幅不大，这是结构式慢牛行情或慢牛行情多头市场的特征。而在创业板指的两波牛市上升行情中，均有两根季阴线，但季阳线居多；在熊市里阴多阳少，且时间较长。第二，结构式慢牛行情和慢牛行情是伴着 10 季均线向上运行的，而大牛市行情是伴着 5 季均线向上运行的。第三，整个大盘趋势是伴着 60 季均线向上运行的，偶尔会跌破 60 季均线，但跌幅不深。

上证指数 MACD 指标已于 2022 年第 3 季度形成死叉，但 DIF 线在 DEA 线下方平行运行，两条线均在 0 轴上方运行，绿柱状线逐渐放大。我们注意到，在两次大牛市行情启动之前，MACD 指标的 DIF 线和 DEA 线均运行到了 0 轴下方，而在结构式慢牛行情和慢牛行情中，DIF 线和 DEA 线反而没有运行到 0 轴下方。2023 年，DIF 线和 DEA 线逼近 0 轴，如果运行到 0 轴下方，也并不一定意味着会与前两次大牛市行情一样会再次开启大牛市行情。这个是没有规律的，也不适用于深证成指和创业板指。

2024 年第 1 季度，根据上证指数年周期 CCI 指标的情况来看，2024 年上证指数行情已经探底成功，年周期 KDJ 指标的 J 线拐头向上运行，不管 MACD 指标是在 0 轴上方或下方形成金叉，未来两三年内都有可能会出现结构式慢牛行情。

综上所述，MACD 指标在短期股指和个股股价（特别是个股股价）变化过程中，反应速度非常快，机构常常利用 MACD 指标制造“骗线”①，制造多头

① 机构主力利用散户投资者迷信技术指标和 K 线形态的观念，运用各种手段形成一定线型，引诱散户投资者买进或卖出，这种为了达到主力大发其财的目的，使得股票的价格图表或技术指标出现与实际情况不符的情况称为“骗线”。“骗线”在二级市场中随处可见，主力对散户投资者，特别是对一些懂一点技术分析的散户投资者，经常使用骗线。

陷阱和空头陷阱。但在长期趋势中，机构在大盘指数季周期 MACD 指标上是做不了“骗线”的，只能顺势而为。我们注意到，年周期 MACD 指标可能不起作用，但季周期 MACD 指标反映“牛熊”交替的功能是非常强大的。这为我们做长线的投资者做多或做空提供了准确的依据和真实的信号。

尽管季周期 MACD 指标是王者指标，但单纯通过金叉或死叉判断大盘涨跌还是有一定的滞后性，我们只能依据绿柱状线的连续缩短来确定结构式慢牛行情、慢牛行情或大牛市行情的来临。但我们也要注意到像 2004 年第 1 季度、2009 年第 1 季度和 2010 年第 3 季度那样的反弹行情的出现，使绿柱状线二次放大或三次放大的情况。2004 年第 1 季度的反弹行情不易被识破，是因为 MACD 指标的 DIF 值和 DEA 值接近 0 轴，很容易被投资者误以为是反转行情。但 2009 年第 1 季度和 2010 年第 3 季度的反弹行情就很容易被识破，因为 DIF 值和 DEA 值离 0 轴过远，且刚刚经历过一波大牛市行情，大概率不会启动第二波牛市行情。相应地，当大盘指数处于高位，而红柱状线连续缩短，那就是大盘见顶的信号。

运用季周期级别 RSI 指标的思路和技巧

从图 1-2-1 中我们可以看出，上证指数季周期 RSI 指标更能发挥买入卖出的作用，而季周期 MACD 指标“牛熊”交替、泾渭分明。结构式慢牛行情有结构式慢牛行情的特征，慢熊行情与结构式慢牛行情一样，季线阴阳相间。

1990 年第 4 季度至 1993 年第 2 季度的这波慢牛行情，实际涨幅较大，因为是从“基日”指定数 100 点开始计算上证指数，从 1990 年第 4 季度的 95.79 点至 1993 年第 1 季度的 1558.95 点，涨幅接近 300%。1993 年第 3 季度到 1995 年第 4 季度的这轮熊市行情，其间虽有反弹，但改变不了熊市的趋势。

1996 年至 2001 年第 2 季度的这波慢牛行情，时间跨度相对较长，而且季周期 MACD 指标有时会接近死叉。从 2001 年第 3 季度开始的熊市行情，至 2005 年第 2 季度才结束，时间跨度长达 4 年。熊市结束后，“市场”进入“快牛”“A”字形的超级大牛市行情，连续出现 9 根季阳线，长达两年多时间。

“快牛”有“快牛”的特征，中间上涨行情没有季阴线，而且大跌途中出现5根季阴线，其间没有一根季阳线出现使行情反弹。2009年第1季度，上证指数才展开了一波像样的反弹行情，直到2009年第4季度才结束反弹。这就像一个球，你抛得越高，落地后它就会蹦得越高一样。2010年第1季度，上证指数又开始了下跌行情，直到2014年第1季度，这轮熊市行情才结束。2014年第2季度，第二波大牛市“A”字形行情启动，后以5根季阳线结束了这波行情。2015年第3季度，上证指数进入大调整，中间虽有反弹，但反弹力度不强。2020年第2季度，这轮熊市行情结束。

当投资者结合季周期MACD指标观察时，RSI指标更能发挥指导投资者买入卖出股票的作用。随着MACD指标红柱状线的不断放大，若RSI指标的RSI1线运行到了80以上的“极强”区间，投资者可以考虑卖出股票。上证指数和深证成指自有股票市场以来（除指数发布年之外），它一直没有运行到20以下的“极弱”区间。

在“慢牛”“快牛”行情中，上证指数只有两次RSI指标的RSI1线、RSI2线和RSI3线同时运行到了“极强”区域，第一次是1992年第2季度，RSI1值为98.23、RSI2值为94.70和RSI3值为87.95；第二次是2007年第3季度，RSI1值为96.87、RSI2值为89.79和RSI3值为81.60。

上证指数在结构式慢牛行情和慢牛行情中，RSI指标几乎没有运行到“极强”区间，而是在50以上的“强”区间波动。有7个重要的高点在接近80的“极强”区间（表1-2-13）。

表1-2-13　上证指数季周期RSI指标高点

序号	详细说明
1	1997年第2季度，RSI1值为79.50，RSI2值为69.16，RSI3值为64.53
2	1998年第2季度，RSI1值为75.08，RSI2值为68.21，RSI3值为64.33
3	1999年第2季度，RSI1值为79.47，RSI2值为72.23，RSI3值为67.40
4	2001年第2季度，RSI1值为80.82，RSI2值为74.39，RSI3值为69.74
5	2007年第3季度，RSI1值为96.87，RSI2值为89.79，RSI3值为81.60

续表

序号	详细说明
6	2015 年第 2 季度，RSI1 值为 88.89，RSI2 值为 73.12，RSI3 值为 63.32
7	2021 年第 4 季度，RSI1 值为 71.00，RSI2 值为 61.23，RSI3 值为 56.66

从上述分析可知，结构式慢牛行情和慢牛行情在该指标接近 80 的“极强”区间时就会停止向上运行。2023 年第 1 季度的情况是 RSI1 值为 51.05，RSI2 值为 52.10，RSI3 值为 52.77。但在季周期 MACD 指标已经形成死叉的情况下，RSI1 线遇上 RSI2 线或 RSI3 线时，可能会在 50 强弱分界线附近掉头向下运行。

图 1-2-1 中，上证指数季周期级别 RSI 指标有 5 个比较重要的低点（表 1-2-14）。

表 1-2-14　上证指数季周期 RSI 指标低点

序号	详细说明
1	1990 年第 4 季度和 1991 年第 1 季度，RSI 指标所有值均为 0
2	1996 年第 1 季度，RSI1 值为 42.25，RSI2 值为 48.87，RSI3 值为 51.30
3	2005 年第 2 季度，RSI1 值为 27.86，RSI2 值为 38.86，RSI3 值为 46.81
4	2014 年第 1 季度，RSI1 值为 37.72，RSI2 值为 43.90，RSI3 值为 48.47
5	2018 年第 4 季度，RSI1 值为 27.18，RSI2 值为 42.13，RSI3 值为 48.39

图 1-2-1 中，上证指数季周期 RSI 指标有 5 个比较重要的金叉点位（表 1-2-15）和 4 个比较重要的死叉点位（表 1-2-16）。

表 1-2-15　上证指数季周期 RSI 指标金叉点位

序号	详细说明
1	1991 年第 2 季度，RSI1 值为 31.89，RSI2 值为 17.55，RSI3 值为 9.24
2	1996 年第 2 季度，RSI1 值为 60.51，RSI2 值为 57.44，RSI3 值为 56.66
3	2006 年第 1 季度，RSI1 值为 69.85，RSI2 值为 58.37，RSI3 值为 56.11
4	2014 年第 4 季度，RSI1 值为 79.84，RSI2 值为 63.56，RSI3 值为 57.38
5	2020 年第 3 季度，RSI1 值为 59.90，RSI2 值为 54.91，RSI3 值为 53.64

表 1-2-16 上证指数季周期 RSI 指标死叉点位

序号	详细说明
1	2001 年第 3 季度，RSI1 值为 48.73，RSI2 值为 57.43，RSI3 值为 60.01
2	2008 年第 1 季度，RSI1 值为 53.16，RSI2 值为 58.84，RSI3 值为 60.25
3	2016 年第 2 季度，RSI1 值为 49.66，RSI2 值为 52.42，RSI3 值为 53.06
4	2022 年第 1 季度，RSI1 值为 46.38，RSI2 值为 51.72，RSI3 值为 52.86

图 1-2-2 中，深证成指季周期级别 RSI 指标行情与上证指数季周期级别 RSI 指标行情大同小异，不同的是深证成指季周期级别 RSI 指标有 5 个高点运行到了“极强”区间或接近“极强”区间（表 1-2-17）。而低点则比较复杂，共有 5 个（表 1-2-18）。图中还有 5 个比较重要的金叉点位（表 1-2-19）和 6 个比较重要的死叉点位（表 1-2-20）。

表 1-2-17 深证成指季周期 RSI 指标高点

序号	详细说明
1	1993 年第 1 季度，RSI1 值为 68.54，RSI2 值为 49.83，RSI3 值为 31.70
2	1997 年第 2 季度，RSI1 值为 89.39，RSI2 值为 74.52，RSI3 值为 56.41
3	2007 年第 3 季度，RSI1 值为 97.90，RSI2 值为 92.33，RSI3 值为 82.98
4	2015 年第 2 季度，RSI1 值为 81.64，RSI2 值为 66.97，RSI3 值为 60.32
5	2021 年第 2 季度，RSI1 值为 76.21，RSI2 值为 66.38，RSI3 值为 59.64

表 1-2-18 深证成指季周期 RSI 指标低点

序号	详细说明
1	指数初创年份，低点值皆为 0
2	1996 年第 2 季度，RSI1 值为 35.40，RSI2 值为 35.86，RSI3 值为 28.68
3	2005 年第 4 季度，RSI1 值为 39.82，RSI2 值为 44.27，RSI3 值为 45.98
4	2014 年第 2 季度，RSI1 值为 33.29，RSI2 值为 42.56，RSI3 值为 48.27
5	2018 年第 4 季度，RSI1 值为 21.81，接近“极弱”区间，RSI2 值为 37.63，RSI3 值为 45.71

表 1-2-19　深证成指季周期 RSI 指标金叉点位

序号	详细说明
1	1991 年第 2 季度至第 3 季度（深证成指初创时期），RSI1 值、RSI2 值和 RSI3 值均为 0
2	1996 年第 1 季度，没有形成金叉，但 RSI1 值、RSI2 值和 RSI3 值的差值比较接近，并且深证成指开始了一波小牛市行情，此时的 RSI1 值为 35.40，RSI2 值为 35.86，RSI3 值为 28.68
3	2006 年第 1 季度，在 50 轴附近多方区域形成金叉，RSI1 值为 59.03，RSI2 值为 52.36，RSI3 值为 49.64，一波大牛市行情开启了
4	2014 年第 3 季度至第 4 季度，RSI 指标已形成金叉，RSI1 值为 69.61、RSI2 值为 57.85，RSI3 值为 55.18（取第 4 季度数值）
5	2019 年第 1 季度，RSI1 值为 51.74，RSI2 值为 49.99，RSI3 值为 51.00

表 1-2-20　深证成指季周期 RSI 指标死叉点位

序号	详细说明
1	1994 年第 2 季度，RSI1 线与 RSI2 线形成了死叉，但没有与 RSI3 线形成死叉，RSI1 值为 30.13，RSI2 值为 32.65，RSI3 值为 25.22，此时深证成指已经基本接近底部
2	1998 年第 3 季度，深证成指下跌 1 年了才形成死叉
3	2008 年第 1 季度，第二根季阴线出现时形成死叉，RSI1 值为 61.95，RSI2 值为 66.29，RSI3 值为 65.22
4	2016 年第 1 季度，经过大牛市行情后，第二根季阴线出现时形成死叉，RSI1 值为 48.91，RSI2 值为 51.00，RSI3 值为 52.21
5	2018 年第 1 季度，开始了一年的下跌行情，RSI1 值为 52.36，RSI2 值为 52.35，RSI3 值为 52.81
6	2022 年第 1 季度，RSI1 值为 44.43，RSI2 值为 51.18，RSI3 值为 52.74。从季周期级别行情来看，深证成指涨得慢、跌得快，一根季阴线吞掉了一年多的涨幅

图 1-2-3 中，创业板指季周期 RSI 指标与上证指数和深证成指年周期 RSI

指标相反，创业板指年周期 RSI 指标是从 0 点起始，上证指数与深证成指则是从 100 点起始；而季周期 RSI 指标则相反，上证指数与深证成指是从 0 点起始，而创业板指是从 100 点起始。创业板指季周期 RSI 指标有 3 个高点（表 1-2-21），有 3 个低点（表 1-2-22），有 2 个金叉点位（表 1-2-23），有 2 个死叉点位（表 1-2-24）。

表 1-2-21 创业板指季周期 RSI 指标高点

序号	详细说明
1	2010 年第 2 季度，RSI1 值、RSI2 值和 RSI3 值均没有数值，2010 年第 3 季度和第 4 季度 RSI1 值、RSI2 值和 RSI3 值均为 100
2	2015 年第 2 季度，创业板指创了历史新高，并留下一根长长的上影线，最高点为 4037 点，收盘指数为 2858 点，此时 RSI 指标 RSI1 值为 93.83，RSI2 值为 89.46，RSI3 值为 86.60
3	2020 年第 4 季度，RSI1 值为 83.22，RSI2 值为 71.02，RSI3 值为 66.14，但此波牛市行情并没有结束，2021 年第 3 季度的高点为 3576 点，但此时 RSI 指标已经形成顶背离

表 1-2-22 创业板指季周期 RSI 指标低点

序号	详细说明
1	2012 年第 1 季度，RSI1 值为 29.65，RSI2 值为 44.09，RSI3 值为 58.84，但此时指数并未创新低，而 2012 年第 4 季度指数创新低，降至 585 点，但 RSI 指标形成底背离，且 2013 年第 2 季度 RSI 指标所有线形成金叉，预示着一波大牛市行情即将开始
2	2018 年第 4 季度，RSI1 值为 26.28，RSI2 值为 40.52，RSI3 值为 48.82，此后又开始了一波牛市行情
3	2022 年第 3 季度，RSI1 值为 39.68，RSI2 值为 48.97，RSI3 值为 53.51

表 1-2-23　创业板指季周期 RSI 指标金叉点位

序号	详细说明
1	2013 年第 2 季度，RSI1 值为 72.05，RSI2 值为 66.34，RSI3 值为 69.42，牛市行情刚刚起步，第三根季阳线出现时形成金叉
2	2019 年第 4 季度，牛市行情起步，第三根季阳线出现时形成金叉，RSI1 值为 55.81，RSI2 值为 53.18，RSI3 值为 55.24

表 1-2-24　创业板指季周期 RSI 指标死叉点位

序号	详细说明
1	2015 年第 3 季度，RSI1 值为 60.04，RSI2 值为 64.40，RSI3 值为 67.08
2	2022 年第 1 季度，RSI1 值为 49.04，RSI2 值为 55.41，RSI3 值为 57.75

综上所述，只有遇到超级大牛市行情，季周期 RSI 指标的 RSI1 线才会运行到“极强”区间，而在结构式慢牛行情或慢牛行情中，RSI1 线接近或触碰到 80 一般就会掉头向下运行，上证指数、深证成指和创业板指概莫能外。在大牛市行情中，RSI1 线运行到了 80 以上的“极强”区间，只要 RSI1 线拐头向下运行，牛市行情就基本上结束了。即使是在糟糕的行情中，RSI1 线也不会运行到“极弱”区间。我们还要结合季周期 MACD 指标一起来观察，但有趣的是，2007 年第 3 季度，深证成指 MACD 指标红柱状线还没有达到最高值，RSI 指标 RSI1 值却达到了最高值 97.90，此刻提示我们大盘已经见顶，是卖出股票的时机了。

我们还可以进一步思考我国股票二级市场为什么“牛短熊长”，这是因为：

（1）投机性过强。在市场行情好的时候，投资者拼命加杠杆，股指和股价上升速度特别快，而在熊市的时候，投资者需要时间来积累原始资本，经济也需要时间恢复。

（2）中国居民的基础资产并不主要在股票市场上。他们很重要的资产有两类：住房和银行储蓄，所以中国的国情与美国等西方国家的国情不同，但我们坚信在党中央的领导下，中国证券市场终将迎来美好的春天！

运用季周期级别 TRIX 指标的思路和技巧

当我们使用移动平均线系统的指标时，时常会有“骗线”的情况出现，特别是摆动类指标，如 MACD 指标、RSI 指标、KDJ 指标和 WR 指标等。这类指标有时会出现频繁的交叉和反向，我们通常需要时间确认。为了解决这些问题，人们发明了 TRIX 指标来再次计算移动平均线和平均值，并在此基础上计算出第三个平均值。这样可以有效避免频繁的交叉和反向信号，可以比较好地减少机构“割韭菜”的行为的影响，使我们更清晰地看到股市中股指或个段中长期走势情况。

TRIX 指标比较稳定，除非市场出现大牛市行情或是大熊市行情。一年到头，TRIX 指标出现买卖信号的频次不多，甚至一些有利润或有亏损幅度的波动，也无法使 TRIX 指标产生信号。对部分散户投资者而言，利润行情来之不易，把部分资金依照 TRIX 指标的信号进行交易，一路上不管风浪有多大，不可以半途而废，打退堂鼓，否则前功尽弃，造成损失。

在股票市场交易软件上，TRIX 指标有两条线：一条为 TRIX 线，另一条为 MATRIX 线。我们对 TRIX 指标的研判主要集中在 TRIX 线和 MATRIX 线的交叉情况上。

TRIX 指标的缺点一方面是它的滞后性，特别是在股指或个股股价发生“V 形”反弹或反转的情况下，只有行情涨或跌了一大截，它才会出现金叉或死叉；另一方面是它的顶背离和底背离时常发生，这在个股上表现得比较明显。

图 1-2-4 是上证指数季周期 TRIX 指标和 KDJ 指标行情图，具体分析如下：

自从上海 A 股于 1990 年第 4 季度有指数以来，到 1991 年第 3 季度 TRIX 线都是平直运行的，直到 1991 年第 4 季度才开始微微向上运行，最后到 1993 年第 3 季度，TRIX 线达到峰值 13.32，至此小牛市行情结束。而 TRIX 指标的死叉却在 1994 年第 2 季度才迟迟出现，所以我们在中长线交易时用 TRIX 指标看股指或个股股价的涨跌，只能通过 TRIX 线在拐点位置是上行还是下行来判断。即使是这样，在 1996 年第 1 季度到 2001 年第 2 季度的一波慢牛行情中，

图 1-2-4　上证指数季周期 TRIX 指标和 KDJ 指标行情图

股指在 1996 年第 1 季度到 1996 年第 4 季度向上运行，而 TRIX 线却像刹不住的车一样一路向下运行。1997 年第 1 季度，TRIX 线走平后才微微向上运行，并于 1997 年第 4 季度形成金叉。金叉形成以后，夹角很小。TRIX 线和 MATRIX 线微微贴近着向上运行，直到 2001 年第 3 季度一根季阴线出现才形成死叉，本次还算反应得比较及时。在本波慢牛行情结束，季阴线出现以后，TRIX 线和 MATRIX 线就形成了死叉，这大概是慢牛行情的特征吧。

2001 年第 3 季度到 2005 年第 2 季度，这轮熊市行情结束。自形成死叉以来，TRIX 线在 MATRIX 线下方运行，夹角不大，比在 1994 年形成的死叉角度还要小。1993 年第 3 季度以后的下跌行情，还没有 2001 年第 3 季度以后的下跌行情大，这可能与指数位高低有很大的关系。指数位低，如 100 点，涨 10%就只有 10 点，而如果指数位是 2000 点，涨 10%就是 200 点了。相反地，超级大牛市行情起始是季小阳线，随后均是季中阳线，最后是季大阳线。这有两方面的原因：一方面是机构在牛市初期仍在搜集筹码；另一方面，我们知道 1000 点涨 10%是 100 点，指数位是 5000 点，涨 10%是 500 点，所以在低中高指数位上会出现短阳线、中阳线和长阳线。回过头来说说这轮熊市，它结束于 2005 年第 2 季度，最低跌至 998 点。2005 年第 3 季度，超级大牛市开启了，“A”字形牛市行情中没有一根季阴线，一直是季阳线，这与慢牛行情形成了鲜明的对比。慢牛行情的季线阴阳相间，慢熊行情也是如此。自 2005 年第 3 季度大牛市行情开启以来，TRIX 指标向下运行，直到第六根季阳线出现才形成金叉，这时上证指数最高已经涨到了 2698 点，TRIX 指标在这期间形成顶背离。如果仅仅根据金叉来进行实盘操作，散户投资者不知要丢失多少利润。

在超级大牛市行情中，TRIX 指标两线夹角比较大，TRIX 指标几乎呈 60 度至 70 度角度向上运行。直到最后一根季阳线出现，我们才看得出在这波行情中的 TRIX 指标两线的夹角大小，但这时行情快要结束了。在熊市行情中，第三根季阴线出现时，TRIX 线才到达峰值 5.44，在 2009 年第 2 季度才形成死叉，这还是上证指数跌到 1664 点又反弹到 2997 点出现的死叉。

死叉出现以后，接下来又是一轮熊市行情，直到 2014 年第 1 季度才结束。TRIX 指标形成死叉后，与 2001 年第 3 季度到 2005 年第 2 季度的情况一样，基本平行向下运行，直到大牛市行情和四根季中阳线出现时才形成金叉。这次金叉形成后，夹角不大，直到最后一根带长上影线的季阳线出现，TRIX 线与 MATRIX 线“小荷才露尖尖角”。上证指数于 2015 年第 3 季度出现一根季大阴线，但直到 2016 年第 2 季度，TRIX 线才出现拐点，随后虽然出现了反弹，但 TRIX 指标不为所动，一直以“一”字形运行。

2017 年第 4 季度和 2018 年第 1 季度，两线重合运行。2018 年第 2 季度，TRIX 指标出现死叉，但两线贴近运行，直到 2021 年第 1 季度（本波结构式慢牛行情达到最高点 3731 点）才出现金叉。2023 年第 1 季度，TRIX 指标出现死叉后，两线仍贴近运行。

图 1-2-5 的深证成指季周期 TRIX 指标和 KDJ 指标行情图，与上证指数的相差无几，但也还是有区别的，在年周期 CCI 指标部分中我们将讲述这两大指数的不同之处。两大指数反映在股票指数涨跌和技术指标上的情况不完全相同。深证成指于 1996 年第 2 季度启动了一波小牛市行情（在低指数位上应该算是小牛市行情）。我们前面讲过，2000 点涨 10%是 200 点，所以这波小牛市行情虽由五根季小阳线组成，但涨幅较大，从低位的 1007 点涨至最高点 6103 点。TRIX 指标也作出了反应，TRIX 值从 1996 年第 2 季度的 0.86 上升到 1998 年第 2 季度的 5.97（虽然深证成指下跌，但 TRIX 线上升，深证成指指数与 TRIX 指标形成了底背离），在这两个点位上，TRIX 线形成拐点向上运行，在其形成金叉以后，TRIX 指标的 TRIX 线和 MATRIX 线向上运行，且夹角较大。说明此波牛市行情上升幅度还是比较大的。此后，TRIX 指标在接近底部低点

2698 点时，两线才形成死叉。所以若据此进行实盘操作，散户投资者会亏得血本无归，只有在 TRIX 指标的 TRIX 线向下形成拐点时抛出手中的股票，才是明智之举。

图 1-2-5　深证成指季周期 TRIX 指标和 KDJ 指标行情图

接下来，2019 年第 1 季度，深证成指出现低点 7011 点，启动了一波大牛市行情，最高涨到 2021 年第 1 季度的 16293 点，时间跨度为 3 年。显然，深证成指涨幅大于上证指数，并且其 TRIX 指标的金叉夹角也大于上证指数的角度。2023 年第 1 季度，两大指数的 TRIX 指标均已出现死叉，两大股指向下运行的可能性增大。因为机构在季周期级别的大盘指数上是做不了“骗线”的，不像在个股上可以随意做出“骗线”，但投资者也要考虑到 TRIX 指标与股指顶背离情况的发生。

在图 1-2-6 的创业板指季周期 MACD 指标和 TRIX 指标行情图中，TRIX 指标高点有 2 个（表 1-2-25），低点有 2 个（表 1-2-26），此外有 2 次金叉点位（表 1-2-27）和 2 次死叉点位（表 1-2-28）。

表 1-2-25　创业板指季周期 TRIX 指标高点

序号	详细说明
1	2016 年第 2 季度，TRIX 值为 5. 19，MATRIX 值为 3. 10
2	2022 年第 2 季度，TRIX 值为 2. 85，MATRIX 值为 1. 71

图 1-2-6　创业板指季周期 MACD 指标和 TRIX 指标行情图

表 1-2-26　创业板指季周期 TRIX 指标低点

序号	详细说明
1	2013 年第 1 季度，TRIX 值为-0.74，MATRIX 值为-0.21
2	2020 年第 1 季度，TRIX 值为 0.29，MATRIX 值为 1.34

表 1-2-27　创业板指季周期 TRIX 指标金叉点位

序号	详细说明
1	2013 年第 4 季度，TRIX 值为-0.08，MATRIX 值为-0.40
2	2020 年第 4 季度，TRIX 值为 0.93，MATRIX 值为 0.73

表 1-2-28　创业板指季周期 TRIX 指标死叉点位

序号	详细说明
1	2017 年第 2 季度，TRIX 值为 4.16，MATRIX 值为 4.54
2	2023 年第 1 季度，TRIX 值为 2.27，MATRIX 值为 2.34

如上所述，可以看出，TRIX 指标金叉或死叉的角度决定了行情涨跌的幅度，反弹行情对 TRIX 指标影响不大，但大的牛市行情的 TRIX 指标的低点却非常接近。上证指数第一次超级大牛市的 TRIX 值低点为-0.74，第二次大牛市

TRIX 值低点为-0.92。深证成指第一次大牛市行情的 TRIX 值低点为-0.66，第二次大牛市行情 TRIX 值低点为-0.63，第三次是 2019 年至 2021 年的结构式慢牛行情，TRIX 值低点为-0.27。TRIX 线均是在相对低位时启动大牛市行情和结构式慢牛行情的，这可以结合其他指标（如年周期 CCI 指标和季周期 MACD 指标）加以确认。

上证指数季周期 TRIX 指标于 2023 年第 1 季度形成死叉了，TRIX 值为 0.55，MATRIX 值为 0.56。从以往的数据看，市场要形成大牛市行情，TRIX 值必须在-0.92 至-0.74 之间。如果是这样的话，上证指数进入大牛市行情还有一段时间和路程要走，还要等待那最后一跌，才能看到 TRIX 线运行到-0.92 和-0.74 之间。但启动结构式慢牛行情不需要 TRIX 线运行到这两个数值之间。

运用季周期级别 KDJ 指标的思路和技巧

上证指数季周期 KDJ 指标反应速度还是比较快的，一个小小的反弹季阳线或下跌季阴线也能引起 KDJ 指标迅速作出反应，形成金叉或死叉，但我们难以把握其真正具有操作性和实用性的历史高低点位。

在图 1-2-4 的上证指数季周期 TRIX 指标和 KDJ 指标行情图中，重要的 J 值高点有 7 个（表 1-2-29）。

表 1-2-29　上证指数季周期 KDJ 指标 J 值高点

序号	详细说明
1	1992 年第 1 季度，K 值为 95.80，D 值为 94.20，J 值为 99.02，KDJ 指标三线运行到了“超买”区域。实际上该波小牛市行情才刚刚起步，KDJ 指标就到达了峰值。1993 年第 1 季度，上证指数创新高，达到 1558 点，此时 KDJ 指标早已出现死叉，三线向下运行。1993 年第 3 季度一根季阴线出现，KDJ 指标继续向下运行。此后经过 1 年，上证指数继续下跌，KDJ 指标 J 线微微向上运行
2	1995 年第 3 季度，KDJ 指数形成金叉后，于 1996 年第 2 季度开始了一波长达 5 年的慢牛行情，1997 年第 1 季度，J 值为 96.98

续表

序号	详细说明
3	2001年第2季度，K值为92.65，D值为86.05，J值为105.84，这波长达5年的慢牛行情结束
4	2004年第1季度，一根反弹的小阳线居然使KDJ指标形成金叉并向上运行，紧接着反弹行情结束，KDJ指标又是一路向下运行
5	2007年第1季度，K值为82.01，D值为62.03，J值为121.96。上证指数最高点为3273点，该指数继续涨了3个季度，达到历史最高点，为6124点，但KDJ指标的J线已经出现了顶背离，J线一路向下运行，直至2008年第1季度出现死叉
6	2015年第1季度，K值为75.65，D值为54.83，J值为117.28，实际上，上证指数在此时还没有创下本波牛市行情的最高点5178点，但出现了顶背离的情况——指数上涨，J线向下运行。笔者依据季周期KDJ指标的运行情况发现，看J线不如看K线，K线的高点位是指数的高点位，K线才能真实反映股票市场指数的高点位
7	2021年第4季度，K值为83.96，D值为75.29，J值为101.29，也是K值运到了高点，大盘才下跌。一般来说，K值为100以上的情况较少，但进入80以上的“超买”区域机会较多

从历年情况来看，一般来说，K值和D值偏大，K线和D线仍会向下运行一段时间，那么J线也会随着向下运行，此后形成金叉的概率在90%以上。除了反弹行情和慢牛行情波动比较大的情况以外，从历年来看，只要是大牛市（除2004年第1季度外），J线的垂直角度都会比较大。

在图1-2-4的上证指数季周期TRIX指标和KDJ指标行情图中，上证指数季周期KDJ指标比较重要的低点有7个（表1-2-30），比较重要的金叉点位有5个（表1-2-31）。

表1-2-30 上证指数季周期KDJ指标低点

序号	详细说明
1	1994年第2季度，K值为34.51，D值为50.44，J值为2.65
2	2002年第4季度，K值为28.35，D值为46.11，J值为-7.15

续表

序号	详细说明
3	2005 年第 1 季度到第 2 季度，取第 2 季度数值，K 值为 14.69，D 值为 22.68，J 值为-1.29
4	2008 年第 4 季度，K 值为 30.94，D 值为 51.84，J 值为-10.84
5	2012 年第 3 季度，K 值为 13.20，D 值为 21.55，J 值为-3.50
6	2018 年第 4 季度，K 值为 20.76，D 值为 30.57，J 值为 1.13
7	2023 年第 4 季度，K 值为 30.10，D 值为 41.39，J 值为 7.53

表 1-2-31　上证指数季周期 KDJ 指标金叉点位

序号	详细说明
1	1996 年第 1 季度，K 值为 34.47，D 值为 35.43，J 值为 32.53，自此长达 5 年的慢牛行情开启了
2	2006 年第 1 季度，K 值为 24.68，D 值为 21.37，J 值为 31.31，自此大牛市行情开启了
3	2013 年第 3 季度，K 值为 22.41，D 值为 20.21，J 值为 26.82，经过一年的调整，第二波大牛市行情开启了
4	2019 年第 1 季度，K 值为 32.74，D 值为 31.29，J 值为 35.63
5	2023 年第 2 季度，KDJ 指标还没有出现金叉，但 J 线角度变大，会有反复。正如上述所说，由于 K 值和 D 值偏大，J 线有可能形成向下运行的拐点，KDJ 指标大概率会出现金叉的

KDJ 指标存在有效金叉和无效金叉，大盘和个股无论在什么周期级别都存在这种情况。如果投资者依据 KDJ 指标出现的金叉买入股票，股价不上涨反而下跌，该金叉便是无效金叉。对 KDJ 指标的有效性，我们只有结合其他指标来进行综合研判。例如，季周期个股存在 KDJ 指标形成无效金叉的情况，但我们可以结合 MACD 指标和 TRIX 指标是否形成金叉来确定 KDJ 指标的有效性。对于上证指数，我们也可以找到季周期 KDJ 指标的无效金叉：一是在 1995 年第 3 季度，KDJ 指标出现金叉后，上证指数下跌。二是在 2013 年第 3 季度，KDJ 指

标出现金叉后，上证指数下跌。三是在 2019 年第 1 季度，KDJ 指标出现金叉后，上证指数下跌。它们有一个共性，即 KDJ 指标形成无效金叉后再度出现金叉，接下来大概率会有一波结构式慢牛行情、慢牛行情或大牛市行情，我们需要耐心等待。

图 1-2-4 的上证指数季周期 TRIX 指标和 KDJ 指标行情图中，KDJ 指标还有 5 个比较重要的死叉点位（表 1-2-32）。

表 1-2-32　上证指数季周期 KDJ 指标死叉点位

序号	详细说明
1	2001 年第 3 季度，一根季大阴线结束了长达 5 年的慢牛行情，这是慢牛行情结束的特点
2	2008 年第 1 季度，此时指数已经从 6124 点跌至 3472 点，这是大牛市行情结束的特点
3	2015 年第 3 季度至第 4 季度，取第 4 季度数值，K 值为 57.11，D 值为 59.97，J 值为 51.39，第 4 季度有一根反弹的季阳线
4	2018 年第 1 季度至第 2 季度，取第 2 季度数值，K 值为 34.37，D 值为 38.63，J 值为 25.85
5	2022 年第 2 季度，K 值为 72.08，D 值为 74.06，J 值为 68.11

图 1-2-5 的深证成指季周期 KDJ 指标行情图中，KDJ 指标 J 线共有 8 个高点（表 1-2-33），有 10 个比较重要的低点（表 1-2-34），其中包括反弹行情；该指标还有 5 个比较重要的金叉点位（表 1-2-35），8 个比较重要的死叉点位（表 1-2-36）。

表 1-2-33　深证成指季周期 KDJ 指标高点

序号	详细说明
1	1992 年第 3 季度，K 值为 70.21，D 值为 47.57，J 值为 115.49（与上证指数一样，判断指数真正的高点要看 K 值的高点，因此 K 值也较为重要）
2	1997 年第 1 季度，K 值为 72.25，D 值为 52.24，J 值为 112.27
3	2001 年第 1 季度，K 值为 83.82，D 值为 71.91，J 值为 107.63

续表

序号	详细说明
4	2004 年第 1 季度，在下跌途中的一个震荡市中间出现一次小反弹行情，此次 K 值和 J 值一样，反映了反弹的高度，K 值为 60. 83，D 值为 41. 10，J 值为 100. 29
5	2007 年第 1 季度，第一次大牛市行情出现，虽然是牛市的第 5 根季阳线，但 J 值已达峰值 118. 16，K 值为 83. 98，D 值为 66. 89。2007 年第 3 季度，指数最高点为 18939 点，K 值为 88. 96，D 值为 77. 98，J 值为 110. 93，J 线出现顶背离现象
6	2011 年第 1 季度，这次高点是一波反弹行情引起的，K 值和 J 值同时运行到高点，K 值为 68. 42，D 值为 58. 09，J 值为 89. 08
7	2014 年第 2 季度，大牛市行情启动；2015 年第 1 季度，K 值为 63. 36，D 值为 40. 81，J 值为 108. 47，其实该指数在第 2 季度还在大涨，并留下一根长长的上影线，KDJ 指标的 J 线出现顶背离，向下运行，此时 K 值为 64. 10，D 值为 48. 57，J 值为 95. 15。实际上在这波牛市行情中，在 KDJ 指标 J 值达到高点时指数还没有到达本波行情的最高点
8	2021 年第 1 季度才到达本波行情的最高点 16293 点。只有在第 2 季度，K 值达 81. 42，这波行情才结束了，J 线出现了顶背离，并向下运行

表 1-2-34　深证成指季周期 KDJ 指标低点

序号	详细说明
1	1991 年第 2 季度，K 值、D 值和 J 值均为 2. 17
2	1995 年第 2 季度，K 值为 16. 05，D 值为 27. 89，J 值为-7. 63，实际上指数还没有到最低点，最低点位的 K 值为 9. 34（K 值才能真正反映指数的真实情况，只要 K 值变大，大概率会有反弹行情、结构式慢牛行情或牛市行情出现）
3	1999 年第 1 季度，K 值与 J 值同时在低点，K 值为 25. 87，D 值为 43. 11，J 值为-8. 61
4	2002 年第 4 季度，K 值为 22. 76，D 值为 35. 84，J 值为-3. 40

续表

序号	详细说明
5	2005 年第 4 季度，K 值与 J 值同时处于低点，K 值为 23. 57，D 值为 31. 52，J 值为 7. 69①，至此，惊天动地的大牛市行情启动了
6	2008 年第 4 季度，K 值为 39. 16，D 值为 58. 27，J 值为 0. 96，大牛市行情经过 5 个季度的深幅调整，准确地反映底部的出现；K 线还在向下运行，没有准确地反映反弹行情的来临。2009 年第 1 季度，K 值才到达低点位 34. 20
7	2012 年第 3 季度，K 值为 21. 09，D 值为 32. 70，J 值为-2. 13，J 值在低点，横盘整理了 3 个季度后，J 线向上运行。本轮行情中真正地反映大牛市到来的还是 K 值，K 值为 15. 37
8	2017 年第 2 季度，K 值和 J 值同时到达低点，K 值为 23. 37，D 值为 31. 14，J 值为 7. 84，市场只出现一个小小的反弹行情
9	2018 年第 4 季度，K 值和 J 值同时到达各自的低点，K 值为 17. 44，D 值为 26. 06，J 值为 0. 21，KDJ 指标形成金叉后，一波结构式慢牛行情开启了
10	2022 年第 4 季度，K 值为 33. 76，D 值为 51. 30，J 值为-1. 33

表 1-2-35　深证成指季周期 KDJ 指标金叉点位

序号	详细说明
1	1996 年第 1 季度至第 2 季度，取第 2 季度数值，K 值为 36. 72，D 值为 22. 84，J 值为 64. 50
2	1999 年第 4 季度，K 值为 40. 83，D 值为 41. 58，J 值为 39. 32
3	2006 年第 1 季度，K 值为 35. 04，D 值为 32. 69，J 值为 39. 75，大牛市行情开启了
4	2014 年第 3 季度，K 值为 22. 31，D 值为 20. 34，J 值为 26. 25
5	2019 年第 1 季度，K 值为 32. 15，D 值为 28. 09，J 值为 40. 27

① 在这么长的时期内，KDJ 指标出现三次多重底探底，在这种情况下，必有一波大牛市行情出现，这个可以为我们以后发现指数的历史性大底提供参考。

表 1-2-36　深证成指季周期 KDJ 指标死叉点位

序号	详细说明
1	1993 年第 4 季度，K 值为 65.45，D 值为 66.09，J 值为 64.17
2	1998 年第 1 季度，K 值为 64.95，D 值为 64.54，J 值为 65.78
3	2001 年第 3 季度，K 值为 60.18，D 值为 70.77，J 值为 39.01
4	2008 年第 1 季度，K 值为 80.06，D 值为 81.11，J 值为 77.98
5	2011 年第 3 季度，K 值为 52.99，D 值为 58.24，J 值为 42.49
6	2016 年第 1 季度，K 值为 44.60，D 值为 48.34，J 值为 37.14
7	2018 年第 2 季度，K 值为 30.84，D 值为 33.31，J 值为 25.89
8	2022 年第 1 季度，K 值为 65.30，D 值为 73.22，J 值为 49.45

图 1-2-7 是创业板指季周期 KDJ 指标行情图，从图中我们注意到有 3 个高点（表 1-2-37）、3 个低点（表 1-2-38）、2 个金叉点位（表 1-2-39）、3 个死叉点位（表 1-2-40）。

图 1-2-7　创业板指季周期 KDJ 指标行情图

表 1-2-37　创业板指季周期 KDJ 指标高点

序号	详细说明
1	2010 年第 4 季度，K 值为 40.00，D 值为 25.13，J 值为 69.74

续表

序号	详细说明
2	2013 年第 4 季度，K 值为 71.30，D 值为 50.93，J 值为 112.05。但该 J 值反映不出牛市特征，K 值也反映不出指数处于高点位，只有 D 值才能反映指数的涨幅；2015 年第 2 季度，在 KDJ 指标出现死叉之际，创业板指创出历史新高，指数最高达到 4037 点，之后三线一直向下运行
3	2020 年第 4 季度，K 值为 83.18，D 值为 68.36，J 值为 112.82，但直到 2021 年第 4 季度，K 值为 85.72，这波牛市行情才结束

表 1-2-38　创业板指季周期 KDJ 指标低点

序号	详细说明
1	2011 年第 4 季度，K 值为 16.45，D 值为 24.11，J 值为 1.44，此时不是创业板指的最低点。2012 年第 4 季度，创业板指最低点为 585 点，KDJ 指标已经形成金叉，并且 K 线也微微掉头向上运行
2	2017 年第 2 季度，K 值为 21.11，D 值为 34.42，J 值为-5.53，接着创业板指继续向下运行，直到 2018 年第 4 季度，K 值、D 值和 J 值同时处于低点位，K 值为 11.45，D 值为 16.46，J 值为 1.44，KDJ 指标于第 4 季度出现金叉后，一波大牛市行情又开始了
3	2023 年第 3 季度，K 值为 16.31，D 值为 32.08，J 值为-15.22

表 1-2-39　创业板指季周期 KDJ 指标金叉点位

序号	详细说明
1	2012 年第 4 季度，K 值为 16.28，D 值为 17.20，J 值为 14.44
2	2018 年第 4 季度至 2019 年第 1 季度，取 2019 年第 1 季度数值，K 值为 28.60，D 值为 20.51，J 值为 44.78

表 1-2-40　创业板指季周期 KDJ 指标死叉点位

序号	详细说明
1	2011 年第 2 季度至第 3 季度，取第 2 季度数值，K 值为 31. 91，D 值为 30. 93，J 值为 33. 87
2	2015 年第 2 季度至第 3 季度，取第 2 季度数值，K 值为 79. 09，D 值为 78. 78，J 值为 79. 72
3	2021 年第 4 季度至 2022 年第 1 季度，取 2022 年第 1 季度数值，K 值为 73. 57，D 值为 78. 76，J 值为 63. 20

综上所述，对于季周期 KDJ 指标，我们不能仅看其 J 线进入“超买”或“超卖”区域来进行买卖操作，因为 J 线发生顶背离和底背离的情况太多了，只有在少数情况下，K 线和 J 线同时触底，并且 D 线也要运行到“超卖”区间，市场才会有上涨行情。同理，只有同时触顶，也才能出现下跌行情，但大多数情况下，我们要依据 K 线高低点位的变化判断各大指数是涨还是跌。在季周期级别行情上，我们应根据 K 线的运行方向，来判断股票的买卖时机。由上证指数、深证成指（除深证成指在 2006 年至 2007 年大牛市行情外）和创业板指的季周期 KDJ 指标情况可知，当 KDJ 指标的 K 线、D 线和 J 线同时运行到“超卖”区间，大牛市行情大概率才会出现。

我们来看看 2023 年第 3 季度上证指数季周期 KDJ 指标，K 值为 38. 57，D 值为 47. 03，J 值为 21. 65。从历史的脉络来看，季周期 KDJ 指标的 J 线向上运行，可能会形成金叉，也可能不会形成金叉。市场要形成大牛市行情，季周期 KDJ 指标还不知道要运行多长时间，K 线、D 线和 J 线才能运行到“超卖”区间，即使这些线运行到“超卖”区间，就像 2013 年第 2 季度的行情一样，经过一年的调整，市场才会出现大牛市行情。

同时，我们也验证一下深证成指。深证成指有别于上证指数，在 1996 年第 1 季度（图 1-2-5），季周期 KDJ 指标的 K 值为 9. 34，D 值为 15. 89，J 值为 -3. 78。深证成指走出了一波大牛市行情，相应的 MACD 指标也于 1996 年第 3 季度形成金叉了（图 1-2-2），同时 TRIX 指标的 TRIX 线也拐头向上运行（图 1-2-5），并与 MATRIX 线以大角度形成金叉。2003 年第 3 季度，季周期 KDJ

指标的K值为20.90，D值为25.59，J值为11.52，但此时深证成指的牛市行情并未启动，而是等了两年，也就是在2005年第4季度（但本次KDJ指标只有J线运行到了“超卖”区间，K线和D线没有运行到“超卖”区间）才开启大牛市行情，对应的MACD指标也未形成金叉，TRIX指标继续向下运行。结合这两个指标，再加上年周期CCI指标，我们应该断定大牛市行情大概率不会出现。2006年第1季度，季周期KDJ指标形成金叉，K值为35.04，D值为32.69，J值为39.75，相应的MACD指标于2006年第2季度形成金叉，并且季周期TRIX指标也于2006年第3季度形成金叉，此时年周期CCI指标也探底了。该指数开启了截至2023年8月以来最大的牛市行情。再后来，KDJ指标三线于2014年第2季度运行到了“超卖”区间，K值为15.37，D值为19.35，J值为7.42，第二波大牛市行情开启了。

创业板指季周期KDJ指标同理，两次金叉都是在“超卖”区间形成的，在此不一一列举了，有兴趣的散户朋友可以自己去看看。

波浪理论在季周期级别上的运用思路和技巧

对于深证成指季周期行情（图1-2-2）的分析，使用波浪理论进行分析更加简单、直观、清晰和具体。深证成指季周期行情形成了一个较为完整的波浪结构。

首先是上升浪，具体如下：

（1）1991年第4季度至1993年第1季度为上升1浪。

（2）1993年第2季度至1996年第1季度为上升途中的调整2浪。

（3）1996年第2季度至1997年第2季度为上升3浪。

（4）1997年第3季度至2005年第4季度为上升途中的调整4浪，这一段时间跨度较长。

（5）2006年第1季度至2007年第3季度为上升主升浪5浪。

下跌浪具体如下：

（1）2007年第4季度至2008年第4季度为下跌1浪。

（2）2009 年第 1 季度至 2009 年第 4 季度为下跌途中的反弹 2 浪。

（3）2010 年第 1 季度至 2014 年第 1 季度为下跌 3 浪。

结 语

在季周期级别上，各指标有如下特点。

（1）K 线形态：结构式慢牛行情和慢牛行情的 K 线形态是阴阳相间的，在上升趋势中，阳线多阴线少；在下跌趋势中，阴线多阳线少。在大牛市背景下，市场是没有一根季阴线的（创业板指除外）。为什么在大牛市背景下，大盘起始有小阳线，中间有中阳线，最后以大阳线结束上涨行情？这有两方面原因：一方面是在大牛市初期，机构主力忙着建仓，不可能拉高指数建仓；另一方面是起涨指数较低，如 2005 年第 2 季度，大盘指数的历史性大底为 998 点，如果涨 10%，也就是涨 100 点，而大盘指数如果为 5000 点，上涨 10%，大盘就会涨 500 点，所以大阳线会出现。这个结论我们也可以推及个股，如果个股的日周期级别行情起始也是以“碎步小阳”的形态往上涨，接着出现中阳线，最后出现长阳线，甚至出现涨停板，那么个股的上涨行情就结束了，接下来的行情是调整行情。

（2）均线系统：结构式慢牛行情和慢牛行情是伴着 10 季均线向上运动的，大牛市行情是伴着 5 季均线向上运动的（创业板指除外）。

（3）MACD 指标：只要季周期 MACD 指标运行到 0 轴附近（差值不能偏离过大），且绿柱状线缩短，投资者即可考虑是否买入，但不排除绿柱状线二次放大或三次放大的情况（如上证指数绿柱状线在 2002 年第 1 季度至 2006 年第 2 季度出现二次放大的情况）。同时投资者也要考虑在上涨行情中红柱状线的二次放大的问题（如上证指数在 1997 年第 1 季度至 2001 年第 3 季度就出现这种问题），但这个问题可以得到解决——看 MACD 指标在上升途中有没有出现死叉，在下跌途中有没有出现金叉，一定要把金叉或死叉的形成作为判断大盘走势的根据（因为接近金叉或死叉的情况很多）。在季周期级别行情中上，一旦金叉或死叉形成，就意味着上升或下跌趋势出现。对大牛市行情的趋势，我们要结合其他指标综合研判，但只要 MACD 指标的红柱状线缩短，上涨行情就可能结束。再者，上证指数和深证成指在结构式慢牛和慢牛行情中，红绿柱状线一直不能有效放大，但创业板指的红绿柱状线一直是有效放大的。总之，MACD 指标在季周期级别行情上是“王者”指标，牛熊分界线十分明显。

（4）RSI 指标：我们注意到，只有在慢牛行情或大牛市行情中，RSI1 线和 RSI2 线才会运行到“极强”区间，如在 1991 年第 2 季度至 1992 年第 2 季度的牛市行情、1996 年第 1 季度至 2001 年第 2 季度的慢牛行情、2005 年第 3 季度至 2007 年第 3 季度以及 2014 年第 2 季度至 2015 年第 2 季度的大牛市行情中，两线均运行到了“极强”区间。而在 1996 年第 2 季度至 2001 年第 2 季度的慢牛行情中，RSI 指标既形成过金叉，又形成过死叉，最终 RSI1 线虽然运行到了“极强”区间，但随后一路下跌。在 2020 年第 2 季度至 2021 年第 4 季度的结构式慢牛行情中，RSI 指标没有运行到“极强”区间。除以上情况之外，在任何形式的反弹行情中，要么 RSI 指标形成金叉后马上就掉头向下运行，要么 RSI1 线接近或遇上 RSI2 线就掉头向下运行。再者，季周期 RSI 指标的三条曲线从来没有运行到过“极弱”区间。

（5）TRIX 指标：上证指数只有 TRIX 线运行到-0.92 至-0.74 之间才有可能来一波大的牛市行情，所有在 0 轴上方形成的金叉都提示结构式慢牛或慢牛行情的出现，1996 年第 1 季度至 2001 年第 2 季度的慢牛行情和 2020 年第 1 季度至 2021 年第 4 季度的结构式慢牛行情均是如此。截至 2023 年第 3 季度，上证指数 TRIX 值为 0.43，MATRIX 值为 0.58。深证成指与上证指数大同小异，1991 年第 3 季度，TRIX 值为-0.14。第一次牛市为 2006 年第 1 季度，TRIX 值为-0.66。第二次牛市为 2014 年第 4 季度，TRIX 值为-0.63。第三次牛市为 2020 年第 1 季度，TRIX 值为-0.27。创业板指的 TRIX 指标于 2023 年第 1 季度形成死叉。不管怎样，三大指数是相互联动的。于 2019 年第 1 季度启动的结构式慢牛行情，深证成指的涨幅要强于上证指数，而创业板指的涨幅又强于深证成指。各位散户投资者观察它们的季周期 K 线图就明白了。

（6）KDJ 指标：只有在结构式慢牛行情、慢牛行情和大牛市行情中，KDJ 指标的 J 线才会运行至 100 以上。但在结构式慢牛行情和慢牛行情中，J 线运行至 100 就不会继续向上运行了。K 线、D 线和 J 线接近或运行到“超买”区间，代表上升行情即将结束。在所有的反弹行情中，K 线、D 线和 J 线均不会运行到 80 以上“超买”区间，这三条曲线仅仅会形成金叉。相反地，只有当

KDJ 指标中的 K 线、D 线和 J 线同时运行到“超卖”区间，大牛市行情才可能启动（深证成指在 2006 年至 2007 年出现的大牛市行情除外）。创业板指的情况也是如此，概莫能外。KDJ 指标还有形成的金叉是否有效的问题，尽管某个时刻该指标形成无效金叉，但日后再度形成金叉，很有可能代表一波结构式慢牛行情、慢牛行情或大牛市行情启动。在季周期级别行情中，我们还要注重 KDJ 指标的 K 线和 D 线。

第三章

运用年周期级别常用技术指标对大盘指数的分析思路和技巧

运用年周期级别 BOLL 指标的思路和技巧

BOLL 指标是股市技术分析常用工具之一，通常是用于研判指数或个股股价走势的辅助指标，通过大盘指数或个股股价 BOLL 线所处的位置来评估大盘指数或个股股价走势的强弱。使用方法是通过计算股指或个股股价的“标准差”，再求指数或个股股价的“信赖区间”。该指标在图形上画出三条线：其中上下两条线可以看成是指数或个股股价的压力线和支撑线，而在两条线之间还有一条指数或个股股价的平均线。一般来说，股指或个股股价会运行在压力线和支撑线所形成的通道中。当大盘指数或个股股价处于 BOLL 线中轨之上时，市场多半为多头市场，可持股或买入；而当大盘指数或个股股价处于 BOLL 线中轨之下时，则多半为空头市场，宜小心介入或观望。BOLL 线的两极为上轨和下轨，表示“极强”和“极弱”，大盘指数 K 线或个股股价 K 线均以美国线表示。

图 1-3-1 为上证指数年周期 BOLL 指标和 CCI 指标行情图，BOLL 指标只有在 20 个交易年后才能显示其上轨、中轨和下轨的数值和曲线，但从初始年份开始一直有美国线的数值。我们应该充分注意到这一点，这是核心之核心，即使上证指数大盘再怎么跌，历年来也很少跌破中轨。BOLL 指标的中轨即年

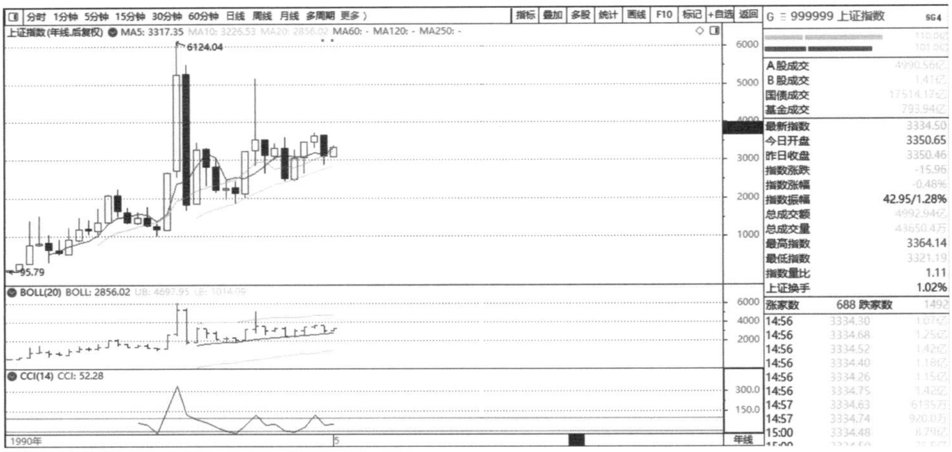

图 1-3-1　上证指数年周期 BOLL 指标和 CCI 指标行情图

周期的 20 年均线，并且其上轨、中轨和下轨基本上是平行运行的。只有在两次大牛市行情中，上证指数突破了上轨压力线：第一次是 2007 年，另一次是 2015 年。这根年阳线留下了长长的上影线，但 BOLL 指标使用的是美国线，真实地反映了这波行情的大小。

2022 年，上证指数出现年阴线，当时 BOLL 指标中轨为 2764 点，也就是说，上证指数应该会在此点位止跌回升，但是上证指数于 2022 年 4 月 27 日在 2863 点就止跌回升了，而且还是“V”形反弹。上证指数的二次探底是在 2022 年 10 月 31 日，在 2885 点止跌回升。

在季周期级别行情中，历史上上证指数几乎没跌破过下轨，但在 2024 年 2 月 5 日跌破了下轨，大盘指数为 2635 点，季周期 BOLL 指标下轨为 2670 点，这是 2024 年底以前唯一一次，可见季周期 BOLL 指标下轨支撑力度有多大。

大盘在月周期级别上曾有 7 个时间窗口跌破下轨，这在月周期级别上已经阐述过了，在此不再赘述，最后一次为 2024 年 1 月至 2024 年 2 月。在月周期级别上，我们也难遇见行情跌破 BOLL 指标下轨，遇到了就说明大盘已经初步见底，不是阶段性底部，就是历史性底部。如果散户投资者懂得这一原理和技巧，在上证指数接近 2900 点时就可以分批建仓，不一定非要等到 2764 点才建仓。机构是先知先觉的，他们并没有等到 2764 点才开始反攻，而是在 2863 点就展开反攻，到 2022 年 4 月 27 日，量能虽然没有放大，但也让大部分散户投资者恐慌。特别是上证指数在 2024 年 1 月 29 日至 2 月 5 日的带量暴跌，跌破了年周期 BOLL 线的中轨，让部分散户投资者几近崩溃。实际上，如果我们将 20 年均线继续延伸，不难看出，上证指数在 2005 年的 998 点和 2006 年的 1161 点时也跌破了 20 年均线。散户投资者根本不知道市场发生了什么，在指数接近底部区域时忙着杀跌，恐慌抛盘，大量涌出，而资深机构专业投资者抢占先机赚到了钱。

深证成指（图 1-3-2）与上证指数不同的是，深证成指于 2018 年、2019 年和 2023 年明显地跌破了中轨线，这与两大指数之间的区别是有关系的。两大指数一直在年周期中轨上方运行，投资者误以为是多头市场，可以买入股票。实际上，当两大指数接近中轨线或跌破中轨线时，投资者才可以买入股票。

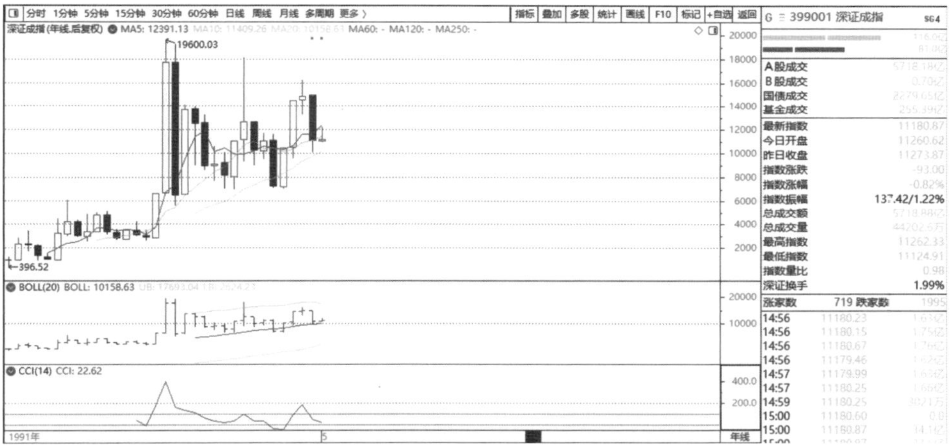

图 1-3-2　深证成指年周期 BOLL 指标和 CCI 指标行情图

诚然，BOLL 指标也存在它的缺陷，即该指标在年周期级别只能用来确定大盘底部状态，不用以判断大盘上涨的高度，特别是不能确定牛市是否来临。也就是说，我们可以知道大盘的底部在哪里，但不知道大盘的顶部在哪旦。即使大盘触底，我们也不知道未来是反弹行情还是反转行情，更不知道会不会有牛市行情的来临。

运用年周期级别 CCI 指标的思路和技巧

图 1-3-1 里也有上证指数年周期 CCI 指标。CCI 指标又叫顺势指标，它波动于正无穷大和负无穷大之间，但是又不需要以 0 轴为中轴线，这一点也和其他波动于正无穷大和负无穷大的指标不同。

CCI 指标在 2003 年后才出现数值和曲线，有三个低点（表 1-3-1）。

表 1-3-1　上证指数年周期 CCI 指标低点

序号	详细说明
1	2005 年，第一个低点-13.49，对应上证指数历史性大底为 998 点
2	2013 年，第二个低点-12.12，对应上证指数历史性大底为 1849 点
3	2019 年，第三个低点-1.69，对应上证指数历史性大底为 2440 点

三个数值非常接近，跟年周期 BOLL 指标一样，非常具有规律性。最重要、最核心的问题是，这些低点出现以后，市场均会出现不同级别的结构式慢牛行情、慢牛行情或大牛市行情；3 个低点均为上证指数的历史性大底。

上证指数年周期 CCI 指标高点有 3 个（表 1-3-2）。

表 1-3-2　上证指数年周期 CCI 指标高点

序号	详细说明
1	2007 年，此波行情 CCI 指标值为 343，相对应的历史性大顶为 6124 点
2	2014 年至 2015 年，大盘起始点为 1974 点，2015 年的年阳线带有长上影线，收盘指数为 3539 点，CCI 指标值为 124.96，相对应的历史性大顶为 5178 点
3	2021 年，收盘指数为 3639 点，比第二个高点收盘指数多 100 点，CCI 指标值为 123.69，几乎接近第二个高点的值，相对应的历史性大顶为 3731 点

因此，CCI 指标只要达到或接近上述这几个低点，对于我们捕捉结构式慢牛行情、慢牛行情或大牛市行情，意义是非常大的。年周期 CCI 指标是大盘指数真正的长线“王者”指标。

从图 1-3-2 可以看出，深证成指的 CCI 指标走势不像上证指数那样有规律，这与上证指数和深证成指的区别有关。其主要区别如下：

（1）样本股不同。上证指数是以上海证券交易所挂牌上市的全部股票（包括 A 股和 B 股）为样本，以发行量为权数（包括流通股本和非流通股本），以加权平均法计算。深证成指是从深圳证券交易所挂牌上市的所有股票中抽取具有市场代表性的 500 家上市公司的股票为样本，以流通股本（非流通股不计入指数）为权数，以加权平均法计算。

（2）对市场的影响不同。上交所发展早于深交所 1 年，所以在上交所的股票以大盘股为主，大盘股对市场影响较大。一般来说，投资者称上证指数为大盘，所以我们说指数涨跌，大多以上证指数涨跌为准，这已经成了业内人士的共识。

（3）指数发布时间不同。上证指数以 1990 年 12 月 19 日为基日，基日指数为 100 点，该指数能整体反映整个二级市场涨跌的全貌；深证成指以 1994 年 7 月 20 日为基日，基日指数为 1000 点。

（4）板块不同。上交所有主板和科创板。深交所有深证成指和创业板指。上证指数为股市晴雨表，集中了大多数大型蓝筹企业，投资者会更多关注上证指数。

基于上述区别，深证成指没有充分反映所有股票的走势。图 1-3-2 中 CCI 指标有三个低点（表 1-3-3）、三个高点（表 1-3-4），但高点低点值相差很多。

表 1-3-3　深证成指年周期 CCI 指标低点

序号	详细说明
1	2005 年，指数为 2590 点，CCI 指标值为-3. 98
2	2014 年，指数为 6959 点，CCI 指标值的低点却出现在 2013 年，为 20. 62
3	2019 年，指数为 7011 点，CCI 指标值为-39. 84

表 1-3-4　深证成指年周期 CCI 指标高点

序号	详细说明
1	2007 年，第一个历史性大顶为 19600 点，CCI 指标值为 397. 60

续表

序号	详细说明
2	2015 年，第二个历史性大顶为 18211 点，CCI 指标值为 98. 28①
3	2021 年，第三个历史性大顶为 16293 点，第三个高点的 CCI 指标值大于第二个高点②，CCI 指标值为 183. 14

虽然年周期 CCI 指标能预测结构式慢牛行情、慢牛行情和大牛市行情，但它不能预测反弹行情，如上证指数在 2009 年的大反弹行情。

利用上证指数年周期 CCI 指标有规律的低点，我们可以确定结构式慢牛行情、慢牛行情或是大牛市行情的来临，但我们散户投资者为什么还会在牛市里亏损呢？2006 年至 2007 年、2014 年至 2015 年大牛市行情，我也亏钱了，反倒是在 2022 年，我还赚了钱。我本着轻指数、重个股的理念，掌握了一些基本操盘技巧，只做强势股。如果大小牛市行情来临，我们也要将主流板块作为重点首选对象，譬如：

（1）在 2006 年至 2007 年的超级大牛市行情中，最大的市场主流板块是有色金属、房地产和金融概念股。例如，山东黄金（600547）在该波行情中，其股价复权后，从 2006 年初涨到本轮行情的最高点，股价上涨了 35 倍。锡业股份（000960）股价上涨了 20 倍，云南铜业（000878）股价上涨了 29 倍，中金黄金（600489）股价上涨了 28 倍，其中还不包括对个股高抛低吸实现的翻倍。那么，有色金属板块为什么会有如此大的涨幅呢？其实这归根结底是“有色金属”涨价造成的，房地产板块股的涨幅远远领先大盘的原因也在于此。

（2）在 2014 年的牛市中，板块启动顺序依次是石油、白酒、地产和银行，后期还有证券和钢铁等。“春江水暖鸭先知”，机构有自己的投研团队，这些专业人士会去上市公司进行实地考察，他们对一些微利企业和亏损企业兴趣更大，同时结合国家宏观经济变化和国家产业政策的调整，特别是部分产业未来几年的价格趋势，再布局二级市场。

综上所述，从年周期级别上看，CCI 指标是长期投资者首选的一个极其重要的指标，它能清晰无误地告诉我们结构式慢牛行情、慢牛行情或是大牛市行

① 主要原因是 2015 年的年阳线上影线过长，再者深证成指没有包括所有股票，可能失真。

② 主要原因是 2021 年的收盘指数为 14857 点，而 2015 年的收盘指数为 12664 点。

情的来临，让散户投资者可以跟着机构分一杯羹。

我们注意到，上市公司越来越多，而退市的上市公司却很少。二级市场的不断扩容，增量资金又没有过多注入。要想在二级市场上形成大牛市行情，除非投资机构和普通散户的数量源源不断地增加。也就是存在增量资金支持大牛市行情，这样才会有大牛市行情生存的土壤，才会形成“放水养鱼，欲取先予”的良性循环状态。不涸泽而渔、不焚林而猎才是证券市场长期向好发展的途径。虽然我国有 2 亿多股民，但从实际情况看，又有多少股民积极参与交易？当牛市行情出现，并在二级市场有赚钱效应，股民队伍才会不断发展壮大。但从目前情况来看，结构式慢牛行情将成为一种常态。有人说上证指数上涨 1000 点，可以增加 25 万亿的市值，可以提高居民的收入水平，增强居民的消费能力，提升居民的幸福指数——但在 2006 年至 2007 年和 2014 至 2015 年的大牛市中，普通散户投资者赚钱了吗？由于普通散户投资者不知道市场是大牛市行情，忙着在其中追涨杀跌，最后亏损累累、遍体鳞伤，本人就是最好的例子。

运用年周期级别 TRIX 指标的思路和技巧

图 1-3-3 是上证指数年周期 TRIX 指标和 MACD 指标行情图，图中采用了两个主要常用技术指标，一个是 TRIX 指标，另一个是 MACD 指标。本节着重阐述 TRIX 指标。

从图 1-3-3 可以看出，上证指数从 1990 年开始运行，并且底部不断抬高，直到 2000 年；TRIX 线也一路上升；MATRIX 线是在第 10 年才出现数值和曲线，随后也是一路向上运行。从 2001 年开始，上证指数开始下跌，股市从牛转熊。2004 年，TRIX 线和 MATRIX 线形成死叉，股市连续 4 年处于熊市，大盘跌至 998 点后开始反转。2006 年至 2007 年，超级大牛市出现了，指数最高冲至 6124 点。2008 年的一根年大阴线结束了两年的大牛市。2009 年，大反弹行情出现，指数从 1844 点冲至 3478 点，接下来又是 4 年熊市。2014 年至 2015 年为两年大牛市行情，指数最高冲至 5178 点，接下来 2016 年为下跌行情，

图 1-3-3　上证指数年周期 TRIX 指标和 MACD 指标行情图

2017 年为震荡行情，2018 年为下跌行情，2019 年至 2021 年为结构式慢牛行情，2022 年和 2023 年为下跌行情。

从上述行情来看，上证指数一直沿着 20 年均线向上运行，且底部不断抬高，但自从 TRIX 指标于 2004 年出现死叉以后，TRIX 线和 MATRIX 线一路下行，出现了指数与 TRIX 指标顶背离的现象。这种在年周期级别上的 TRIX 指标与上证指数出现的顶背离现象，不同于个股在日周期、周周期和月周期级别的顶背离现象，个股的顶背离或底背离现象经常会出现在日周期、周周期、月周期和季周期级别行情中，一旦以上级别行情调整到位或结束上升，TRIX 指标会形成金叉或死叉。

年周期 TRIX 指标因为过滤了许多不必要的波动，反映不出牛市的来临（如 2006 年至 2007 年、2014 年至 2015 年出现的大牛市）。在 2006 年至 2007 年的超级大牛市中，TRIX 线掉头向上运行了，但并未形成金叉，而在 2014 年至 2015 年大牛市中，TRIX 线和 MATRIX 线几乎没有什么反应。2019 年至 2021 年的结构式慢牛行情中，TRIX 线和 MATRIX 线依然向下运行。但随着时间推移，特别是经历了 2006 年至 2007 年、2014 年至 2015 年大牛市行情和 2019 年至 2021 年结构式慢牛行情，上证指数 TRIX 线和 MATRIX 线的差值会不断缩小（TRIX 指标是以每年收盘指数为计算依据的），终将形成金叉，而不会长期顶背离。届时，市场应该会出现一波行情，是结构式慢牛行情、大牛市行情抑或是震荡行情还不得而知，这要视 TRIX 线与 MATRIX 线形成金叉后的夹角大小而定——夹角大，指数上升空间就大；夹角小，上涨幅度就小。如果 TRIX 线与 MATRIX 线形成金叉后，差值不大，平行运行，那就会形成震荡行情。

图 1-3-4 是深证成指年周期 TRIX 指标行情图。上证指数从 1990 年开始，深证成指从 1991 年开始，这导致两者行情图存在差异。另外，在 1998 年以前，柜台交易居多，散户投资者数量不多，且均是在交易大厅看屏幕进行操作，买卖股票听天由命，具有很大的随意性，不像现在使用电脑和手机操盘，股价走势具有更多不确定性。人云亦云，人买我买，人卖我卖，导致上证指数和深证成指的走势不尽相同。

图 1-3-4 深证成指年周期 TRIX 指标行情图

在年周期 TRIX 指标的分析中，我们不能不提到中小板和创业板。中小板即中小企业板，它是相对主板市场而言的，有些企业的上市条件达不到主板市场的要求，所以只能在中小板市场上市。

2004 年，经国务院批准，中国证监会批复，同意深圳证券交易所设立中小企业板，新和成等八家公司登陆中小板，此后中小板逐渐做强。

中小板成立后，发行上市、信息披露、投资者保护和退市等制度规则建设持续改革创新，为创业板的推出创造有利条件。20 世纪 90 年代末，为支持科技创新企业发展，深圳证券交易所着手筹建创业板。在筹建创业板的过程中，国际经济环境发生巨变，直接导致创业板的设立被暂停。

中小板是主板中相对独立的板块，在主板市场的制度框架下运行，在发行审核、交易制度等方面与主板一致。我国沪深股市长期以来采用封闭式集合竞价模式，深交所中小企业板正式启动，其交易制度与主板市场相比有所改变，股票开盘集合竞价以开放式集合竞价的方式进行。

2021 年 4 月 6 日，经中国证监会批准，根据深交所发布的《关于合并主板与中小板相关安排的通知》，原中小板上市公司的证券类别变更为“主板 A 股”，证券代码和证券简称保持不变，至此，中小板正式并入主板。

创业板又称二板市场，即第二股票交易市场，是与主板市场不同的一类证券市场，专为暂时无法在主板市场上市的创业型企业提供融资途径和成长空间的证券交易市场。创业板是对主板市场的重要补充，在资本市场占有重要的位置。

创业板与主板相比，上市要求往往比较宽松，主要体现在对成立时间、资本规模和中长期业绩等的要求上。创业板市场最大的特点就是低门槛进入，严要求运作，有助于有潜力的中小企业取得融资机会。

在创业板上市的公司往往成立时间较短、规模较小、业绩不突出，但有很大的成长空间。可以说，创业板是一个门槛低、风险大、监管严格的股票市场，也是一个孵化创业型、中小型企业的摇篮。

2009 年 10 月 30 日，中国创业板正式上市。2020 年 8 月 24 日，创业板注册制首批企业挂牌上市。

创业板和主板市场的投资对象和风险承受能力是不相同的，在通常情况下，二者不会相互影响，而且由于它们的内在联系，反而会促进主板市场进一步发展壮大。对投资者来说，创业板的风险要比主板高得多，当然，回报率也可能会高得多。

回到图 1-3-5 上来，为什么本书一再强调 TRIX 指标呢，因为它反映的是指数的中长期趋势（年周期 TRIX 指标与上证指数、深证成指长期处于顶背离状态，而长期顶背离大概率导致未来长期向好）。创业板指基日为 2010 年 5 月 31 日，基点为 1000 点，它已经运行了 14 年，经历了两次大牛市行情。第一次是 2012 年第 4 季度至 2015 年第 4 季度，历时三年，年阳线上留下了一根长长的上影线，最高点 4037 点，收盘指数 2714 点，从最低点 585 点涨至当前最高点 4037 点；第二次是 2019 年第 1 季度至 2021 年第 4 季度，也历时三年，从低点 1201 点涨到了高点 3576 点。

从创业板指年周期 TRIX 指标来看，TRIX 线最低值为 2013 年的-0.39。

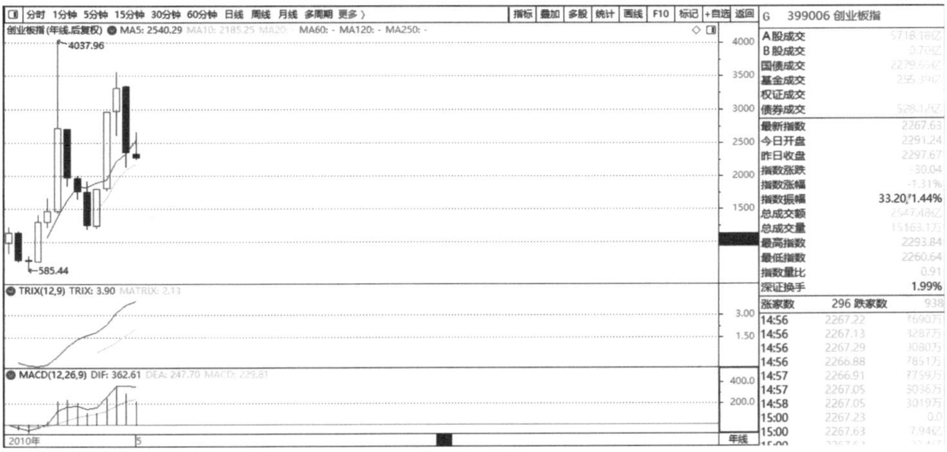

图 1-3-5 创业板指年周期 TRIX 指标和 MACD 指标行情图

2023 年，TRIX 值为 3.79，MATRIX 值为 2.12。从上证指数看，2001 年 TRIX 值为 15.57，MATRIX 值为 11.65。从深证成指看，2010 年 TRIX 值为 12.23，MATRIX 值为 8.50。上证指数运行了 34 年，深证成指运行了 33 年，因此，对比上证指数和深证成指，创业板指在不断上涨、调整后，仍有相当大的上升空间。

基于上述原因，早期的大盘走势不尽相同，反映在股票指数上的情况自然就不尽相同。对于上证指数 TRIX 指标，前文已经做了分析，在此不再赘述。结合图 1-3-4，我们可以看出深证成指年周期 TRIX 线从 1991 年到 2001 年一路上行，在 1991 年深证成指下跌后，TRIX 线开始微微向下运行。深证成指在 2005 年 TRIX 线与 MATRIX 线形成死叉之后，却迎来了 2006 年至 2007 年的超级大牛市，TRIX 线反转向上运行，于 2010 年达到峰值 12.23。此后，TRIX 线一路向下运行，却在 2014 年大牛市来临之际，与 MATRIX 线形成死叉。这就是年周期 TRIX 指标的缺陷——不能快速反映股指或个股股价的真实趋势。此后，深证成指 TRIX 指标与上证指数的 TRIX 指标一样，一直处于顶背离状态，可能要待数年后才能形成金叉。深证成指之后的分析与上证指数相同，而创业板指 TRIX 指标仍在一路向上运行。

运用年周期级别 MACD 指标的思路和技巧

日周期 MACD 指标日常波动比较大，实战中须结合其他指标一起使用，这样可信度比较高。依据年周期 MACD 指标来买卖股票具有非常大的不确定性，等到 MACD 指标出现金叉，往往行情已经结束或已涨幅巨大；等到形成死叉，往往行情已经见底了。该指标反映不出指数真实的趋势。

从 1990 年起，上证指数年周期 MACD 指标一路向上运行，由于 2001 年起连续 5 年下跌行情的出现，MACD 指标的 DIF 线才微微向下运行，DEA 线一直向上运行，但红柱状线一根比一根短，红柱状线值最低为 41.19。正当 2005 年 MACD 指标将要形成死叉时，2006 年的超级大牛市行情出现，DIF 线上升，红柱状线拉长。2007 年，DIF 值为历史峰值 692.27，红柱状线值为 588.10。之后，2008 年行情大幅度调整后，只有 DIF 线向下运行，值为 625.78，红柱状线缩短，值为 364.10。MACD 指标第一次形成死叉是在 2012 年至 2013 年，DIF 值为 524.42，DEA 值为 548.81，这是第一次 DIF 值小于 DEA 值，同时历史上第一根绿柱状线出现了，值为-48.77。

随着第二波大牛市行情的出现，2013 年至 2014 年，MACD 指标出现金叉，DIF 值为 564.67，DEA 值为 551.98，红柱状线值为 25.38。2015 年，年阳线上影线过长，影响了 MACD 指标的真实性，DIF 值为 614.06，DEA 值为 564.40，红柱状线值为 99.33。2017 年至 2018 年，MACD 指标形成死叉，这时大盘已经见底了，接下来是持续 3 年的结构式慢牛行情。2021 年，MACD 指标形成金叉，但这时大盘已经见顶了。以上是我对上证指数年周期 MACD 指标的分析。

从年周期级别行情看，每年大盘以 20 年均线为底部一直向上运行，而 MACD 指标却在高位一波比一波低，我不认为这是顶背离。因为在 2015 年的牛市行情和 2021 年的多头行情中，大盘并没有创历史新高，故 MACD 指标的头部形态一波比一波低。自从 2013 年大盘见底以来，MACD 指标已在相对高位横盘整理了 10 多年，且在 2022 年死叉形成后，DIF 线和 DEA 线也开始向下运行。对年周期级别行情的分析太艰难了，不像对季周期 MACD 指标的分析那样简明扼要，“牛熊”交替非常明显。

深证成指年周期 MACD 指标（图 1-3-4）与上证指数年周期 MACD 指标相近，因为它们之间存在着联动性，在此不再赘述了。

创业板指年周期 MACD 指标（图 1-3-6）与上证指数和深证成指的 MACD 指标有差异。创业板初创时间为 2010 年第 4 季度，其时 DIF 值、DEA 值和柱状线值均为 0。2011 年为下跌行情，DIF 值为-32.56，DEA 值为-6.51，绿柱状线值为-52.10。2012 年仍为下跌行情，DIF 值为-58.95，DEA 值为-17.00，绿柱状线值为-83.89。2013 年，牛市行情启动，但 DIF 值仍为-31.84，DEA 值为-19.97，绿柱状线值为-23.74。2014 年，MACD 指标才形成金叉，DIF 值为 3.11，DEA 值为-15.35，红柱状线值为 36.93，在 0 轴下方形成金叉。2015 年，带长上影线的年大阳线出现，指数最高点达 4037 点，收盘指数为 2714 点，相差 1323 点，DIF 值为 129.56，DEA 值为 13.63，红柱状线值为 231.86。2016 年，创业板指大调整，进入熊市行情，DIF 值为 167.17，DEA 值为 44.34，红柱状线值为 245.65，即使有一根年大阴线，但各值仍比上一年大，此时出现了底背离。2017 年，创业板指继续调整，红柱状线缩短，DIF 值为 178.02，DEA 值为 71.08，红柱状线值为 213.89。2018 年，创业板指随大盘继续调整，红柱状线缩短，DIF 值降低，为 144.44，DEA 值为 85.75，红柱状线值为 117.38。2019 年，因为第二波牛市行情启动了，红柱状线与上年持平，DIF 值为 160.16，DEA 值为 100.63，红柱状线值为 119.06。2020 年，随着牛市行情继续上涨，红柱状线放大，DIF 值开始走高至 263.84，DEA 值为 133.27，红柱状线值为 261.14。2021 年，创业板指继续走高，红柱状线不断放大，DIF 值为 370.50，DEA 值为 180.72，红柱状线值为 379.56。2022 年，创业板指深幅回调，红柱状线缩短，DIF 值为 371.99，DEA 值为 218.97，红柱状线值为 306.04。

2019 年，创业板指 MACD 指标看似要形成死叉了；但并没有形成死叉，TRIX 指标在 2017 年后基本上没有明显地向上运行，而是微微向上运行。我坚信，TRIX 指标不动，MACD 指标即使接近形成死叉，但随着市场调整，红柱状线还是会缩短的。2023 年，DIF 值还是一年比一年低，但在 DIF 值接近 DEA 值的时候，证券市场又将会迎来一波牛市行情。

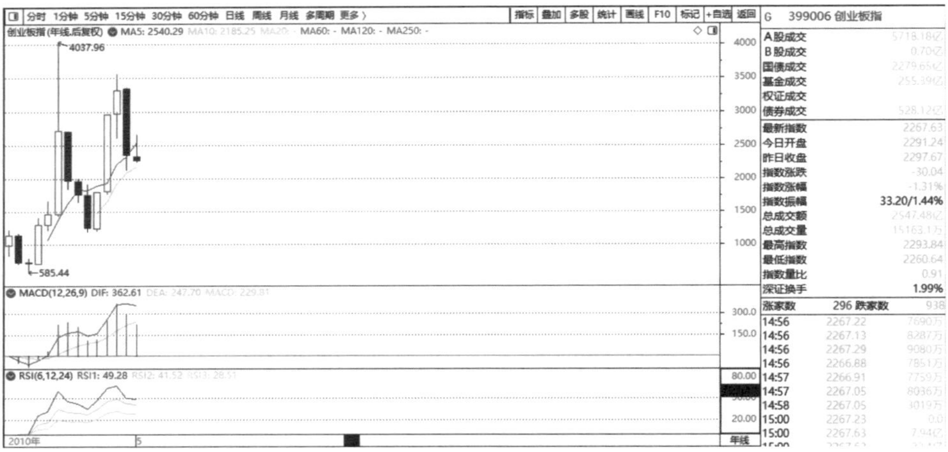

图 1-3-6　创业板指年周期 MACD 指标和 RSI 指标行情图

运用年周期级别 KDJ 指标的思路和技巧

从图 1-3-7 中我们可以了解到：上证指数年周期 KDJ 指标有 5 个高点（表 1-3-5），其中 3 个高点的 J 线运行到了“超买”区间。

图 1-3-7　上证指数年周期 KDJ 指标和 RSI 指标行情图

表 1-3-5 上证指数年周期 KDJ 指标高点

序号	详细说明
1	1990 年和 1991 年，KDJ 指标三条线值均为 100。1992 年和 1993 年，大盘指数上涨，而 KDJ 指标却向下运行，形成了顶背离。1994 年和 1995 年，大盘下跌，第一个低点形成
2	2000 年，J 值为 95.22，接近 100，进入了“超买”区间，这属于极强“超买”区间，散户投资者此时绝对要抛出手中的股票
3	2007 年，J 值为 83.13，进入了“超买”区间
4	2017 年，经过 2014 年和 2015 年的大牛市行情，2016 年行情下跌回调，2017 年行情反弹形成高点，J 值为 42.36，没有进入“超买”区间，而且还位于 50 下方区间①
5	2021 年，J 值为 53.65

根据表 1-3-5，J 值高点均对应上证指数历史性大顶（2017 年除外）。第二个高点的 J 值为什么比第三个高点（超级大牛市行情期间）的 J 值还要大呢？这是因为从 1996 年开始的慢牛行情持续了 5 年，所以年周期 KDJ 指标时间跨度比较长，而且在第一个牛市行情中，上证指数起始点为 512 点，最高涨到了 2125 点，实际涨幅也是非常大的。而 2006 年和 2007 年的超级大牛市行情只持续了两年，所以 J 线虽然运行到了“超买”区间，但所处位置比较低。

从图 1-3-7 可以看出，上证指数年周期 KDJ 指标有 5 个低点（表 1-3-6），其中 J 线的 3 个低点进入“超卖”区间。

① 在 2014 年和 2015 年的大牛市行情中，为什么 KDJ 指标的 K 值为 36.40，D 值为 36.61，J 值为 35.98 呢？这主要是 2015 年的年阳线的上影线过长导致的，此时上证指数的最高指数为 5178 点，收盘指数为 3539 点，相差 1639 点。如果收盘指数为 5178 点，KDJ 指标的 J 值大概率会达到 50 上方的多头区域。

表 1-3-6　上证指数年周期 KDJ 指标低点

序号	详细说明
1	1995 年，J 值 14.64，此后在 1996 年至 2000 年，市场进入了持续 5 年的慢牛行情
2	2005 年，J 值为 19.60，上证指数为 998 点，长达 5 年的熊市结束了，开启了 2006 年至 2007 年的超级大牛市行情
3	2013 年，J 值为 11.91，上证指数最低点为 1849 点，经过 2014 年至 2015 年的超级大牛市行情，指数最高达到 5178 点，而 2015 年收盘指数为 3539 点。
4	2018 年，J 值为 25.92，接近“超卖”区间
5	2023 年，年周期 KDJ 指标又形成了第五个 J 值低点，J 值为 25.99，同第四个低点一样，没有运行到超卖区间，所以我们可以确定未来几年为结构式慢牛行情

上证指数年周期 KDJ 指标有 4 个金叉点位（表 1-3-7）和 4 个死叉点位（表 1-3-8）。

表 1-3-7　上证指数年周期 KDJ 指标金叉点位

序号	详细说明
1	1997 年至 1998 年，取 1998 年数值，K 值为 64.09，D 值为 63.14，J 值为 66.01，此时牛市行情已经进入第 8 年了
2	2005 年至 2006 年，取 2006 年数值，K 值为 63.02，D 值为 59.69，J 值为 69.68，此时行情已经涨到了 2698 点
3	2014 年至 2015 年，大牛市行情启动，2015 年的年阳线上影线过长，但此时 KDJ 指标还没有形成金叉，直到 2016 年大盘回调才形成金叉，K 值为 36.70，D 值为 36.64，J 值为 36.81
4	2019 年至 2020 年，此时为结构式慢牛行情，第二根年阳线已经出现，KDJ 指标在牛市行情接近尾声的情况下形成了金叉

表 1-3-8　上证指数年周期 KDJ 指标死叉点位

序号	详细说明
1	2001 年至 2002 年，K 值为 67.80，D 值为 69.97，J 值为 63.46，此时大盘已经跌了两年，快要见底了，投资者此时卖出股票的节奏也慢了
2	2007 年至 2008 年，取 2008 年数值，K 值为 51.84，D 值为 59.31，J 值为 36.91，大盘正值牛熊交替，2007 年牛市行情见顶，2008 年熊市行情大跌，如果投资者按死叉原理卖出股票，显然是不可取的
3	2017 年至 2018 年，取 2018 年数值，K 值为 32.51、D 值为 35.81 和 J 值为 25.92，大盘为熊市行情，已经见底了
4	2022 年至 2023 年，取 2023 年数据，K 值为 33.68，D 值为 37.52，J 值为 25.99

图 1-3-8 是深证成指年周期 KDJ 指标和 RSI 指标行情图，其中有 7 个高点（表 1-3-9），有 4 个比较重要的低点（表 1-3-10），3 个低点均进入了“超卖”区间，1 个低点在 50 以下空方区间。

图 1-3-8　深证成指年周期 KDJ 指标和 RSI 指标行情图

表 1-3-9　深证成指年周期 KDJ 指标高点

序号	详细说明
1	1992 年，随着指数上涨，J 值达到 74.57
2	1997 年，KDJ 指标三线形成金叉，J 值达到 57.69，但随着 1998 年行情下跌，KDJ 指标形成金叉后向下运行，K 线和 D 线平行运行
3	1999 年至 2000 年，行情上涨，2000 年，J 值达到 67.04，没有到达“超买”区间
4	2006 年至 2007 年，超级大牛市行情出现，此时 J 值达到峰值 91.33。2008 年，行情大幅调整，KDJ 指标形成死叉，J 值为 49.02
5	2008 年至 2009 年，行情大幅反弹，KDJ 指标形成金叉，取 2009 年数据，J 值达到 60.30
6	在 2014 年和 2015 年的大牛市行情中，由于 2015 年的年阳线太长，KDJ 指标并没有在 50 上方区间形成金叉，直到 2019 年大盘下跌，KDJ 指标三线向下运行
7	2019 年至 2021 年，持续三年的结构式慢牛行情出现，2021 年，深证成指达到高点 16293 点，J 值达到 69.40

表 1-3-10　深证成指年周期 KDJ 指标低点

序号	详细说明
1	1995 年，最低指数为 980 点，J 值为 14.30
2	2005 年，最低指数为 2590 点，J 值为 12.89
3	2013 年，最低指数为 7045 点，J 值为 29.05，在 20 至 50 空方区间内
4	2018 年，最低指数为 7084 点，J 值为 7.35，这个低点深证成指跌破了 20 年均线，同时也跌破了年周期 BOLL 指标中轨所形成的历史最低点

现在大家应该注意到了，在第三个低点，J 线没有运行到“超卖”区间，但同样开启了第二波大牛市行情，这个问题我只能用上证指数与深证成指存在区别来加以解释了。第四个低点的 J 值为 7.35，深证成指在 2019 年至 2021 年的行情不属于结构式慢牛行情，而属于牛市行情。因为从实际情况来看，深证成指从 2019 年的最低点 7011 点涨至 2021 年的最高点 16293 点，涨幅明显强于上证指数。

图 1-3-8 还有比较重要的 3 个金叉点位（表 1-3-11）和 3 个死叉点位（表 1-3-12）。

表 1-3-11　深证成指年周期 KDJ 指标金叉点位

序号	详细说明
1	1999 年至 2000 年，此时深证成指已经涨到了高点。2000 年开盘伊始，KDJ 指标肯定会形成金叉，投资者若据此买入股票，还是有一部分利润的
2	2005 年至 2006 年，此时深证成指已经涨到了 6687 点，取 2006 年数值，K 值为 55.74，D 值为 48.38，J 值为 70.47
3	2019 年至 2020 年，2020 年已经接近牛市行情尾声，深证成指最高为 14476 点

表 1-3-12　深证成指年周期 KDJ 指标死叉点位

序号	详细说明
1	2001 年，K 值为 55.19，D 值为 55.65，J 值为 54.26
2	2010 年至 2011 年，取 2010 年的数值，K 值为 57.03，D 值为 55.46，J 值为 60.19
3	2023 年，K 值为 38.22，D 值为 41.65，J 值为 31.35

年周期 KDJ 指标非常灵敏，看似即将形成金叉，但只要出现一两根年阴线，就能被打回原形；看似即将形成死叉，但只要出现一两根年阳线，KDJ 指标就能被拉升。因此，依据年周期 KDJ 指标形成金叉、死叉的原理买卖股票的难度可想而知，我们只能依据 KDJ 指标 J 线的高低点所形成的拐点来买卖长线股票。

图 1-3-9 是创业板指年周期 KDJ 指标和 WR 指标行情图。2012 年，K 值为 41.07，在空头区域；D 值为 58.51，在多头区域；J 值为 6.18，处于“超卖”区间。在三年牛市行情中，创业板指从最低点 585 点涨到 2015 年的最高点 4037 点，留下一根长上影线的年阳线，但 KDJ 指标却在 2014 年到达了顶部：K 值为 64.42，D 值为 59.91，J 值为 73.44。2015 年，创业板指大涨，但此时 KDJ 指标的 J 线却掉头往下运行，形成了顶背离形态。如果散户投资者看到 J 线见顶回落就止盈离场，那么会错过 2015 年的大好行情，所以我们要结合

季周期 MACD 指标等判断创业板指的涨跌。

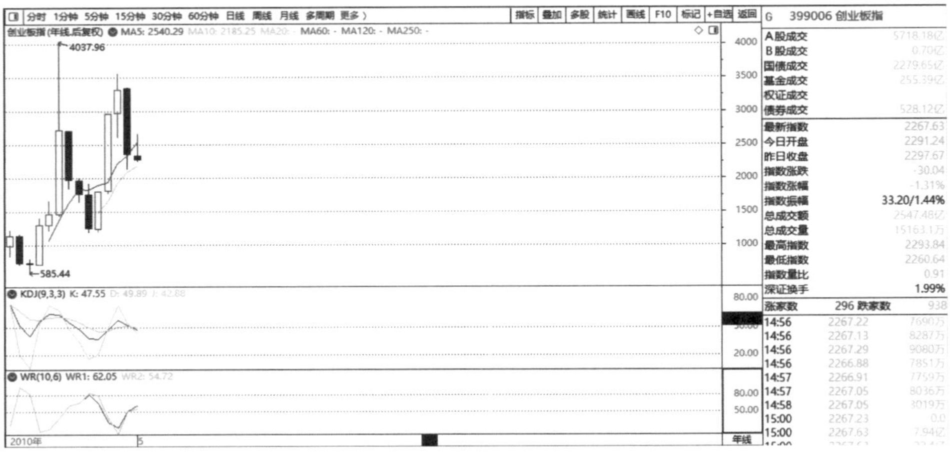

图 1-3-9　创业板指年周期 KDJ 指标和 WR 指标行情图

2015 年的年阳线上影线已经表明创业板指进入调整期，2016 年一根年中阴线出现，年周期 KDJ 指标已经形成死叉，此时 K 值为 55.62，D 值为 59.28，J 值为 48.31，J 线进入空头区域。2017 年和 2018 年创业板指继续下跌，2017 年年周期 KDJ 指标 K 值为 48.35，D 值为 55.64，J 值为 33.78；2018 年 KDJ 指标见底，K 线、D 线和 J 线在空头区域运行，K 值为 38.66，D 值为 49.98，J 值为 16.01，J 线进入“超卖”区间，但此次 J 值要比 2012 年略高一点，见底回升行情开启。

2019 年，创业板指又进入了三年牛市行情，J 线开始回升，K 值为 37.48，D 值为 45.81，J 值为 20.81。2020 年，KDJ 指标出现金叉，如果我们按照 KDJ 指标形成金叉的原理来买入股票的话，那将失去大部分利润。因为金叉形成时，创业板指为 2969 点，牛市行情将要结束了，所以我们必须将 KDJ 指标的 J 线形成拐点作为买卖依据。但如果遇到顶背离、底背离的情况，就容易错失良机，所以我们在买卖股票时还要参考其他指标准确判断，唯有如此才能赢得更大的利润或减少亏损。

2020 年，K 值为 47.97，D 值为 46.53，J 值为 50.85。2021 年，KDJ 指标见顶，这次没有形成顶背离形态，K 值为 58.17，D 值为 50.41，J 值达到峰值，

为 73.70。2022 年，一根年大阴线结束了长达三年的牛市行情①，KDJ 指标的 J 线已进入“超卖”区间，但 K 线和 D 线还没有向下运行到“超卖”区间。

创业板指年周期 KDJ 指标形成的金叉和死叉比较简单，有 2 次金叉（表 1-3-13）和 2 次死叉（表 1-3-14）。

表 1-3-13　创业板指年周期 KDJ 指标金叉点位

序号	详细说明
1	2014 年，此时指数已经涨到了本年度最高点，为 1674.98 点
2	2020 年，此时指数上涨已近尾声

表 1-3-14　创业板指年周期 KDJ 指标死叉点位

序号	详细说明
1	2015 年至 2016 年，2015 年的年大阳线的上影线表明市场已进入空头市场，接着 2016 年的一根年大阴线彻底结束了牛市行情
2	2022 年至 2023 年，取 2022 年数据，K 值为 52.36，D 值为 51.06，J 值为 54.95

综上所述，依据年周期 KDJ 指标形成的金叉、死叉来买卖股票是很难的，我们容易走进误区，但 J 线形成拐点向上运行就是买入股票的信号，同理 J 线形成拐点向下运行就是卖出股票的信号。

虽然我们可以根据三大指数年周期 KDJ 指标位于“超卖”区间时买入股票，或在“超买”区间时逃顶卖出股票。2023 年，上证指数底部一年年抬高，而年周期 KDJ 指标的 D 线总体呈向下的趋势，这是典型的顶背离。我们要结合年周期 CCI 指标和季周期 MACD 指标加以确认，增强可靠性、可操作性和实用性。

另外，2018 年，上证指数年周期 KDJ 指标处于死叉状态，J 值为 25.92，没有进入“超卖”区间。2019 年至 2021 年股市为结构式慢牛行情，并没有出

① 此处为牛市行情，而不是结构式慢牛行情，一是因为创业板指从 2018 年的 1184 点涨至 2021 年的 3576 点；二是因为年周期 KDJ 指标的 J 线运行到了“超卖”区间，2018 年 J 值为 16.01。

现大的牛市行情，这是为什么呢？一是因为市场调整还不够充分；二是因为市场市值太大，如果主力机构启动一波慢牛行情或大牛市行情，显然不符合市场规律。

创业板指年周期 KDJ 指标的运行也具有一定规律：只要 J 线进入“超买”区间，牛市行情就会结束；同理，只要 J 线进入“超卖”区间，牛市行情就会启动；但如果 J 线不运行到“超卖”区间，接下来的行情就是结构式慢牛行情。

特别要注意的一点是，观察年周期 KDJ 指标，重点要看 J 值，而观察年周期以下级别（包括日周期、周周期、月周期和季周期）时，要看 K 值和 D 值。

运用年周期级别 RSI 指标的思路和技巧

在运用指标过程中，投资者经常产生困惑，有时指标显示严重“超买”，股价却继续上涨，有时指标处于“超卖”区间并持续十几周，股价仍未止跌企稳。这是因为很多投资者混淆了指标和个股股价的关系：指标不能决定股价的涨跌，而股价决定所有指标的运行。股价是因，指标是果，由因可推出果，但由果来溯因，本末倒置，不一定走得通。那么，指标运用的真谛是什么呢？趋势为上，顺势而为，向市场“屈服”。在涨跌趋势未改变之前，不要试图去运用指标来盲目断定行情是该反弹还是回调。当然，这并非完全摒弃了指标的作用，而是充分利用其辅助作用：当股价继续上涨或下跌时，指标也将继续提示“超买”或“超卖”，从而为我们操盘提供强有力的技术上的参考。

从图 1-3-7 中我们可知上证指数年周期 RSI 指标的数值、形态和趋势。RSI 指标有 6 个高点（表 1-3-15）。

表 1-3-15　上证指数年周期 RSI 指标高点

序号	详细说明
1	1991 年至 1993 年，RSI 指标处于“极强”区间，由于上证指数基点为 100 点，这三年间收盘指数从未跌破过 100 点，且一年高于一年，故 RSI 指标三条线的值均为 100，钝化了三年，直到 1994 年下跌行情出现才结束了钝化的状态

续表

序号	详细说明
2	2000年，RSI指标在“极强”区间形成了一个高点，RSI1值为92.11，RSI2值为92.40，RSI3值为94.55，没有形成金叉
3	2007年，RSI指标在“极强”区间形成了一个高点，并形成了一个金叉，RSI1值为89.63，RSI2值为86.94，RSI3值为87.68，同时形成了一个脉冲波
4	2009年，行情大反弹，一个高点形成，RSI1值为58.18，RSI2值为61.14，RSI3值为66.24，三个值相差较大（从年周期看是这样的），但也还是在50以上“强”多方区间运行
5	2015年，RSI1值为62.50，RSI2值为61.27，RSI3值为64.62，这波行情是大牛市行情，但2015年年阳线上影线过长，收盘指数为3539点，实际最高指数为5178点，RSI指标没能真实反映大牛市行情的运行形态。根据当时的收盘指数，我认为会形成一个大的脉冲波，只是主力机构已经看到了见顶信号，反手做空，让2015年行情留下了一根实体很小而上影线很长的年阳线。RSI1线与RSI2线已经形成金叉，但RSI1线、RSI2线没有与RSI3线形成金叉，而且两者之间还存在一定的差值，此后RSI指标一路向下运行，直到2018年探底成功，RSI指标才向上运行
6	2021年，在这波结构式慢牛行情中，RSI1值为61.63，RSI2值为59.74，RSI3值为62.54，RSI1线与RSI2线形成金叉，没有与RSI3线形成金叉，但比起2015年的情形更接近金叉。这主要是因为2015年收盘指数为3539点，而2021年收盘指数为3639点

在除2006年至2007年的大牛市行情外的其他上涨行情中，RSI3线是一根压力线，RSI1线和RSI2线始终未能有效突破RSI3线，只有在季周期以下级别，我们才可以看出RSI1线和RSI2线有效突破RSI3线的形态。

我们现在结合图1-3-7分析一下年周期RSI指标6个比较重要的低点（表1-3-16）。

表 1-3-16　上证指数年周期 RSI 指标低点

序号	详细说明
1	1995 年，RSI1 值为 76.31，RSI2 值为 87.37，RSI 值为 393.38
2	2005 年，RSI1 值为 49.79，RSI2 值为 64.45，RSI3 值为 76.77，RSI1 线跌破了 50，运行到了“弱”区间
3	2008 年，经过前两年大牛市，一根年大阴线直接将 RSI 指标打入底部，而且向下运行的角度接近 90 度，此时 RSI1 值为 48.41，RSI2 值为 54.42，RSI3 值为 61.85，RSI1 线运行到了“弱”区间
4	2013 年，这个低点是第二波大牛市行情的起爆点，RSI1 值为 48.02，RSI2 值为 53.67，RSI3 值为 60.15，RSI1 线运行到了“弱”区间
5	2018 年，RSI1 值为 46.06，RSI2 值为 52.73，RSI3 值为 58.76，该低点为最低点
6	2023 年，RSI 指标形成了一个底部，RSI1 值为 48.79，RSI2 值为 53.97，RSI3 值为 59.05

有意思的是，年周期 RSI 指标是以 100 为起始值，不管大盘怎么跌，RSI1 线始终在 50 强弱分界线上下。2018 年，RSI 指标创历史新低，RSI1 值为 46.06。年周期 RSI 指标的 RSI1 线未进入 20 以下的“极弱”区间，且季周期 RSI 指标的 RSI1 线也从未运行到 20 以下的“极弱”区间。而月周期 RSI1 线历史上也只有 6 次运行到 20 以下的“极弱”区间；周周期 RSI1 线无数次运行到 20 以下的“极弱”区间，RSI2 线偶尔运行到 20 以下的“极弱”区间；日周期级别就更不用说了，RSI1 线和 RSI2 线无数次地运行到 20 以下的“极弱”区间，偶尔有一次 RSI3 线运行到“极弱”区间。

根据图 1-3-8，由于上证指数和深证成指存在的区别会反映在年周期 RSI 指标中，因此，深证成指我们分析起来比上证指数要复杂点。深证成指年周期 RSI 指标有 6 个重要高点（表 1-3-17）。

表 1-3-17　深证成指年周期 RSI 指标高点

序号	详细说明
1	RSI 指标在深证成指初创第一年没有数值，第二年所有值均是 100。1993 年，RSI 指标仍在 100 附近处于钝化状态，但由于 1993 年收盘指数低于 1992 年收盘指数，RSI 指标数值发生了变化，RSI1 值为 98.76，RSI2 值为 99.43，RSI3 值为 99.73
2	1997 年，年阳线上影线过长，影响了 RSI 指标的真实性，RSI1 值为 88.49，RSI2 值为 92.88，RSI3 值为 96.15
3	2000 年，RSI1 值为 79.96，RSI2 值为 86.88，RSI3 值为 92.70，RSI1 线接近“极强”区间
4	2007 年，行情为超级大牛市行情，RSI 指标的三条线形成了金叉，RSI1 值为 91.68，RSI2 值为 88.91，RSI3 值为 90.56
5	2009 年，反弹行情形成第 4 个高点，RSI1 值为 63.91，RSI2 值为 66.93，RSI3 值为 73.85
6	2014 年至 2015 年，行情为大牛市行情，由于 2015 年的年阳线上影线过长，RSI1 值为 61.85，RSI2 值为 62.76，RSI3 值为 69.15。2009 年收盘指数高于 2015 年，使得 2009 年 RSI 指标三个值高于 2015 年
7	2021 年，在 2019 年至 2021 年的牛市行情中，深证成指比上证指数的涨幅大，因此，RSI 指标三个值比较接近。受 RSI3 压力线压制，RSI1 线和 RSI2 线没有有效突破 RSI3 线，这就是指数或个股股价的涨跌幅决定指标趋势的表现

通过分析发现，RSI1 线和 RSI2 线上行到 RSI3 线会回落，这好像形成了规律。

深证成指年周期 RSI 指标的低点要比上证指数复杂一点，低点一个比一个低，形成了指数与 RSI 指标的顶背离。深证成指年周期 RSI 指标有 7 个低点（表 1-3-18）。

表 1-3-18　深证成指年周期 RSI 指标低点

序号	详细说明
1	1995 年，RSI1 值为 80.43，RSI2 值为 91.01，RSI3 值为 95.71
2	1998 年，RSI1 值为 72.77，RSI2 值为 84.98，RSI3 值为 92.23
3	2005 年，这是超级大牛市的起始点，RSI1 值为 55.50，RSI2 值为 72.49，RSI3 值为 84.96
4	2008 年，行情大调整，RSI1 值为 51.79，RSI2 值为 59.16，RSI3 值为 69.83
5	2013 年，RSI1 值为 49.57，RSI2 值为 56.78，RSI3 值为 66.25，这是 RSI1 线第一次跌破 50 强弱分界线，进入“弱”区间
6	2018 年，RSI1 值为 42.07，RSI2 值为 51.65，RSI3 值为 61.58
7	2023 年，RSI1 值为 44.88，RSI2 值为 52.18，RSI3 值为 60.38

与上证指数一样，深证成指基本上是在 50 强弱分界线以上的“强”区间运行。若干年后，RSI 指标三条线如果到达 20 以下的“极弱”区间，届时还可能有一波大的牛市行情或长达数年的慢牛行情启动。

从图 1-3-9 中我们注意到，创业板指年周期 RSI 指标与上证指数和深证成指的年周期 RSI 指标差异极大。上证指数在初创年份后，连续三年 RSI 指标所有值为 100，且在“极强”区间钝化，深证成指年周期 RSI 指标在初创年份没有数值，第二年 RSI 指标所有值均为 100，第三年 RSI1 值为 98.76，RSI2 值为 99.43，RSI3 值为 99.73，连续三年在 100 附近钝化。而创业板指以 0 值起步，2010 年，三线均无值；2011 年至 2012 年，三线的值均为 0。其中有 2 个比较重要的高点（表 1-3-19），3 个比较重要的低点（表 1-3-20）。

表 1-3-19　创业板指年周期 RSI 指标高点

序号	详细说明
1	2015 年，最高指数为 4037 点，收盘指数 2714 点，由于年阳线的上影线过长，回落过大，RSI1 值为 60.09，RSI2 值为 35.28，RSI3 值为 19.03
2	2021 年，RSI1 值为 67.90，RSI2 值为 49.42，RSI3 值为 31.34

表 1-3-20　创业板指年周期 RSI 指标低点

序号	详细说明
1	2010 年至 2012 年，RSI 指标三线的值均为 0
2	2018 年，RSI1 值为 35.46，RSI2 值为 26.71，RSI3 值为 16.48
3	2023 年，RSI1 值为 44.18，RSI2 值为 39.11，RSI3 值为 27.58

与上证指数和深证成指相反，创业板指年周期 RSI3 线一直在 RSI1 线和 RSI2 线下方运行。2023 年，创业板指年周期 RSI 指标的 RSI1 值为 44.18，RSI2 值为 39.11，RSI3 值为 27.58。结合其他年周期指标判断，三个数值差值比较大，所以各线向上运行的概率增大。

综上所述，年周期 RSI 指标三线的值接近或 RSI1 值超过 RSI3 值是大盘见顶信号（特别是在上证指数中），这为我们逃顶卖出股票提供了充分的依据。

我们注意到，年周期 RSI 指标的底部形态和顶部形态要比 KDJ 指标的底部形态和顶部形态要多，这主要是反弹行情引起的。反弹行情会引起 RSI 指标的 RSI1 线、RSI2 线和 RSI3 线向上运行，这对于确定反弹行情有一定的现实意义。

结合其他周期级别上 RSI1 线、RSI2 线和 RSI3 线向下运行的情况，我们会发现这是大盘见顶信号，反弹行情、结构式慢牛行情、慢牛行情或大牛市行情概莫能外。

但 RSI 指标也有它的软肋，即大盘见底后，我们不知道未来的上升行情怎样。但年周期 KDJ 指标很好地为我们解决了这一个问题——只要我们将这两个指标叠加在同一个界面上，就可以发现 KDJ 指标不为反弹行情而动，但它和 RSI 指标对应的指数的历史性大底相同。结构式慢牛行情、慢牛行情和大牛市行情的区别在 KDJ 指标上得到了真正的反映。

运用年周期级别 WR 指标的思路和技巧

WR 指标是分析市场短期买卖趋势的技术指标，能够帮我们判断市场是处于“超买”还是“超卖”状态。该指标指的是当天收盘价在过去行情价格范围中的相对位置，主要用于结合其他指标辅助确认各种信号，是股市技术指标中较为常见的短期研判指标。

WR 指标和其他指标一样，也可以运用于行情的不同周期，一般也以时间段的不同分为日周期、周周期、月周期、季周期和年周期级别。各种周期的研判时间虽有区别，但原理都是一样的。WR 指标和其他指标不同之处在于其取样时间较短，投资者仅运用该指标操盘可能会错过大行情，并且该指标较为敏感，在实际操作中，投资者完全按照该指标的信号出入市场会过于频繁。所以，在使用 WR 指标时，我们最好结合其他技术指标综合研判行情，才能够有效地判断行情趋势走向。

WR 指标一直出现在高低点附近，通过不停波动来反映股价的波动情况。一般来说，只要我们能够掌握波动的规律，就可以根据个股股价与 WR 指标出现的高低点位置，做出相应的买卖操作。WR 指标根据行情震荡幅度量化指数，进而判断股价变化中的波峰和波谷，从而帮助投资者判断买入和卖出的时机。简单来说，“超买”则卖，“超卖”则买。

WR 指标的取值范围在 0 至 100 之间，以 0 为顶部数据，以 100 为底部数据，20 以下为“超买”区间，80 以上为“超卖”区间（这和大多数指标情况相反，因为该指标趋向与指数或个股股价趋向相反），50 则是多空平衡线。使用 WR 指标作为预测市场工具，我们既不容易错过大的行情，也不容易在高价区被套牢，但还要结合周周期、月周期、季周期和年周期级别的情况加以研判。

同其他常用技术指标一样，WR 指标也会出现顶背离和底背离。指数或个股股价在 K 线图上的走势一峰比一峰高，而 WR 指标行情图的走势在高位一峰比一峰低，这就是顶背离现象。顶背离现象一般是指数或个股股价将高位反转的信号，表明指数或个股股价短期内即将下跌，这是一种比较强烈的卖出信号。底背离是指数或个股股价在 K 线图上的走势一峰比一峰低，股价在下跌，而 WR 指标行情图上的走势在低位一底比一底高，这叫底背离现象。底背离现象一般是股价将低位反转的信号，表明指数或股价短期内即将上涨，这是比较强烈的买入信号。WR 指标进入高位后，一般会回落，如果股价继续上升，顶背离就产生了；WR 指标进入低位后，一般会反弹，如果股价继续下降，底背离就产生了。WR 指标连续几次撞顶（底）后，局部会形成双重或多重顶（底），这是卖出或买进的信号。

同时，在使用 WR 指标的过程中，我们应该注意与其他技术指标相结合。行情在盘整过程中，WR 指标的准确性较高；而在行情上升或下降趋势中，我们不能只把 WR 指标的“超买”“超卖”信号作为判断依据。“超买”并不一定意味着要出货，有时指数或个股股价还会继续上涨，而“超卖”也并不一定意味着要入市，因为指数或个股股价可能还会继续下跌。我们在没有搞清楚指标的本质之前，要小心使用指标，有些指标之间的分析思路是相同的，只有很微小的差别。

图 1-3-10 是上证指数年周期 WR 指标行情图，从图中我们注意到，该指标不像 BOLL 指标和 CCI 指标一样有规律。但 WR 指标也有高低点位，其中有 5 个高点（表 1-3-21）。

图 1-3-10　上证指数年周期 WR 指标行情图

表 1-3-21　上证指数年周期 WR 指标高点

序号	详细说明
1	1991 年的行情不是大顶，仅代表上证指数起始年份（1990 年）后次年的情况，WR1 和 WR2 值均为 0 值
2	2000 年，WR1 值为 2.59，WR2 值为 3.24，为历史性大顶

续表

序号	详细说明
3	2006 年，WR1 值为 1.28，WR2 值为 1.38，为阶段性顶部，上证指数与 WR 指标出现了顶背离现象
4	2014 年，WR1 值为 56.37，WR2 值为 14.89，为阶段性顶部，上证指数与 WR 指标出现了顶背离现象
5	2021 年，WR1 值为 46.22，WR2 值为 7.12，为历史性大顶，没有产生背离现象

上述产生的背离现象要引起我们的高度重视，并结合其他指标加以综合研判。图 1-3-10 还有 6 个低点（表 1-3-22）。

表 1-3-22　上证指数年周期 WR 指标低点

序号	详细说明
1	1995 年，WR1 值与 WR2 值均为 68.60，双线合一，发出脉冲波①，是强烈的买入信号，为历史性大底
2	2005 年，WR1 值为 62.59，WR2 值为 86.94，为历史性大底
3	2008 年，WR1 值与 WR2 值均为 83.95，双线合一，是投资者抄底的最佳时机，为阶段性底部
4	2013 年，WR1 值为 78.19，WR2 值为 88.31，为历史性大底
5	2018 年，WR1 值为 80.51，WR2 值为 80.64，双线基本合一，为历史性大底
6	2023 年，WR1 值为 68.77，WR2 值为 58.63，为历史性大底

图 1-3-11 是深证成指年周期 WR 指标行情图，有 7 个比较重要的高点（表 1-3-23）。

① 常用的带线的指标一旦出现双线合一或三线合一的脉冲波，就是大盘见顶或见底的强烈信号。

图 1-3-11　深证成指年周期 WR 指标行情图

表 1-3-23　深证成指年周期 WR 指标高点

序号	详细说明
1	1992 年，WR1 值与 WR2 值均为 24. 12，双线合一，是强烈的见顶卖出信号，为阶段性顶部
2	1996 年，WR1 值与 WR2 值均为 31. 67，双线合一，为阶段性顶部；1997 年，WR1 线与 WR2 线向下运行，而深证成指继续上升，形成了顶背离现象，为阶段性顶部
3	2000 年，WR1 值为 23. 67，WR2 值为 26. 08，两条线均没有运行到“超买”区间，为阶段性顶部
4	2006 年，WR1 值为 0. 96，WR2 值为 0. 98，双线基本合一，绝对值比较接近，为阶段性顶部；2007 年，行情大涨，为大牛市行情，而 WR 指标没有继续向上运行，而是拐头向下运行，深证成指与 WR 指标形成了顶背离，WR1 值为 11. 12，WR2 值为 11. 17；我们操盘时一定要结合其他指标作出正确的研判，切勿被 WR 指标误导
5	2009 年，WR1 值与 WR2 值均为 34. 69，双线合一，为阶段性顶部
6	2014 年，在大牛市行情中，WR1 值为 50. 47，WR2 值为 40. 65，为阶段性顶部；如果只依据该指标，我们无法判断出大牛市行情的来临，因此我们必须结合季周期 MACD 指标及年周期 KDJ 指标加以研判；2015 年，深证成指与 WR 指标形成顶背离
7	2021 年，WR1 值为 29. 81，WR2 值为 15. 47，为历史性顶部

深证成指基本上跟上证指数一样，年周期 WR 指标有 7 个低点（表 1-3-24）。

表 1-3-24 深证成指年周期 WR 指标低点

序号	详细说明
1	1995 年，WR1 值与 WR2 值均为 80.46，双线合一，出现脉冲波，为历史性大底
2	2002 年，WR1 值为 64.57，WR2 值为 93.35，为阶段性底部
3	2005 年，WR1 值为 62.56，WR2 值为 89.08，为历史性大底，次年大牛市行情启动
4	2008 年，WR1 值为 76.76，WR2 值为 77.07，为阶段性底部
5	2013 年，WR1 值为 67.48，WR2 值为 81.35，为历史性大底；2014 年，大牛市行情启动
6	2018 年，WR1 值为 93.80，WR2 值为 97.51，形成脉冲波，为历史性大底
7	2023 年，WR1 值为 77.20，WR2 值为 72.92，双线基本接近，形成历史性大底

图 1-3-12 是创业板指年周期 WR 指标行情图，有 3 个高点（表 1-3-25），其中 2 个高点运行到“超买”区间，2010 年的高点没有运行到“超买”区间；有 3 个低点（表 1-3-26），其中 2 个低点运行到“超卖”区间，2023 年的低点未运行到“超卖”区间。

图 1-3-12 创业板指年周期 WR 指标行情图

表 1-3-25 创业板指年周期 WR 指标高点

序号	详细说明
1	2010 年，WR1 值与 WR2 值均为 25.05，双线合一，为阶段性顶部
2	2013 年，WR1 值与 WR2 值均为 14.25，双线合一，为阶段性顶部，创业板指还未创新高，后两年创业板指大涨，而 WR 指标向下运行，出现了顶背离现象，这表明 WR 指标反映不出创业板指上涨的真实情况
3	2021 年，WR1 值为 20.72，WR2 值为 10.60，为历史性顶部，尚未出现背离现象，这次准确地体现了创业板指与 WR 指标变动的一致性

表 1-3-26 创业板指年周期 WR 指标低点

序号	详细说明
1	2011 年，WR1 值与 WR2 值均为 94.55，为阶段性底部，次年创业板指再创新低
2	2018 年，WR1 值为 80.74，WR2 值为 83.49，两线运行到“超卖”区间，为历史性大底，是投资者买入股票的时机
3	2023 年，WR1 值为 75.24，WR2 值为 70.46，两线未运行到“超卖”区间，为历史性大底

综上所述，年周期 WR 指标出现偏差，可想而知其他周期级别的 WR 指标也会出现偏差，甚至偏差更大，会出现二重顶、三重顶和多重顶等，反之亦然。所以，指标不是万能的，但没有技术指标那是万万不能的。摆动类指标一旦出现脉冲现象，不管是“超买”还是“超卖”，均是绝佳的卖出或买入时机；运用 WR 指标，我们一定要结合其他指标（特别是 MACD 指标和 RSI 指标）一起使用。所以有人讲，WR 指标只适用于个股分析，不适用于大盘指数分析，也不无道理。

结 语

通过上述对年周期各技术指标的分析，散户投资者应该还是有一些收获的。因为通过运用技术指标分析，我们可以了解到大盘的“市场底”“技术底”在哪里，也可以了解到大盘的“市场顶”“技术顶”在哪里。

从年周期看，各指标特点如下。

（1）BOLL 指标：通过对年周期 BOLL 指标的分析，我们知道了大盘的“市场底”“技术底”一般在什么点位。2023 年的底部就在 2848 点，这是最坏情况下的大盘指数点位，也是最强有力的大盘指数支撑点位，就是我上面讲到的“市场底”“技术底”。一旦有了这个概念，我们在股票市场上，特别是大盘暴跌的情况下就不会迷失方向，迷失自我。所以，一般的机构投资者和广大散户投资者一定要掌握这个精髓。年周期 BOLL 指标的中轨就是 20 年均线，我们注意到只有 2005 年、2006 年、2011 年、2012 年、2016 年、2020 年、2022 年和 2023 年大盘指数接近或是逼近 BOLL 指标中轨，其中有 5 年跌破中轨，分别是 2013 年、2014 年、2018 年、2019 年和 2023 年。实际上，我们如果将 20 年均线向前延伸，不难看出，在 2005 年的 998 点和 2006 年的 1161 点的位置，大盘指数也跌破了 20 年均线。年周期 BOLL 指标也存在它的不足之处，即该指标不知道大盘上涨的顶部在哪里——我将用各周期级别的其他指标解决这一问题。年周期 BOLL 指标是非常有规律的，但这种规律性只适用于分析大盘指数，不适用于个股行情分析。我们还注意到一个问题，即 BOLL 指标的上轨、中轨和下轨是三条几乎平行的直线，不像日周期、周周期、月周期和季周期 BOLL 指标一样上下运动且有开口和缩口之分。

（2）CCI 指标：对于年周期的 CCI 指标，只有其接近或位于-14 至-1.7 这个区间，才会有结构式慢牛行情、慢牛行情或大牛市行情。

（3）TRIX 指标：年周期 TRIX 指标告诉我们，大盘指数与 TRIX 指标不会长期处于顶背离状态，终有一天 TRIX 线和 MATRIX 线将会重合并形成金叉。近几年即使有牛市行情，那也只是结构式慢牛行情，但上升行情总是会有的。

（4）MACD 指标：年周期 MACD 指标对于实战操盘指导意义不大，在此略去不谈。

（5）KDJ 指标：年周期 KDJ 指标的 J 线运行到“超卖”区间，就大概率会有慢牛行情或是大牛市行情出现，1995年、2005年和2013年均是如此。2018年，J线没有运行到“超卖”区间，J值为25.92，大盘只出现了3年的结构式慢牛行情，这就是规律的体现。年周期KDJ指标像年周期CCI指标一样，它们的历史低点和高点也对应着大盘历史性大底和历史性大顶。年周期KDJ指标比CCI指标更具有提前性，KDJ指标在起始年份就有曲线和数值，而CCI指标要在15年后才会有曲线和数值，这导致它对大盘指数的判断有滞后性。对创业板和科创板，我们就暂时不能以此作为判断指数上升或下跌的依据。在年周期级别上，我们观察KDJ指标一定要看J值，这有别于在日周期、周周期、月周期和季周期级别上要看K值和D值。此外，本书未将上证指数年周期KDJ指标与CCI指标情况重叠在同一行情图上进行分析，感兴趣的读者可以自己看看，KDJ指标的历史性大顶和历史性大底对应CCI指标的历史性大顶和历史性大底，为我们确定上证指数的历史性大顶和历史性大底提供了充足的依据。

（6）RSI指标：从年周期RSI指标来看，上证指数和深证成指的RSI1线一直在RSI2线下方运行，RSI2线一直在RSI3线下方运行。在上涨行情中，RSI1与RSI2线和RSI3线发生脉冲信号，三线形成金叉，这就是大盘见顶的信号，如2007年结束的大牛市行情。在大多数情况下，即使没有大牛市行情，在结构式慢牛行情和慢牛行情下，RSI1线或RSI2线遇上RSI3线，大盘必将回调，如2000年结束的慢牛行情和2021年结束的结构式慢牛行情。在任何反弹行情下，RSI1线都难以触碰到RSI2线，即使遇上RSI2线也会拐头向下运行，如2009年的反弹行情，这已经形成了规律，也便于我们预知大盘顶部的到来。年周期RSI指标的另一个功能就是预判大盘底部的来临，只要RSI1线回落至50下方或接近50强弱分界线，我们就可以预判大盘底部的形成。

（7）WR指标：年周期WR指标在实际应用中容易出现偏差，在一般结构式慢牛和慢牛行情或是慢熊行情中，如在1995年至2000年的慢牛行情和2019年至2021年的结构式慢牛行情中，WR指标还是比较准确的；但在2006年至2007年和2014年至2015年的快牛行情中，WR指标就出现了偏差：2007年和2015年的牛市行情还在继续大涨，但WR指标却向下运行了，出现了顶背离。所以对“A”字形快牛行情，我们要结合其他指标加以确认，才可能判断无误。

在年周期级别上，上证指数点位大体上是逐年向上抬升的，而TRIX指标、

RSI 指标和 KDJ 指标大体上是逐年向下运行的，形成了顶背离，我相信这种状况是不会长期持续下去的。若干年后，待 TRIX 指标运行到原来的位置，RSI 指标和 KDJ 指标三线运行到“极弱”和“超卖”区域，会有一波时间较长的慢牛行情出现。

此外，从年周期级别行情看，在 K 线形态方面，上证指数与深证成指基本“阳多阴少”，说明大盘上涨的时间还是比较多的；创业板指只出现过 3 根年阴线，年阳线居多。在均线形态上，5 年均线与 10 年均线既有金叉也有死叉，20 年均线和 30 年均线一直向上运行，而且 20 年均线支撑行情力度很强（除非在极端行情下，股指跌破 20 年均线，如 2005 年、2006 年和 2024 年上证指数的行情等）。

第二篇　中长线股票篇

股谚（股市谚语）道：“长线是金，短线是银，波段操作是钻石。”在实盘中，什么样的个股才是长线股呢？这个问题我会在接下来的章节中给出明确的答案。在交易软件中，我们可以依据分时图和日周期级别指标操作短线，还可以运用周周期、月周期、季周期和年周期级别的指标。在季周期和年周期级别上，只要 MACD 指标、TRIX 指标和 KDJ 指标形成金叉，我们就可以有效掌握个股的上升行情。但我们不能简单盲目地依据指标形成金叉或死叉来买卖个股，必须考虑周周期和月周期是否处于调整状态和上升趋势，只有在周周期级别行情和月周期级别行情调整结束后才可介入个股，同时也只有在周周期和月周期级别上升行情结束后才能卖出股票。

从技术指标分析角度看，本人认为牛市行情有熊股，熊市行情有牛股。在牛市行情中，股票会普遍上涨，大盘股和小盘股都有盈利的机会，而进入熊市行情最明显的特征就是个股整体下跌。处于大牛市行情中的股票，因为长期上涨，赚钱效应非常好，投资者赚钱很容易；处于熊市行情中的股票，因为长期下跌，赚钱效应差，投资者赚钱非常难。牛市行情里的投资者热情高涨，成交量显著放大；熊市行情里的投资者少，成交量明显萎缩。

展开上证指数全景图，我们可以看出，第二波大牛市行情的堆量明显大于第一波牛市行情的堆量。尽管如此，随着二级市场扩容，机构和散户投资者数量不断增加，目前上海股票交易市场和深圳股票交易市场一天的成交额达到万亿元规模。偌大的一个市场，每天的涨涨跌跌，牵动着两亿多投资者的心。特别是机构不会停止运营，投资者唯有操盘，才能有进项和盈利。

我们每一个散户投资者从进入股市的第一天开始，便与机构结下了不解之缘。我们首先要面对和认识的就是股票机构投资者。那么，什么是股票机构投资者呢？股票机构投资者就是除个人投资者外，以买卖股票为主要收入来源、以营利为目的的公司。机构资金庞大，有团队，有丰富的交易理论知识、丰富的交易经验和先进的交易工具。股票庄家就是指有雄厚资金的投资者或者是持有大量股票的机构，可以操控某一只股票的走向、价位和趋势。庄家在操控一只股票时，对该股票题材的挖掘，对股价的打压、拉升及消息的散布，都是有计划、有组织的。

做庄也是有一定难度的，做庄的目的只有一个，就是盈利出局。投入 1 亿元资金，赚 5%或 10%，也就是赚 500 万元或 1000 万元。但对于做庄，首先，庄家要下场直接参与竞局，这样才能盈利。此外，庄家还得有办法控制局面的发展，让自己稳操胜券。因此，庄家要把仓位分成两部分：一部分用于建仓，这部分资金用于直接参与竞局；另一部分用于控制股价。控盘资金风险较大，获利很低，甚至可能会赔，所以庄家主要还是靠建仓资金赚钱。

而我们散户投资者操盘也是有优势的：一是股票买卖灵活性高，二是股票买卖自由，三是散户投资者更有耐性，四是投资成本更低。

本篇主要利用各个周期 MACD 指标、TRIX 指标和 KDJ 指标等选取中长线股票。本篇内容附有大量图片，方便投资者对照分析。个股复盘数量较大，因为我要在 5000 多只股票里选取中长线股，并逐一翻阅，这不是一件容易的事情，但本人不厌其烦，并乐在其中。此外，个股数据是随时变化的，本篇内容可能与实时数据有差别，希望得到各位投资者的理解和包容。

扫码获取

更多数字资源

第一章
运用周周期级别 MACD 指标、TRIX 指标和 KDJ 指标选股的思路和方法

哈药股份（600664）

根据哈药股份行情图（图 2-1-1），分析如下。

图 2-1-1 哈药股份行情图

2023 年 5 月 30 日：

（1）该股周周期 K 线形态呈多头排列，虽然该股已经涨了 5 根周阳线，但仍有上升空间，MACD 指标和 TRIX 指标在 0 轴上方形成金叉。60 分钟线有继

续向下调整的趋势，有可能出现日周期级别的调整（因为周线正乖离率[①]偏大）。月周期级别行情有一根小阳线，月周期 MACD 指标和 TRIX 指标在 0 轴下方已形成金叉，且 MACD 指标的红柱状线逐渐放大。最主要的是季周期 MACD 指标已形成金叉，且有一根红柱状线，TRIX 指标也接近金叉。在大周期级别行情的支撑和保护下，该股应该有上升空间。

（2）此时该股的静态市盈率为 19.2 倍，流通股达 25.2 亿股；截至 2023 年 3 月底，持仓机构为 7 家，累计持股达 12.88 亿股，累计持仓比例达 51.19%。

2023 年 8 月 30 日：

我应该反思，该股已连续涨了 5 根周阳线，且指标在相对高位形成金叉，我应该考虑到该股有向下调整的趋势，而不是上面所讲的仍有上升空间。此时的情况是日线和周线有向下调整的趋势，但月周期 MACD 指标和 TRIX 指标不会出现死叉。

2023 年 10 月 15 日：

该股日周期级别行情在反抽，MACD 指标、TRIX 指标和 KDJ 指标均已形成金叉。但 KDJ 指标已接近“超买”区间，随时有调整的可能。周周期 MACD 指标已形成金叉，TRIX 指标接近金叉，KDJ 指标形成金叉，但 J 线已运行到“超买”区间，D 值为 53.42，还有上升空间。月周期 KDJ 指标的 3 个值还处在多头区域。

小结：该股是在周周期级别行情连续有 5 根周阳线情况下选取的，此时 TRIX 指标的 TRIX 线在相对高位（接近 0.5），而不是像 2022 年 10 月 28 日前 MACD 指标和 TRIX 指标均在 0 轴下方形成金叉，该股启动了一波上升行情。在季周期级别上，虽然 MACD 指标和 TRIX 指标已形成金叉或接近金叉，但金叉形成后的夹角偏小，因此市场没有大的上升行情。2024 年第 2 季度，在季周

---

① 乖离率又称偏离率，简称 Y 值，是通过计算市场指数或个股股价与收盘价和某条移动平均线之间差距百分比，以反映一定时期内市场指数或个股股价与其 MA 偏离程度的指标。通过该指标，可分析出价格在剧烈波动时偏离移动平均趋势而造成回档或反弹的可能性，以及价格在正常波动范围内移动而形成继续原有势的可信度。乖离率是用百分比来表示价格与 MA 间的偏离程度（差距率），乖离率曲线是将各 BIAS 值连成线，得到的一条以 0 轴为横向中轴波动延伸的曲线。乖离率本质上是市场指数或个股股价偏离均线大小程度的指标。

期级别上，MACD 指标的红柱状线缩短，TRIX 指标以小角度运行，KDJ 指标在空头区域形成死叉，短期内股价可能会横盘整理或向下运行。所以投资者买卖个股，不但要看日周期级别各指标所处的状态，更要看相邻周期级别各指标所处的状态。

养元饮品（603156）

根据养元饮品行情图（图 2-1-2），分析如下。

图 2-1-2　养元饮品行情图

2023 年 5 月 30 日：

（1）从周周期级别上看，该股已经涨了不少，但周线形态呈多头排列。日周期级别股价在横盘整理状态，但 MACD 指标和 TRIX 指标处于死叉状态。月线正乖离率偏大，有调整的趋势，但 MACD 指标和 TRIX 指标已形成金叉或接近金叉，且 MACD 指标的红柱状线放大。季周期 MACD 指标已形成金叉，TRIX 指标的 TRIX 线眼看要与 MATRIX 线形成死叉了，三根季阳线将 TRIX 线拉升并让它形成拐点向上运动，主力庄家做了“骗线”。

（2）此时该股的静态市盈率为 11.8 倍，流通股达 12.7 亿股；截至 2023 年 3 月底，持仓机构为 12 家，累计持股达 2.53 亿股，累计持仓比例达 20.02%。

2023 年 8 月 30 日：

该股日周期和周周期级别行情均处于向下调整的状态，日周期级别行情的调整会在 250 日均线上下止跌企稳。月周期级别行情再怎么调整，MACD 指标和 TRIX 指标也难以形成死叉。图 2-1-2 所示的价位为 27.25 元，此时的价位为 24.26 元，下跌 2.99 元，其间最高价为 27.77 元（不复权价位）。

2023 年 10 月 15 日：

周周期 KDJ 指标的 K 线和 D 线还没有运行到“超卖”区间。月周期 MACD 指标的红柱状线缩短，KDJ 指标在接近“超买”区间时形成死叉，大的调整趋势已形成。

小结：该股周周期 MACD 指标的红柱状线连续放大，TRIX 指标的 TRIX 值超过 1，KDJ 指标运行到“超买”区间，最终 MACD 指标和 TRIX 指标呈顶背离的状态，使该股股价在 2023 年 8 月创了新高，投资者仍然避免不了被短期套牢的风险。在月周期级别上，2023 年 5 月，TRIX 指标已形成金叉，尽管股价下跌，我们仍要考虑到指标形成底背离并向上运行的情况，这一点非常重要。此外，2023 年 5 月，KDJ 指标的 J 值为 117，处于严重“超买”区间，K 线也运行到了“超买”区间，投资者还要考虑股价调整的必然性。在季周期级别上，2024 年 6 月，MACD 指标形成金叉且红柱状线放大，TRIX 指标的 TRIX 线于 2023 年第 2 季度形成拐点向上运行，KDJ 指标的 J 线已运行到了“超买”区间，这可能引起调整。在年周期级别上，MACD 指标的 DIF 线形成拐点继续向上运行，红柱状线放大，TRIX 指标的 TRIX 线一直向上运行，KDJ 指标的 J 值还在 50 强弱分界线上，待季周期级别行情调整结束后，该股仍有上升空间。

大业股份（603278）

根据大业股份行情图（图 2-1-3），分析如下。

2023 年 5 月 23 日：

（1）该股周周期 K 线形态呈多头排列，主力在 MACD 指标上做了“骗线”，在 DIF 线和 DEA 线即将形成死叉的情况下，主力将股价拉升，DIF 线又恢复向上运行趋势。上面谈到的养元饮品（603156）中，主力对季周期级别行情做了“骗线”，散户投资者看到指标已经形成死叉或即将形成死叉时，还不是只能“忍痛割肉”。在图 2-1-3 中，月周期 MACD 指标已形成金叉，TRIX 指标也有形成金叉的趋势，KDJ 指标于2023 年 1 月形成金叉。主力又对季周期 MACD 指标做了“骗线”，MACD 指标死叉后又形成金叉，TRIX 指标已形成金叉，且向上运行。

图 2-1-3　大业股份行情图

（2）此时该股的静态市盈率为 19.2 倍，流通股达 2.88 亿股；截至 2023 年 3 月底，持仓机构为 3 家，累计持股达 553.41 万股，累计持仓比例达 1.92%。

2023 年 8 月 30 日：

日周期级别行情在向下调整过程中，周周期级别行情将有大的向下调整空间，月周期级别行情会随着日周期和周周期级别行情的向下调整而调整。而 K 线形态发生变化不会影响 MACD 指标和 TRIX 指标形成死叉，KDJ 指标趋向死叉。

2023 年 10 月 15 日：

日周期级别行情继续调整，调整目标价位在 250 日均线处。月周期 KDJ 指标在多头区域形成死叉，未来调整幅度较大。

小结：在周周期级别上，MACD 指标一直有红柱状线且逐渐放大，TRIX 指标的 TRIX 线形成拐点向上运行，KDJ 指标于 2023 年 5 月 12 日前形成金叉，在 6 月 2 日后以顶背离状态运行，至 7 月 14 日形成死叉，该股结束了上升行情。2023 年 5 月，在月周期级别上，MACD 指标出现了第一根红柱状线，此时，TRIX 指标尚未形成金叉，但有形成金叉的趋势，KDJ 指标于 2023 年 1 月形成金叉，这是有效金叉，最后该股股价从 6.87 元涨至 15.46 元。2024 年第 2 季度，在季周期级别上，MACD 指标的红柱状线缩短，KDJ 指标和 2022 年第 3 季度时一样，在空头区域形成死叉，未来的调整时间会在一个季度以上。

众兴菌业（002772）

根据众兴菌业行情图（图 2-1-4），分析如下。

图 2-1-4　众兴菌业行情图

2023 年 5 月 30 日：

（1）周周期级别行情在调整，虽然 MACD 指标已形成金叉，红柱状线连续缩短，该股大概率要调整到 MACD 指标接近死叉时才会重拾升势。日周期级别行情在调整，应该调整到 250 日均线上下。月周期 MACD 指标和 TRIX 指标均已形成金叉，KDJ 指标已接近“超买”区间，有调整的趋势，股价与 5 月均线正乖离率偏大，也有调整的趋势。2023 年 4 月有根中阳线，但不会像 2020 年 12 月中阳线出现后一样连续下跌，因为 MACD 指标和 TRIX 指标刚刚形成金叉，主力没有必要在此价位做“骗线”。季周期 MACD 指标、TRIX 指标和 KDJ

指标已再度形成金叉，并形成向上的拐点，处于这种状态的3个指标的走势一般安全可信。

（2）此时该股的静态市盈率为5.1倍，流通股达3.88亿股；截至2023年3月底，持仓机构为3家，累计持股达2171.42万股，累计持仓比例达5.39%。

2023年8月30日：

该股日周期级别行情调整到250日均线就暂时止跌了，周周期级别行情也基本调整到位，月周期和季周期级别行情也止跌回升了。

2023年10月15日：

日周期MACD指标和TRIX指标呈“一”字形运行，KDJ指标已运行到“超卖”区间，反抽随时会发生。周周期级别行情调整还没有结束的迹象，尽管KDJ指标已运行到“超卖”区间。月周期MACD指标接近死叉，KDJ指标于2023年7月形成死叉，但D线还在多头区域，J线已运行到“超卖”区间。

小结：自2023年5月，该股周周期MACD指标的红柱状线已连续缩短，TRIX指标的TRIX线和MATRIX线的值均大于1，KDJ指标也已形成死叉。在6月30日前，尽管该股向上突破出现一波反抽，那也是诱多行情，投资者不宜介入。从历史上看，2022年7月22日之前为较佳时间窗口，投资者可以在这段时间内介入。在月周期级别上，2023年5月有一根月阴线，MACD指标的红柱状线没有有效放大，这表明该股不是一只强势股，尽管TRIX指标在0轴下方形成金叉，但KDJ指标的K值和D值接近“超买”区间。在季周期级别上，截至2024年6月，MACD指标、TRIX指标和KDJ指标自金叉形成以来，一直呈“一”字形运行。在年周期级别上，MACD指标的绿柱状线缩短。当缩短成“芝麻点”时，投资者可以介入，因为“芝麻点里藏金子”，股价上升空间可能较大。

奇精机械（603677）

根据奇精机械行情图（图 2-1-5），分析如下。

图 2-1-5　奇精机械行情图

2023 年 5 月 30 日：

（1）该股周周期级别行情已连续出现 5 根阳线，MACD 指标已形成金叉，TRIX 指标的 TRIX 线已形成拐点向上运行。60 分钟线有调整的趋势。日周期级别行情也有调整的要求。月周期 MACD 指标和 TRIX 指标在 0 轴上方运行，KDJ 指标也于 2023 年 1 月形成金叉，2023 年 5 月出现阳线已成定局。季周期 MACD 指标的红柱状线连续放大，TRIX 指标约呈 30 度角向上运动，KDJ 指标于 2022 年第 4 季度将要形成死叉后又拐头向上运行了。

（2）此时该股的静态市盈率为 36 倍，流通股达 1.92 亿股；截至 2023 年 3 月底，持仓机构为 2 家，累计持股达 1.01 亿股，累计持仓比例达 52.80%。

2023 年 8 月 30 日：

该股在 250 日均线上方止跌回升，3 个指标在低位形成金叉，但周周期 MACD 指标和 TRIX 指标已形成死叉，KDJ 指标已调整到位，看上去调整压力较大，看来只能是在顶背离状态下完成调整。月周期和季周期级别行情已止跌企稳。

2023 年 10 月 15 日：

日周期 MACD 指标和 TRIX 指标呈“一”字形运行，KDJ 指标在多头区域形成死叉，短期调整开始。周周期级别行情调整还没到位，尽管 MACD 指标绿柱状线缩短，但 KDJ 指标的 J 线已运行到“超买”区间。月周期 KDJ 指标于 2023 年 7 月形成死叉，有继续调整的趋势。

小结：从周周期级别上看，2023 年 5 月是较佳时期，投资者也只有在这个时期才敢介入该股。一是因为 MACD 指标在 0 轴上方形成金叉，二是因为 TRIX 指标在 0 轴上方趋向金叉，三是因为 KDJ 指标在 5 月 12 日前已经形成金叉。7 月 14 日的前一周内，该股有一根带上影线的大阳线，使 KDJ 指标在多头区域形成死叉，这预示着股价将下跌。从月周期级别行情看，2019 年 3 月至 2023 年 12 月，该股 MACD 指标一直有长短不一的红柱状线，也就是说 DIF 值一直大于 DEA 值，适合投资者在日周期级别上做低吸高抛。2023 年 7 月，该股出现了一次脉冲行情。在季周期级别上，截至 2024 年 6 月，MACD 指标的红柱状线缩短，KDJ 指标在 50 强弱分界线上方形成死叉，该股向下调整趋势已定。

步长制药（603858）

根据步长制药行情图（图 2-1-6），分析如下。

图 2-1-6 步长制药行情图

2023 年 5 月 30 日：

（1）该股周周期 MACD 指标和 TRIX 指标均已在 0 轴上方形成金叉，日周期级别行情已调整到位，该股一直在做横盘整理。月周期 MACD 指标、TRIX 指标和 KDJ 指标均已形成金叉，但 MACD 指标红柱状线一直没有有效放大。季周期 MACD 指标和 TRIX 指标早已形成金叉，但 MACD 指标红柱状线一直没有放大，TRIX 指标以小于 30 度角向上运行，TRIX 线还没有形成向上的拐点，但该股迟早会发力。

（2）此时该股的静态市盈率为 12.9 倍，流通股达 11.1 亿股；截至 2023 年 3 月底，持仓机构为 6 家，累计持股达 6.60 亿股，累计持仓比例达 59.68%。

2023 年 8 月 30 日：

该股此时价位在 250 日均线下方，由于 250 日均线是一条直线，因此股价调整幅度较大，日周期、周周期、月周期和季周期级别行情均已调整到位。

2023 年 10 月 15 日：

该股日周期级别行情在反抽。周周期级别行情调整到位，MACD 指标绿柱状线缩短，TRIX 指标的 TRIX 线还没有形成向上拐点，KDJ 指标在“超卖”区间形成金叉。月周期 MACD 指标形成死叉，且呈“一”字形运行，TRIX 指标接近死叉，但 KDJ 指标有形成金叉的趋向，也必然会形成金叉，所以该股的上升行情来日可期。季周期 KDJ 指标已形成死叉，接近“超卖”区间。

小结：从周周期级别上看，2022 年 9 月 30 日至 12 月 9 日，该股有过一波上升行情，股价从 16 元涨至 26.95 元，故从 2023 年 5 月 23 日至 6 月 2 日，该股没有大的上升行情出现。月周期 K 线形态、MACD 指标和 TRIX 指标几乎呈“一”字形运行。截至 2024 年 6 月，季周期 MACD 指标红柱状线逐渐缩短，但不会形成死叉，TRIX 指标约呈 30 度角向上运行，KDJ 指标在 2024 年第 3 季度运行到“超卖”区间。在年周期级别上，股价下跌，但 MACD 指标绿柱状线缩短，形成了底背离，一旦绿柱状线缩短至接近 0 轴，该股会有一波上升行情。

白云电器（603861）

根据白云电器行情图（图 2-1-7），分析如下。

图 2-1-7　白云电器行情图

2023 年 5 月 30 日：

（1）该股周周期级别行情已出现五连阳，虽然是小阳线，但也使该股上升趋势已定，MACD 指标已形成金叉，TRIX 指标的 TRIX 线已形成拐点向上运行并即将形成金叉，KDJ 指标形成金叉。日周期级别行情有调整趋势，MACD 指标的红柱状线缩短。月周期 MACD 指标在 0 轴下方形成金叉，2023 年 5 月，MACD 指标的红柱状线有所放大，TRIX 指标即将形成金叉，KDJ 指标形成死叉后又形成金叉。季周期 MACD 指标、TRIX 指标和 KDJ 指标均已形成金叉，TRIX 线运行角度偏小，如果该股发力的话，TRIX 线会形成拐点向上运行。

（2）此时该股的静态市盈率为 27.7 倍，流通股达 4.24 亿股；截至 2023 年 3 月底，持仓机构为 3 家，累计持股达 527.86 万股，累计持仓比例达 1.24%，累计持股数量和累计持仓比例太低。

2023 年 8 月 30 日：

该股价格跌至 250 日均线止跌回升，周周期 MACD 指标和 TRIX 指标已形成死叉，看来该股只能以顶背离状态向下调整，KDJ 指标已接近“超卖”区间，反弹一触即发。月周期级别行情和季周期级别行情已调整结束。

2023 年 10 月 15 日：

该股日周期级别行情在 2023 年 5 月 13 日有一个涨停板，这个涨停板要引起我们注意，此时 KDJ 指标已运行到“超买”区间，投资者不能再追涨了，待 KDJ 指标修复后才可以介入。周周期 MACD 指标形成金叉，TRIX 指标的 TRIX 线形成拐点向上运行，KDJ 指标在“超卖”区间形成金叉。月周期 MACD 指标和 TRIX 指标均保持金叉状态，KDJ 指标在多头区域再度形成金叉。该股的上升空间出现，但前提条件必须是日周期级别行情要调整到位。

小结：从周周期级别行情上看，该股已连拉 5 根周阳线，但 MACD 指标和 TRIX 指标在 0 轴上方形成金叉，此时 KDJ 指标的 J 线已运行到了“超买”区间，J 值为 102，但 K 线和 D 线还在多头区域运行。在这种情况下，股价只有经过适度调整，J 线才会向下运行。我们注意到，经过两周的调整，该股以一根带上影线的中阳线结束了上升行情，股价从 8.75 涨至 10.74 元。在月周期级别上，MACD 指标在 0 轴下方形成金叉，TRIX 指标在 0 轴下方接近金叉。截至 2024 年 6 月，季周期 3 个指标均处于金叉状态。年周期 MACD 指标的绿柱状线缩短，但离 0 轴还是相当远，该股要启动一波上升行情，还需一定时日。

万马股份（002276）

根据万马股份行情图（图 2-1-8），分析如下。

2023 年 5 月 30 日：

（1）该股周周期级别行情还没有调整到位，TRIX 指标的 TRIX 线形成拐点向上运行，我们不能小看这个拐点，这是一波向上运行趋势形成的关键。日周期级别行情有继续调整的趋势。月周期级别行情会随着日周期级别行情的调整而继续调整。季周期级别行情有一根带上影线的阳线，MACD 指标的红柱状线连续放大，TRIX 指标虽已形成金叉，但运行角度不大，也需要 TRIX 线形成拐点向上运行，就像 2015 年第 1 季度那样，之后有一波大牛市行情，KDJ 指标形成金叉，且 D 值还在空方区域，该股未来可期。

图 2-1-8　万马股份行情图

（2）此时该股的静态市盈率为 34.5 倍，流通股达 10.4 亿股；截至 2023 年 3 月底，持仓机构为 22 家，累计持股达 3.34 亿股，累计持仓比例达 32.25%。

2023 年 8 月 30 日：

该股日周期级别行情调整至 250 日均线下方暂时止跌，周周期级别行情将以顶背离状态完成调整，月周期级别行情和季周期级别行情似乎已调整到位。

2023 年 10 月 16 日：

该股日周期级别行情反抽结束，KDJ 指标形成死叉。周周期 MACD 指标绿柱状线缩短至 0 轴下方。TRIX 指标的 TRIX 线似乎形成了向上拐点，KDJ 指标形成金叉。月周期 MACD 指标和 TRIX 指标呈“一”字形运行，KDJ 指标形成死叉。

小结：该股只能作为一个反面案例。根据 2023 年 5 月 26 日前的行情，在周周期级别上，该股股价已处于相对高位，MACD 指标的红柱状线缩短，TRIX 指标的 TRIX 值为 0.99，处于相对高位，KDJ 指标在多头区域将要形成死叉。在月周期级别上，虽然 MACD 指标、TRIX 指标和 KDJ 指标已形成金叉，但 MACD 指标的红柱状线一直没有有效放大。TRIX 线运行角度偏小，且 TRIX 值已达 1.46，处于相对高位。KDJ 指标的 J 线在多头区域运行。截至 2024 年 6 月，季周期 MACD 指标、TRIX 指标和 KDJ 指标均已形成金叉。但我们知道，即使股价下跌，TRIX 指标仍然会向上运行，形成底背离。KDJ 指标还在空头区域运行，股价仍有上升空间。年周期 MACD 指标、TRIX 指标和 KDJ 指标形成死叉，该股未来不会有大的上升行情，但不乏反弹行情。

桂发祥（002820）

根据桂发祥行情图（图 2-1-9），分析如下。

图 2-1-9　桂发祥行情图

2023 年 5 月 30 日：

（1）该股周线出现五连阳，周周期 MACD 指标已在 0 轴上方形成金叉，TRIX 指标尚未形成金叉，但 TRIX 线已形成拐点向上运行，金叉形成已成定局，KDJ 指标形成金叉，但 J 值为 102，D 值为 38，股价仍存在上升空间。60 分钟线已趋于调整，日线于 5 月 24 日也开始调整。月周期 TRIX 指标呈 45 度角向上运行，MACD 指标已形成金叉，红柱状线开始放大。季周期 MACD 指标和 TRIX 指标均已形成金叉，且 MACD 指标的红柱状线连续放大，TRIX 指标以大于 30 度角向上运行，KDJ 指标形成金叉，且在空头区域运行。

（2）此时该股的静态市盈率为 23. 8 倍，流通股达 2 亿股；截至 2023 年 3 月底，持仓机构为 4 家，累计持股达 7634. 44 万股，累计持仓比例达 38. 11%。

2023 年 8 月 30 日：

该股没有跌破 250 日均线，日周期级别行情调整结束，但周周期级别行情调整才刚刚开始，应该会以顶背离状态结束调整，月周期级别和季周期级别行情也触底回升了。

2023 年 10 月 16 日：

该股日周期级别行情已调整到 250 日均线下方，KDJ 指标已运行到“超卖”区间。周周期级别行情调整还没有结束，MACD 指标绿柱状线没有缩短，但 KDJ 指标已运行到“超卖”区间。月周期 KDJ 指标形成死叉，但从以往的情况看，只要出现一根月阳线即可形成金叉。

小结：在周周期级别上，该股有一根倒锤头阴线。对于股票所有的买卖行为，投资者都要看日周期级别行情的涨跌。5 月 24 日，该股日线收阴，因之前涨幅过大，股价接下来会调整，而周周期 MACD 指标已形成金叉，TRIX 指标接近金叉。该股日周期级别行情调整结束后，仍有上涨空间。在月周期级别上，MACD 指标和 TRIX 指标已形成金叉，KDJ 指标接近金叉，但 MACD 指标的红柱状线较之前缩短了，2023 年 6—7 月，股价小幅上涨。截至 2024 年 6 月，季周期 MACD 指标红柱状线缩短，KDJ 指标在空头区域形成死叉，该股还需要调整。年周期 MACD 指标绿柱状线仍然很长，TRIX 指标的 TRIX 线还没有形成拐点向上运行，KDJ 指标已运行到了“超卖”区间。

英可瑞（300713）

根据英可瑞行情图（图 2-1-10），分析如下。

2023 年 5 月 30 日：

（1）该股周周期级别 K 线形态有继续调整的趋势，MACD 指标红柱状线因一根周大阳线放大，TRIX 指标的 TRIX 线形成拐点向上运行。日周期级别行情仍在调整中，该股不是脉冲股，待它调整完毕后会重拾升势。月周期级别行情有一根带长上影线的月阳线，MACD 指标和 TRIX 指标均已形成金叉，KDJ 指标形成金叉，但 J 线运行到了“超买”区间，有回调的趋势。季周期 MACD 指标、TRIX 指标和 KDJ 指标均已形成金叉，且形成拐点向上运行，说明季周期级别行情上升趋势已经确立。

（2）此时该股的静态市盈率为 1451. 5 倍，流通股达 8515 万股；截至 2023 年

图 2-1-10　英可瑞行情图

3 月底，持仓机构为 1 家，累计持股达 527.26 万股，累计持股比例达 6.19%。

2023 年 8 月 30 日：

该股日周期级别行情已调整到 250 日均线下方，止跌回升，周周期级别行情会在日周期级别行情回升结束后调整，月周期级别和季周期级别行情已止跌回稳。

2023 年 10 月 16 日：

该股日周期级别行情反抽结束，将继续探底。周周期 MACD 指标绿柱状线缩短至 0 轴下方，TRIX 指标也有形成向上拐点的迹象，KDJ 指标形成金叉，但 D 值为 31.02。月周期 KDJ 指标形成死叉，有继续向下调整的趋势。

小结：2023 年 5 月 10 日至 5 月 17 日，从日周期级别行情上看，该股在短短 6 个交易日里，股价翻倍。从周周期级别行情看，该股 K 线形态是一根中阳线和一根长阳线的组合。不管是周周期、月周期还是季周期级别行情，只要出现这种组合，接下来均是调整行情，并且多数情况下，还有“龙回头”反弹行情。从月周期级别行情看，2023 年 3 月 MACD 指标形成金叉，5 月 TRIX 指标形成金叉，4 月是投资者介入的较佳时间窗口。截至 2024 年 6 月，季周期 MACD 指标红柱状线连续缩短，TRIX 指标处于金叉状态，KDJ 指标在空头区域形成死叉，股价还有下跌空间。

结 语

在周周期级别上选有上涨趋势的个股，同样必须得到相邻大周期的支撑和保护。除了选日周期级别的短线个股，我们选其他级别的中长线个股，必须要得到大周期的支撑和保护，也就是说需得到至少季周期的支撑和保护。

周期共振是技术分析中一项极为重要的技术特征，是趋势交易的核心技术方法之一，是指在两个以上相邻的时间周期级别上，价格在同一时间向同一方向波动的状态。它体现了在某一时间段内做多、做空动能的协同共振，具有信号放大效应，是非常有价值的买卖信号。我们了解到周期共振的目的是提高技术分析的可靠性，因为共振有放大效应。在股票实际操作中除了重点观察共振信号外，在不同时间周期的分析上，我们还要坚持以下三个原则：

（1）大周期制约小周期，即周期越大，趋势的稳定性就越好，技术信号就越有效。大周期级别行情对小周期级别行情起着牵制、制约的作用，如果大周期级别行情是向上的，小周期级别行情即使短时间内回调，调整完毕后也会继续上升。这也是波浪理论的重要原则，所以我们在选取股票时一定要选择那些在周周期、月周期和季周期级别中具有向上趋势的股票，这为我们在日周期级别上的操作提供了安全保障。

（2）顺大势、逆小势。周周期级别行情向上时，日周期级别行情只做多不做空，做多的位置在日周期级别行情短期调整的末端；周周期级别行情向下时，日周期级别行情只做空不做多，做空的位置在日周期级别行情短期反抽的末端。顺大势、逆小势也是我们趋势交易的核心要求。

（3）必须在同一标的上进行共振分析。共振分析必须应用在同一标的上才有效，我们不能拿个股和大盘或板块进行共振分析，因为标的不同，信号源就不同，也就失去了进行共振分析的基础。

这就是我为什么坚持用 MACD 指标、TRIX 指标和 KDJ 指标来操盘的核心所在。MACD 指标是指标之王，它的金叉、死叉，特别是红绿柱状线以及顶背离、底背离状态给我们散户投资者进场与出场提供了切实的指引。TRIX 指标是长期趋势之王，为什么我买卖股票首先要看季周期 3 个指标是否形成金叉或死叉，虽然金叉形成后，股价下跌，TRIX 指标没有什么反应，但在日周期级别行情大幅度调整的情况下，TRIX 指标还是有反应的，这就是作用力与反作用力的关系。利用大周期级别行情来制约小周期级别行情的原理来操盘中长线股票是可取可行的，所以周期共振原理是制胜的法宝。

股市对于多数散户投资者都是不友善的，如果散户投资者想要在股市生存立足，就必须不断学习并领悟，用知识和智慧武装自己。

第二章

运用月周期级别 MACD 指标、TRIX 指标和 KDJ 指标选股的思路和方法

三美股份（603379）

根据三美股份行情图（图 2-2-1），分析如下。

图 2-2-1　三美股份行情图

2023 年 5 月 18 日：

（1）该股跌落到 250 日均线下方后有止跌迹象，2023 年 5 月 5 日后，股价连续下跌数日，MACD 指标的绿柱状线连续缩短，出现了 MACD 指标与股价的底背离。经过小幅反弹后，行情可能会出现横盘整理，要等 20 日均线和 30 日

均线调整到 250 日均线下方运行一段时间后，该股才会重拾升势。周周期级别行情调整幅度不会很大，此时价位已经在 60 周均线以下了，但不排除行情反弹后再度下跌，跌破 120 周均线的可能。月线出现三连阴后，在 20 月均线处止跌。虽然月周期 MACD 指标有形成死叉的趋势，但有可能会像 2022 年 5 月一样将要交叉而不死后重拾升势。TRIX 指标的 TRIX 线还没有出现拐头向下运行的迹象，KDJ 指标没有形成金叉。

（2）此时该股的静态市盈率为 197.4 倍，流通股达 6.10 亿股；截至 2023 年 3 月底，持仓机构为 29 家，累计持股达 8552.81 万股，累计持仓比例达 14.01%。

2023 年 8 月 28 日：

从该股走势看，自 8 月 1 日大盘下跌以来，该股不跌反涨，从日周期级别行情看，它已进入向下调整的运行期，但周周期 MACD 指标和 TRIX 指标已形成金叉，月周期级别行情似乎也即将进入调整期。在多重实质性利好的激发下，大盘会高举高打，所以个股在 2023 年 8 月 28 日会普涨。

2023 年 10 月 11 日：

根据上面的分析，我们知道该股的日周期级别行情必须等 5 日均线、10 日均线、20 日均线和 30 日均线接近时才会上升，并且如果 60 日均线也调整到接近 30 日均线的位置，行情的反弹力度将更大。8 月 11 日，TRIX 指标形成金叉后又形成死叉，但股价上涨，形成了顶背离。遇到这种情况，我们就要看周周期级别行情了，MACD 指标绿柱状线缩短，KDJ 指标已于 7 月 7 日形成金叉。所以，该股短期内可能有上升行情。月周期级别行情在调整，MACD 指标接近死叉，TRIX 指标已经形成死叉，KDJ 指标一直没有形成金叉，在 50 下方运行。

小结：2023 年，年周期 MACD 指标形成金叉，该股出现第一根红柱状线，TRIX 指标的 TRIX 线已形成拐点向上运行，KDJ 指标在“超卖”区间形成金叉并向上发散。2024 年，该股继续上涨。从季周期级别行情看，3 个指标均已形成金叉，且 TRIX 指标的 TRIX 线向上运行的角度较大。截至 2024 年 6 月，该股已连续出现三根季阳线，出现调整行情也在情理之中，何况 KDJ 指标的 J 线已运行到了“超买”区间。基于上述考虑，当该股月线运行到 30 月均线的位置时，投资者可以介入。在日周期级别上，投资者如果熟谙低吸高抛的技术，将会赚得盆满钵满。

三星新材（603578）

根据三星新材行情图（图 2-2-2），分析如下。

图 2-2-2　三星新材行情图

2023 年 5 月 18 日：

（1）该股在上市之初有一波由投资者炒新股带来的涨势，但此后一路下跌，其间虽有反弹，但没有改变下跌的趋势，此后也一直未曾有一波牛市行情。日周期级别行情已经调整完毕，呈上升态势，股价在 250 日均线处得到支撑，周周期 MACD 指标和 TRIX 指标已经形成死叉，表示还有继续调整的趋势，那么日周期级别行情可能横盘整理或二次探底。月周期 MACD 指标和 TRIX 指标均已形成金叉，且在 0 轴上方运行。该股自 2018 年 1 月后就与 MACD 指标出现了底背离，股价下跌，MACD 指标的绿柱状线连续缩短。对于这种情况，在月周期级别上，投资者在最后一根绿柱状线缩短之时即可买入，抢一波反弹。月线虽呈“一”字形运行，但该股有上升空间。

（2）此时该股的静态市盈率为 15. 8 倍，流通股达 1. 80 亿股；截至 2023 年 3 月底，持仓机构为 2 家，累计持股达 84. 64 万股，累计持仓比例达 0. 47%。该股似乎一直没有受到主力关注。

2023 年 8 月 28 日：

从日周期、周周期和月周期等级别的 MACD 指标、TRIX 指标和 KDJ 指标看，该股处于良性上升期。

2023 年 10 月 11 日：

该股日周期级别行情在调整，可能再次下探 250 日均线。周周期 MACD 指标已形成死叉，TRIX 指标接近死叉，KDJ 指标在 9 月 8 日之前已形成死叉，但 D 线还没有运行到“超卖”区间，月周期 KDJ 指标已形成死叉，但 D 线没有运行到“超买”区间。

小结：从年周期级别行情看，该股 MACD 指标的绿柱状线缩短，TRIX 指标的 TRIX 线于 2023 年形成拐点向下运行，2025 年有可能形成向上运行的拐点。2024 年 6 月，尽管该股仍有一根年阴线，KDJ 指标已形成死叉，但最终会形成金叉。受年周期级别行情的影响，季周期股价没有良好的表现，此种情况在个股上比比皆是。截至 2024 年 6 月，MACD 指标红柱状线缩短，KDJ 指标在多头区域形成死叉。在月周期级别上，自 MACD 指标于 2019 年 3 月形成金叉以来，其 DIF 值一直大于 DEA 值，所以绿柱状线没有出现，而红柱状线时长时短，投资者如果在 2023 年 5 月买入该股，在接下来的几个月可能会小有盈余。

艾艾精工（603580）

根据艾艾精工行情图（图 2-2-3），分析如下。

2023 年 5 月 18 日：

（1）该股日周期级别行情已调整到 250 日均线下方并止跌反弹，但周周期级别行情还没有调整到 250 周均线下方，具备继续调整的趋势，因此日周期级别行情要么横盘整理，要么回落至 250 日均线下方二次探底。月线出现三连阴，2023 年 1 月和 2 月上涨量能配合不到位，该股就下跌了。月周期 MACD 指标红柱状线缩短，TRIX 线没有拐头向下运行。一般情况下，经主力前期炒作过的股票是不会立即又被炒作一波行情的，但该股是个例外，它经过数月调整后应该还会有一波升势。

图 2-2-3　艾艾精工行情图

(2) 此时该股的静态市盈率为 946.5 倍，流通股达 1.31 亿股；截至 2023 年 3 月底，持仓机构为 4 家，累计持股达 119.44 万股，累计持仓比例达 0.91%。

2023 年 8 月 28 日：

大盘高开低走，高开 5.06%，收盘涨 1.13%，开盘指数就是最高指数，如果开盘指数涨 1.13%，就存在高举高打的可能性，但指数开盘幅度过大，高开低走是情理之中。该股已经第三次跌破 250 日均线，但 250 日均线仍然是向上运行的，周周期级别行情似乎已调整到位，但月周期级别行情调整似乎才刚刚开始，从“小周期服从大周期”的原则来看，我们只能观望。

2023 年 10 月 11 日：

该股日周期级别行情再次下探 250 日均线，所有均线交织在一起，虽然 MACD 指标绿柱状线放大，但 KDJ 指标三条线会运行到“超卖”区间，上升行情随时启动。周周期 MACD 指标和 TRIX 指标均已形成金叉，但 KDJ 指标形成死叉，死叉形成后不是一两周能修复的。月周期 MACD 指标形成死叉，TRIX 指标将要形成死叉，死叉形成后也不是一两个月能修复的。KDJ 指标的 D 线也没有运行到接近 20 或 20 以下。

小结：从年周期级别行情看，2023 年，该股 MACD 指标接近金叉，而且有“芝麻点”绿柱状线。该股在 2024 年形成金叉后将有一波上升行情。2022—2023 年，TRIX 指标的 TRIX 线走平，根据 MACD 指标和 KDJ 指标形成金叉的情况来看，TRIX 线肯定会形成拐点向上运行，只要 TRIX 线向上运行，该股就是一只大牛股。在季周期级别上，MACD 指标、TRIX 指标和 KDJ 指标均已形成金叉，且 TRIX 指标呈 50 度角向上运行。2024 年第 1 季度，该股有一根带上下影线的季大阳线，第 2 季度出现调整行情是在情理之中的，KDJ 指标的 J 线也运行到了“超买”区间。在月周期级别上，MACD 指标的红柱状线连续缩短，TRIX 指标的 TRIX 线接近走平，KDJ 指标于 2023 年 3 月在多头区域形成死叉，死叉形成后不是两三个月就能修复的，所以该股在 2023 年没有出现大行情。

京华激光（603607）

根据京华激光行情图（图 2-2-4），分析如下。

图 2-2-4　京华激光行情图

2023 年 5 月 18 日：

（1）该股 K 线形态在底部呈“一”字形运行 6 年，上市之初曾炒过新股概念，之后一直未被热炒过。因为在月周期级别上，MACD 指标非常频繁地形成金叉、死叉，红、绿柱状线时长时短，所以看金叉、死叉是没有什么意义的，主力一直在底部低吸高抛，日周期级别行情又在上升途中。周周期 MACD 指标又有形成金叉的趋势，而 TRIX 指标出现了顶背离，上升行情应该会启动。诚然，在月周期级别选到能反转的股票，是一件非常不容易的事情，但我选股还是有依据可循的。

（2）此时该股的静态市盈率为23.4倍，流通股达1.79亿股；截至2023年3月底，持仓机构为1家，累计持股达5645.66万股，累计持仓比例达31.63%。看情况是一支实力很雄厚的主力。

2023年8月28日：

该股日周期级别行情向下调整幅度不会很大，充其量再次跌破250日均线，周周期和月周期级别行情运行情况良好。

2023年10月12日：

该股于8月28日后走出了一波上升行情。日周期级别行情在调整之中，调整目标价位在120日均线的位置。日周期级别行情调整会影响周周期和月周期级别行情的调整。

小结：在年周期级别上，2023年该股MACD指标的绿柱状线明显缩短，但该指标没有形成金叉。在2023年出现阳线的情况下，TRIX线不但没有形成向上运行的拐点，反而形成了向下运行的拐点，这与上述讲的三星新材（603578）属于同样的情况。KDJ指标在空头区域已形成金叉，又于2024年6月形成死叉。若未来股价上涨，MACD指标的绿柱状线会逐渐缩短，KDJ指标会恢复金叉状态，那么该股可能会有一波大的上升行情。截至2024年6月，在季周期级别上，MACD指标的红柱状线缩短，TRIX指标的TRIX线于2023年第3季度已形成拐点向上运行，该股涨幅可观，而KDJ指标在空头区域接近死叉，但最终可能不会形成死叉。在月周期级别上，2023年5月，MACD指标和TRIX指标之前已在0轴下方形成金叉，而KDJ指标形成死叉，这种死叉就是一种“骗线”，因为TRIX指标没有发生变动。2023年9月，该股有一根带上影线的月阳线，却使KDJ指标形成死叉，这就是KDJ指标的顶背离现象，意味着股价上涨乏力，可能会出现滞涨回落。2024年6月，KDJ指标有形成金叉的趋向，MACD指标和TRIX指标形成死叉，其中TRIX指标在2024年5月即将形成死叉，没有几个月的调整，该指标是不会形成金叉的。

诺力股份（603611）

根据诺力股份行情图（图 2-2-5），分析如下。

图 2-2-5　诺力股份行情图

2023 年 5 月 18 日：

（1）该股在上市之初就被热炒过一波，此后主力一直在该股上做低吸高抛。日周期级别行情又在上升途中，日周期级别 MACD 指标的绿柱状线缩短，TRIX 指标出现了顶背离。周周期级别行情有调整的趋势，因为从以前的月周期级别行情看，MACD 指标出现几根红柱状线时，行情就有调整的趋势。每个主力庄家有各自不同的特点，因而其操盘手法不尽相同。但股票市场不外乎就是“阴阳”“沉浮”“涨跌”“升降”这几个词，但真正能跟着主力一起“吃肉”的散户投资者少之又少，月周期 KDJ 指标接近“超买”区间。

（2）此时该股的静态市盈率为 13.5 倍，流通股达 2.67 亿股；截至 2023 年 3 月底，持仓机构为 12 家，累计持股达 1465.78 万股，累计持仓比例达 5.49%。

2023 年 8 月 28 日：

该股日周期级别行情在调整，充其量调整到 250 日均线下方，可能不会有深幅调整。我们前面讲过，只要股价在 250 日均线向上运行，个股就不会跌得很深。周周期级别行情向下调整，月周期级别行情也会相应调整。

2023 年 10 月 12 日：

该股日周期级别行情暂时在 250 日均线附近企稳，周周期 MACD 指标的绿柱状线还没有缩短，TRIX 指标下行角度偏大，会继续调整，KDJ 指标已运行到“超卖”区间。月周期 MACD 指标有形成死叉的趋向，TRIX 指标的 TRIX 线已走平，KDJ 指标在 2023 年 7—8 月期间形成死叉，这种死叉至少还需 2 至 3 个月才能完成修复。

小结：在年周期级别上，截至 2024 年 6 月，MACD 指标趋于金叉，KDJ 指标在“超卖”区间形成金叉，TRIX 指标的 TRIX 线趋于平缓，不足之处是 TRIX 线与 MATRIX 线差值较大，如果 TRIX 线形成拐点向上运行，该股就是一只大牛股。在季周期级别上，2023 年第 1 季度，MACD 指标的红柱状线放大，TRIX 指标的 TRIX 线也形成了向上运行的拐点，KDJ 指标形成金叉，此时是投资者介入的最佳时间点。2024 年 6 月，MACD 指标的红柱状线连续缩短，但不会形成死叉，KDJ 指标在多头区域形成死叉。在月周期级别上，如果投资者在 2023 年 5 月中旬至 6 月下旬介入该股，还是能够小有盈余的。

恒林股份（603661）

根据恒林股份行情图（图 2-2-6），分析如下。

2023 年 5 月 19 日：

（1）该股自上市以来曾有过一波牛市行情。周周期级别行情存在调整趋势，则日周期级别行情肯定要调整，且至少要调整到 250 日均线以下。只要股价跌破 250 日均线，主力挖“黄金坑”，该股就会有上升空间，我们甚至可以捕捉主升浪，因为该股符合艾略特的波浪理论中的“五浪上升，三浪下跌”的形态。

（2）此时该股的静态市盈率为 15.6 倍，流通股达 1.39 亿股；截至 2023 年 3 月底，持仓机构为 2 家，累计持股达 1577.5 万股，累计持仓比例达 11.75%。

2023 年 8 月 28 日：

该股股价已调整到了 250 日均线下方。日周期和周周期级别行情应该调整

图 2-2-6　恒林股份行情图

到位，接下来该股应该有上升行情。

2023 年 10 月 12 日：

该股日周期级别行情在调整。周周期级别 MACD 指标和 KDJ 指标形成金叉。月周期 KDJ 指标形成死叉并向下运行，季周期 KDJ 指标的 J 线已运行到“超买”区间，调整是大势所趋。

小结：在年周期级别上，2023 年，该股有一根略微带上下影线的实体年阳线，MACD 指标的绿柱状线迅速缩短。在股价上涨的情况下，TRIX 指标的 TRIX 线向下走低，形成了股价与指标的顶背离，顶背离一般是股价高位反转的信号，表明股价短期内将下跌，KDJ 指标已在“超卖”区间形成金叉。在季周期级别上，截至 2024 年 6 月，该股 MACD 指标形成金叉，最重要的是 TRIX 线已形成拐点向上运行，大牛股特征显露，具备上述特征的个股在未来将启动一波上升行情，但投资者也要注意到季周期股价下跌，向上运行拐点将不复存在的风险。该股 KDJ 指标的 J 线只运行到了 50 强弱分界线的上方，未来上涨空间还很大，但它也仅仅是一只慢牛股，所以投资者在日周期级别上做好低吸高抛很重要，看长做短，看大做小。在季周期级别上，该股 MACD 指标的红柱状线连续放大，TRIX 指标的 TRIX 线还没有运行到 0 轴上方，但 KDJ 指标的 J 线已运行到了“超买”区间，存在调整的风险。

康普顿（603798）

根据康普顿行情图（图 2-3-7），分析如下。

图 2-3-7　康普顿行情图

2023 年 5 月 19 日：

（1）该股在上市之初曾被热炒过，之后一路下跌。日周期级别行情有调整的趋势，周周期级别行情调整到 5 周均线，该股应该会止跌。主力一直在该股上做低吸高抛。月周期 MACD 指标和 TRIX 指标已形成金叉，KDJ 指标接近金叉，月线呈“一”字形运行。其实每只股票都是一样的，只要 120 日均线和 250 日均线呈多头排列趋势，股价跌破 250 日均线，5 日均线、10 日均线、20 日均线和 30 日均线甚至 60 日均线也调整到 250 日均线下方，就是投资者进场抢反弹或捕捉主升浪的机会，这是实盘操作中不变的规律，接下来该股可能会有一波牛市行情。

（2）此时该股的静态市盈率为 17.5 倍，流通股达 1.97 亿股；截至 2023 年 3 月底，持仓机构为 4 家，累计持股达 1.08 亿股，累计持仓比例达 54.30%，具备拉升的持仓量。

2023 年 8 月 28 日：

该股价位还没有调整到 250 日均线下方，从周周期级别行情看，该股将有大的调整，月周期级别行情也会作同样的调整，但月周期 MACD 指标和 TRIX

指标可能不会形成死叉。

2023 年 10 月 12 日：

该股日周期级别的价位已接近 250 日均线，MACD 指标和 TRIX 指标呈“一”字形运行，KDJ 指标在接近“超卖”区间形成死叉。周周期级别行情还没有调整到位，MACD 指标的绿柱状线放大，KDJ 指标已运行到“超卖”区间。月周期 KDJ 指标于 2023 年 8 月形成死叉。

小结：在年周期级别上，2024 年 6 月，MACD 指标的绿柱状线缩短，TRIX 线一直向下运行，KDJ 指标还没有形成金叉。在季周期级别上，截至 2024 年 6 月，MACD 指标和 TRIX 指标一直处于金叉状态，但 MACD 指标的红柱状线缩短，且存在继续缩短的趋势，KDJ 指标处于死叉状态，但很快会恢复金叉状态：一是因为 TRIX 指标未发生任何改变，二是因为 KDJ 指标在 50 多空分水岭形成死叉。在月周期级别上，2023 年 5 月，虽然 MACD 指标和 TRIX 指标一直处于金叉状态，无奈金叉角度过小，导致股价在 2023 年 6—7 月涨幅不大。

洛凯股份（603829）

根据洛凯股份行情图（图 2-2-8），分析如下。

图 2-2-8　洛凯股份行情图

2023 年 5 月 19 日：

（1）该股在上市之初曾被热炒过，以后就一直下跌。但是主力在底部做高抛低吸或吸筹，在月周期级别上，它也属于“一”字形股票，MACD 指标和 TRIX 指标已形成金叉，并且 MACD 指标的 DIF 线在 0 轴上方运行，TRIX 指标的 TRIX 线和 MATRIX 线在 0 轴上方运行。从日周期级别行情看，该股有调整的趋势。

（2）此时该股的静态市盈率为 30.4 倍，流通股达 1.60 亿股；截至 2023 年 3 月底，持仓机构为 7 家，累计持股达 1.19 亿股，累计持仓比例达 74.98%。

2023 年 8 月 28 日：

该股日周期级别行情还没有跌破 250 日均线，周周期级别行情调整压力较大，月周期级别行情出现调整也在所难免。但月周期 MACD 指标和 TRIX 指标暂时不会形成死叉。

2023 年 10 月 12 日：

该股日周期级别行情在调整，但 MACD 指标和 TRIX 指标呈“一”字形运行，KDJ 指标接近金叉。周周期级别行情也在调整之中，但 KDJ 指标形成金叉。月周期级别行情调整幅度较大，KDJ 指标在 50 下方形成死叉。

小结：在年周期级别上，2023 年，该股有一根带上影线的实体年阳线，使 MACD 指标的绿柱状线迅速缩短，TRIX 线与股价形成了顶背离，KDJ 指标形成金叉。截至 2024 年 6 月，MACD 指标和 TRIX 指标均处于死叉状态，MACD 指标的 DIF 线形成拐点向下运行，但随着股价的回升，DIF 线会恢复原来向上运行的状态。TRIX 指标的 TRIX 线与上述某些个股一样，由于带上影线的年阳线于 2023 年出现，TRIX 线形成拐点向下运行。在大多数情况下，TRIX 线于 2025 年可能会形成向上拐点，又一只慢牛股即将开启。在季周期级别上，截至 2024 年 6 月，该股 MACD 指标的红柱状线缩短，并且还有继续缩短的趋势，KDJ 指标在空头区域形成死叉。在月周期级别上，如果投资者在 2023 年 5 月介入的话，那么在 2023 年 6 月就会收获满满。从 3 个指标的情况来看，该股在 2023 年 6 月出现的涨幅是必然性与偶然性的完美统一。

九芝堂（000989）

根据九芝堂行情图（图 2-2-9），分析如下。

图 2-2-9　九芝堂行情图

2023 年 5 月 19 日：

（1）该股自上市以来曾有过一波牛市行情，在上一波行情中，该股走势非常符合艾略特“五浪上升，三浪下跌”的波浪理论。从周周期级别行情看，五浪一直贴着 250 周均线向上运动，120 周均线与 250 周均线形成金叉，但 250 周均线还没有形成拐点向上运动。日周期与周周期级别行情均有调整的趋势，日周期级别行情可能要调整到 250 日均线下方，周周期级别行情可能要调整到 60 周均线下方。月周期 MACD 指标和 TRIX 指标均在 0 轴上方形成金叉，但这并不意味着月周期级别行情不用作相应调整，KDJ 指标于 2022 年 10 月形成金叉。该股在 2023 年 7 月出现第一根月阴线。从月周期级别行情看，所有均线均呈多头排列，唯独 60 月均线向下运动，还没有形成拐点，该股只有长期反复在底部进行调整，才可以让 60 月均线走平并向上运动。

（2）此时该股的静态市盈率为 16. 5 倍，流通股 6. 58 亿股；截至 2023 年 3 月底，持仓机构为 11 家，累计持股达 2. 70 亿股，累计持仓比例达 41. 12%。

2023 年 8 月 28 日：

该股还没有跌破 250 日均线，周周期级别行情的调整还没有结束的迹象，但月周期 MACD 指标和 TRIX 指标经过股价的连续调整，可能形成死叉。

2023 年 10 月 12 日：

该股日周期级别行情已调整到 250 日均线上方。周周期 MACD 指标的绿柱状线缩短，KDJ 指标在“超卖”区间形成金叉并向上运行。月周期 MACD 指标有形成死叉的趋向，KDJ 指标于 2023 年 7 月形成死叉，至少要等 D 线运行到 20 至 50 之间的区域，上升行情才会启动。

小结：在年周期级别上，2023 年，MACD 指标、TRIX 指标和 KDJ 指标均处于死叉状态。截至 2024 年 6 月，MACD 指标形成死叉，绿柱状线放大，KDJ 指标已运行到了“超卖”区间。在季周期级别上，2024 年第 2 季度，MACD 指标接近死叉，股价跌了 4 个季度，但 TRIX 线一直平直运行，KDJ 指标于 2023 年第 4 季度形成死叉。在月周期级别上，2023 年 5 月，虽然 MACD 指标和 TRIX 指标已形成金叉，但 KDJ 指标出现了顶背离，接下来股价会滞涨或回落。

结 语

在持仓周期上，短线股票持仓周期一般在一周以内，中线股票持仓周期在 3～6 个月，长线股票持仓周期在 6 个月以上。虽然中线股票适合普通散户投资者，但是想真正选到大牛股，投资者也需要具备一定的操作技巧和投资思路，在众多股票中用技巧将它们选取出来，待机买入。

我们注意到，在月周期级别上选股非常难，如果我们按照月周期 MACD 指标、TRIX 指标和 KDJ 指标的情况选取股票，往往容易落入陷阱。特别是对于月周期级别行情呈“一”字形运行的股票，它们反复在底部震荡，主力要么做高抛低吸，要么长期潜伏在底部收集筹码，至于这些股票什么时候形成反转行情，我们一下子还真难通过技术指标看出来，比如 MACD 指标频繁形成金叉、死叉。TRIX 指标不会时常出现这种情况，但即便其形成金叉后，这些股票也不知猴年马月才会出现上升行情。

我所选取的个股，均是季周期 MACD 指标、TRIX 指标和 KDJ 指标形成金叉，且 MACD 指标的红柱状线连续放大，能够支撑股价在未来数月上升的个股。日周期级别行情的涨跌，是最终影响其他大周期级别行情涨跌的根本原因，但大周期级别行情的发展方向也制约着个股小周期级别行情的发展方向。比如某些个股季周期 MACD 指标、TRIX 指标和 KDJ 指标形成死叉了，它们可能会在小周期级别行情上出现反弹，但最终还是会继续下跌，因为“小周期受制于大周期”，所以上述分析的个股的月周期级别行情，均是受季周期级别行情保护的。

我没有掌握更为先进适用的技术，就是运用 MACD 指标、TRIX 指标和 KDJ 指标选取目标股，看一下其他指标作为辅助。股票市场变化莫测，技术指标有上千种，而我真的是学识浅薄，只懂得运用这 3 个指标投资股市，但这些年来它们也给我带来了收益，在此分享给广大散户投资者。

股票市场各种指标纷繁复杂，且波动性较强，唯有 TRIX 指标和 DMA 指标不会受股票短期波动的影响，如果月周期 MACD 指标、TRIX 指标和 KDJ 指标在相对低位形成金叉，此后 MACD 指标的绿柱状线连续缩短或红柱状线连续放大，这说明该股的上升空间相对较大，特别是要重点关注股价下跌而 MACD 指标的绿柱状线连续缩短的底背离情况，一旦在这种情况下出现红柱状线，投资者即可买入。

我们在做股票分析时，还要注意到 250 日均线的重要性。250 日均线向上运行角度越大，股价跌破 250 日均线的概率就越小，即使跌破了 250 日均线，也不可能远离 250 日均线。但如果大盘或个股涨幅巨大，其跌破 250 日均线的幅度也较大。通常情况下，250 日均线横盘或向上运行，股价在 250 日均线下方大幅下跌的可能性很小。

股票市场的技术指标有上千种，但对于各种技术指标，我们不能厚此薄彼，因为他们在不同周期级别发挥着不同的作用。我们只有结合起来一起使用，才能发挥它们的准确性和预见性。

第三章

运用季周期级别 MACD 指标、TRIX 指标和 KDJ 指标选股的思路和方法

浙能电力（600023）

根据浙能电力行情图（图 2-3-1），分析如下。

图 2-3-1 浙能电力行情图

2023 年 5 月 8 日：

（1）该股从 2020 年第 2 季度最低价 3.34 元涨至 2021 年第 3 季度最高价 4.35 元。随着 2022 年大盘行情下跌，它又从最高价 4.35 元跌至最低价 3.09 元。

（2）2021 年第 3 季度，MACD 指标形成金叉，DIF 值为-0.64，DEA 值为

-0.65，红柱状线值为0.02。2022年第3季度，TRIX指标有形成金叉的趋向，TRIX值为-2.02，MATRIX值为-1.56。KDJ指标于2020年第3季度形成金叉，于2022年第2季度形成死叉，又于2023年第1季度和第2季度之间形成金叉。2023年第2季度，该股有一根中阳线，说明上升行情已经启动了，并且MACD指标的DIF值为-0.06，DEA值为-0.17，红柱状线值为0.21；TRIX指标的TRIX值为-0.84，MATRIX值为-1.06。

（3）从日周期级别行情看，RSI指标已处于“超买”状态，KDJ指标在“超买”区间二度形成死叉，日周期级别行情调整势在必行。

（4）此时该股的静态市盈率为15.7倍，流通股达134亿股；截至2023年第1季度，持仓机构为10家，累计持股达119.55亿股，持仓比例达81.71%。

2023年8月23日：

该股日周期和周周期级别行情都处于调整状态，相应的月周期和季周期级别行情也在向下调整的途中，特别是季周期级别行情正乖离率偏大，会调整到5季均线价位3.97元左右。

2023年10月5日：

该股日周期级别行情仍在调整，调整的目标价位在250日均线附近。KDJ指标已运行到“超卖”区间。周周期级别行情也在调整的途中，MACD指标处于上升途中，其先前红柱状线有多大面积，那么下跌时，其绿柱状线就有多大的面积。不管股价上涨或下跌，TRIX指标向下运行趋势暂时不会改变。KDJ指标已运行到“超卖”区间。月周期级别行情在调整中，KDJ指标已形成死叉。季周期级别行情因正乖离率偏大，已经做了相应的修复。

小结：在年周期级别上，2023年，MACD指标处于死叉状态，且仍有绿柱状线出现，TRIX指标在死叉形成后，TRIX线仍向下运行，KDJ指标在“超卖”区间形成金叉。在季周期级别上，2024年第2季度，MACD指标已形成金叉，红柱状线放大，TRIX指标的TRIX线形成拐点向上运行，这是大牛股的特征，但该股是一只慢牛股。KDJ指标的J线已运行到了“超买”区间。在月周期级别上，2023年5月，该股股价为4元多，2024年6月。该股股价为6元多，如果投资者擅长做低吸高抛，实现翻倍是没有任何问题的。从日周期级别行情看，截至2024年6月，该股继续向上冲高的可能性不大。MACD指标的5

根红柱状线连续放大，即使股价下跌，TRIX 指标仍会向上运行，KDJ 指标的 J 线已运行到“超买”区间。

梅轮电梯（603321）

根据梅轮电梯行情图（图 2-3-2），分析如下。

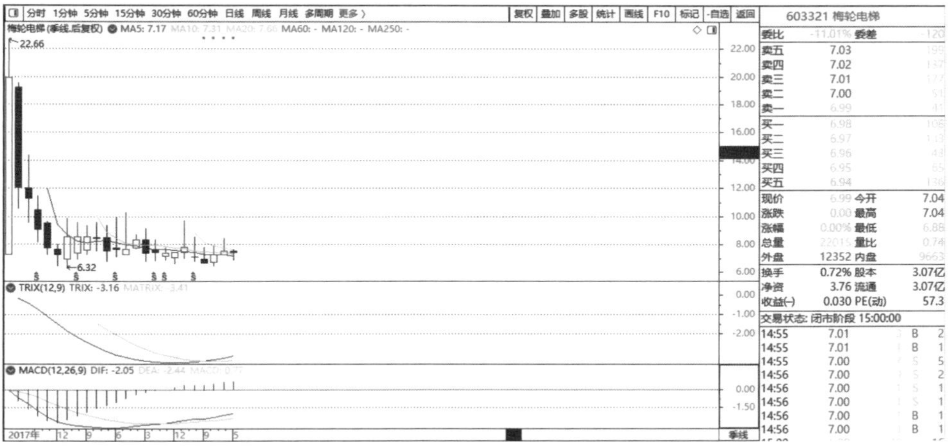

图 2-3-2 梅轮电梯行情图

2023 年 5 月 8 日：

（1）该股一直在 5 元至 10 元之间做横盘整理，自 2018 年第 4 季度至 2023 年第 2 季度一直未被热炒。

（2）MACD 指标于 2021 年第 3 季度形成金叉。TRIX 指标于 2022 年第 3 季度形成金叉，此后一直约呈 30 度角向上运行，并且最主要的是 MACD 指标的红柱状线放大。KDJ 指标于 2020 年第 3 季度形成金叉，此后连续两次形成死叉和金叉。

（3）此时该股的静态市盈率为 57. 5 倍，流通股达 3. 07 亿股；截至 2023 年 3 月底，持仓机构为 3 家，累计持股数量达 493. 18 万股，累计持仓比例达 1. 61%。

2023 年 8 月 23 日：

从日周期、周周期、月周期和季周期级别行情看，该股运行情况良好。如果该股下跌，7 元价位是强力支撑位。

2023 年 10 月 5 日：

此时价位为 8.09 元。各周期级别行情运行情况良好，只是周周期和月周期 KDJ 指标的三条线运行到了“超买”区间。从日周期和周周期级别行情看，该股似乎在走 5 浪上升浪。

小结：在年周期级别上，截至 2024 年 6 月，MACD 指标的绿柱状线逐渐缩短，TRIX 指标的 TRIX 线仍向下运行，KDJ 指标在“超卖”区间还没有形成金叉。在季周期级别上，截至 2024 年 6 月，MACD 指标的红柱状线逐渐缩短，股价下跌，TRIX 指标仍向上运行，形成底背离，KDJ 指标没有形成死叉，但其 J 线在向下运行。

锦泓集团（603518）

根据锦泓集团行情图（图 2-3-3），分析如下。

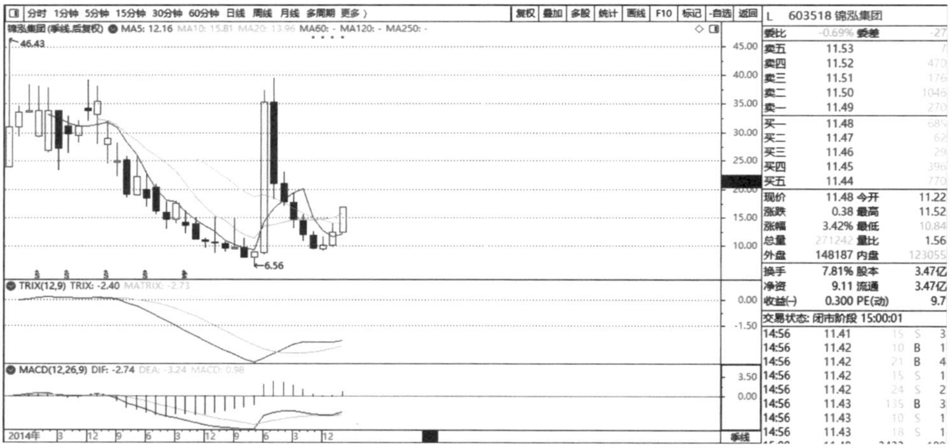

图 2-3-3　锦泓集团行情图

2023 年 5 月 8 日：

（1）该股自上市以来，在 2021 年第 2 季度有过一波上升行情，随后连续 5 个季度下跌，最后止跌回升。MACD 指标于 2021 年第 1 季度与第 2 季度之间形成金叉，TRIX 指标于 2023 年第 3 季度与第 4 季度之间形成金叉，此后该股继续下跌，MACD 指标的红柱状线持续缩短。2022 年第 4 季度，第一根季阳线出现，MACD 指标的 DIF 线与 DEA 线没有形成死叉，且 TRIX 指标的 TRIX 线也拐头向上运行了，似乎是机构卷土重来。出现这种指标形态，股票股价大概率是要涨的，但不会出现季大阳线。KDJ 指标于 2021 年第 1 季度形成金叉，此后于 2022 年第 1 季度与第 2 季度之间形成死叉。

（2）该股 MACD 指标于 2017 年第 2 季度形成死叉后一直下跌，到 2019 年第 3 季度，股价虽一直下跌，但 MACD 指标的绿柱状线缩短，形成底背离。在最后一根绿柱状线缩短时，惊奇的一幕出现了，2021 年第 2 季度，该股出现了巨大的涨幅，从最低价 4. 15 元直接涨到了最高价 27. 70 元。谨记一点，对于季周期、月周期或周周期级别行情出现股价下跌，且 MACD 指标大面积的绿柱状线不断缩短的个股，投资者一定要把握好。

（3）从日周期 RSI 指标和 KDJ 指标看，这 2 个指标均处于“超买”区间，股价回调是必然的；当回调到 9 元左右，应该是投资者买入的好时机。随着日周期级别行情的调整，周周期级别行情也会相应调整，但应该会在 250 周均线附近止跌。

（4）此时该股的静态市盈率为 9. 6 倍，流通股达 3. 47 亿股；截至 2023 年 3 月底，持仓机构为 8 家，累计持股达 4865. 89 万股，累计持仓比例达 14. 01%。

2023 年 8 月 23 日：

该股应该会调整到 250 日均线下方，周周期 MACD 指标和 TRIX 指标已经形成死叉数周，随着日周期级别行情的调整，其他大周期级别行情也要做出相应的调整，特别是季周期级别行情可能会调整到 5 季均线 8. 35 元的价位。

2023 年 10 月 5 日：

该股日线此时还在 250 日均线上方运行。周周期级别行情应该调整到位了，理由有两点：一是 MACD 指标的“芝麻点”绿柱状线缩短，二是 KDJ 指标在“超卖”区间形成金叉。月周期 MACD 指标的红柱状线缩短，KDJ 指标已形成死叉。季周期 KDJ 指标形成金叉未果，5 季均线和 10 季均线已向上运行，20 季均线也逐渐走平，2023 年 4 季度则出现一根带有下影线的季阳线。

小结：在年周期级别上，该股在 2021 年启动了一波大牛市行情。在当时的最高价位，MACD 指标可能接近金叉，TRIX 指标的 TRIX 线也可能会形成向上运行的拐点，KDJ 指标也将要形成金叉，但随着股价的回落调整，指标状态发生转变（如 TRIX 线未形成向上运行的拐点）。这也告诉我们，在年周期级别上，不管指标是什么形态，个股均具备启动一波大牛市行情的条件，并非像九安医疗、特力 A 和双环传动等个股那样，在 TRIX 指标的 TRIX 线与 MATRIX 线将要形成死叉的情况下，启动妖股行情。2024 年 6 月，由于该股在 2021 年启动过一波大牛市行情，主力在未来几年内可能不会再发动一波大牛市行情，但该股慢慢上升还是有可能的，因为 5 年均线已拐头向上运行，MACD 指标的绿柱状线缩短，TRIX 指标的两线向下运行且差值较大，KDJ 指标在“超卖”区间已形成金叉，但有可能成为无效金叉。在季周期级别上，当时我在 2023 年 5 月选取该股，一是没有考虑到日周期级别行情的走势，二是没有考虑到月周期 KDJ 指标的 J 线在“超买”区间运行了数月，并且在 2023 年 5 月还出现了顶背离。在季周期级别上，截至 2024 年 6 月，MACD 指标的红柱状线在连续 5 个季度内没有有效放大，TRIX 指标的 TRIX 线没有形成向上运行的拐点，KDJ 指标形成金叉并向上发散，但 J 线还没有运行到“超买”区间。

海兴电力（603556）

根据海兴电力行情图（图 2-3-4），分析如下。

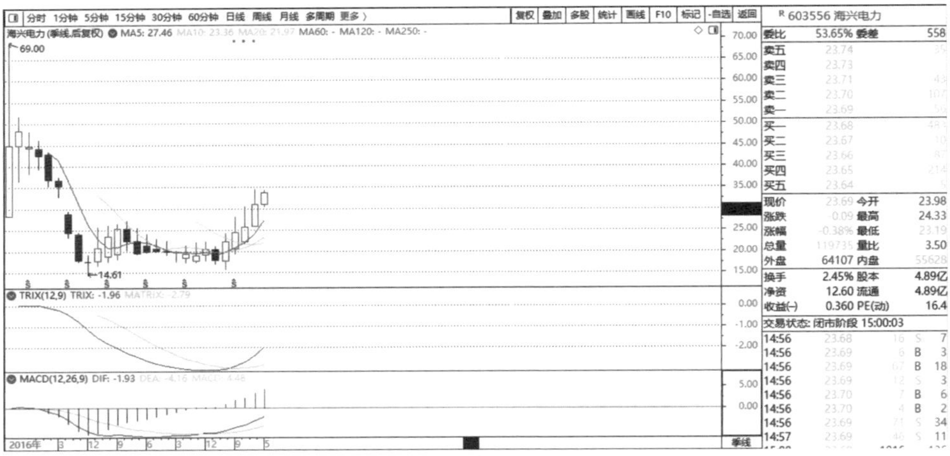

图 2-3-4　海兴电力行情图

2023 年 5 月 8 日：

（1）该股已经连续涨了 5 个季度了，MACD 指标的红柱状线连续放大，且 TRIX 指标的 TRIX 线运行角度大于 45 度，KDJ 指标的 D 线还没有运行到“超买”区间，也就是说该股仍有上升空间，同时 RSI 指标也没有运行到“极强”区间。

（2）MACD 指标于 2021 年第 4 季度形成金叉，TRIX 指标于 2023 年第 2 季度与第 3 季度之间形成金叉，KDJ 指标于 2019 年第 3 季度形成金叉，但是属于无效金叉。

（3）日周期级别行情已调整到位，周周期级别行情有上攻的趋势，因为该股还只有两根周阳线，我们还要看 2023 年 6 月月线会不会调整为一根月阴线，与前两根季阳线一样，会是一根季阳线。

（4）此时该股的静态市盈率为 17.3 倍，流通股达 4.89 亿股；截至 2023 年 3 月底，持仓机构为 5 家，但在 2022 年底，持仓机构为 91 家，累计持股达 2.95 亿股，累计持仓比例达 60.42%。

2023 年 10 月 5 日：

该股不负众望，运行状况良好，是一只慢牛股。各周期指标均有上升趋势，唯一让人担心的问题是月周期 KDJ 指标所有值均运行到了“超买”区间，但 J 线形成拐点向上运行。季周期级别行情正乖离率偏大，同时季周期 KDJ 指标的 J 值已达到 100 以上，只要 D 值达到 80，该股大概率会有向下运行的趋势。

小结：在年周期级别上，该股是一只慢牛股，历时 3 年多，从 10 元左右涨至 54 元。2024 年 6 月，MACD 指标形成金叉，红柱状线放大；2023 年，股价上涨，TRIX 指标的 TRIX 线形成拐点向下运行，形成顶背离，而 TRIX 线又于 2024 年形成拐点向上运行，这是大牛股的特征。那么我们应该怎样捕捉这样的个股呢？我们要去看看 250 日均线，2022 年 10 月 10 日，该股的 250 日均线已呈多头排列，股价回落到 250 日均线附近，此时是投资者的最佳买入时机。KDJ 指标的三条线运行到了“超卖”区间。在季周期级别上，2023 年 5 月初，股价为 20 元左右，投资者可以获取丰厚的利润。截至 2024 年 6 月，MACD 指标呈阶梯状连续放大，TRIX 指标的 TRIX 线以大于 70 度的角向上运行，KDJ 指标在“超买”区间接近死叉，该股调整势在必行。

金麒麟（603586）

根据金麒麟行情图（图 2-3-5），分析如下。

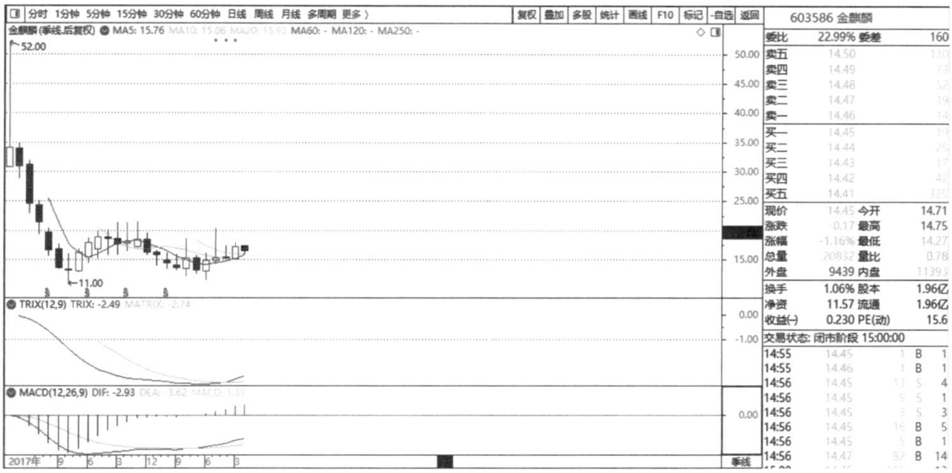

图 2-3-5　金麒麟行情图

2023 年 5 月 8 日：

（1）该股自上市以来一直没有一波像样的行情，季线形成 W 底，现在还不是介入时机。选股不如选时，时机不对，努力白费。但周周期级别行情还有继续调整的趋势，调整到 14 元价位左右，投资者应该可以介入了。

（2）2022 年第 2 季度，MACD 指标已经形成金叉，TRIX 指标也于 2022 年第 4 季度形成金叉，约呈 30 度角向上运行，KDJ 指标于 2022 年第 2 季度形成金叉，MACD 指标的红柱状线连续放大，有望突破颈线①走一波行情。

（3）此时该股的静态市盈率为 15.8 倍，流通股达 1.96 亿股；截至 2023 年 3 月底，持仓机构为 7 家，累计持股达 1.11 亿股，累计持仓比例达 56.84%。

---

① 颈线是股票市场的技术分析中对价格波动趋势线关键位置的一种形象说法，即通过最后两个反弹的高点作一条平缓的趋势线。颈线一旦被带量突破，一般会有量度升幅或跌幅。但主力往往制造假突破，所以投资者在操作中，一定要有止损的意识。

2023 年 8 月 23 日：

该股周周期级别行情面临调整，调整目标价位在 13 元左右。从个股来看，只要有一个周期级别的行情向下调整，相应其他周期级别的行情也会跟着调整。

2023 年 10 月 5 日：

日周期 MACD 指标和 TRIX 指标呈“一”字形运行，我们无法确定 KDJ 指标是否形成金叉、死叉，只能看周周期级别行情了。周周期 MACD 指标的绿柱状线逐渐缩短，TRIX 指标仍在向下运行，KDJ 指标形成金叉，所以短期内日周期级别行情会上涨。月周期 MACD 指标和 TRIX 指标还没有形成死叉，但 KDJ 指标已形成死叉，从该股前两次形成死叉的情况来看，至少要一个月才能结束调整。

小结：2024 年 6 月，在年周期级别上，MACD 指标的绿柱状线偏长，未来可能会有一波上升行情，这样一来，绿柱状线就会缩短，TRIX 指标的 TRIX 线继续向下运行，KDJ 指标可能会在“超卖”区间形成死叉，但只要股价上升，这个指标便难以形成死叉。在季周期级别上，该股在 2023 年第 4 季度的最高价涨至 20 多元。如果投资者于 2023 年 5 月在 13. 50 元的价位买入该股，还是小有收获的。截至 2024 年 6 月，MACD 指标的红柱状线缩短，下季度仍继续缩短，TRIX 指标在股价下跌的情况下仍在向上运行，形成底背离，KDJ 指标已经形成死叉，看来没有 2～3 个季度，该股是结束不了调整的，这种调整可以是横盘整理，也可以是向下调整，这就要看日周期级别行情了。该股像上述许多个股一样，截至 2024 年底暂未发生一波大的牛市行情，主要是因为年周期 MACD 指标的绿柱状线偏大，所以其不具备启动大牛市行情的技术特征，除非重大利好消息突然产生，使绿柱状线迅速缩短，该股才具备启动大牛市行情的技术特征。

地素时尚（603587）

根据地素时尚行情图（图 2-3-6），分析如下。

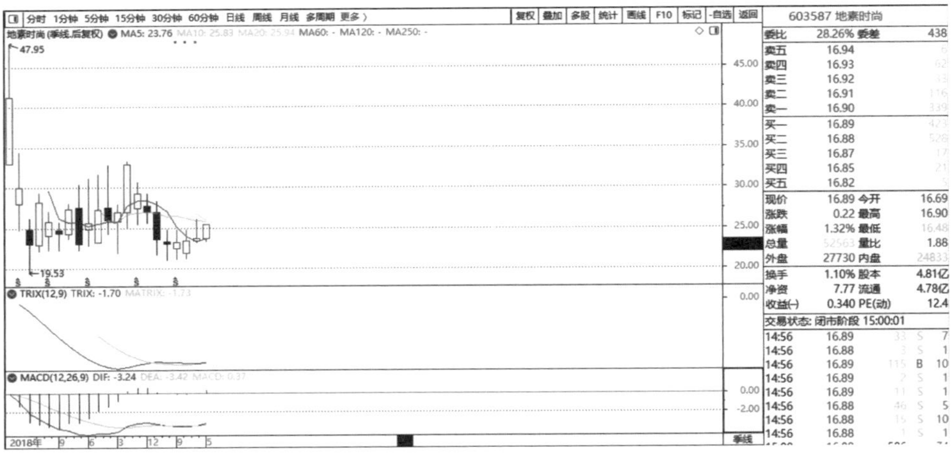

图 2-3-6　地素时尚行情图

2023 年 5 月 8 日：

（1）该股 K 线形态为 W 底，季周期 MACD 指标于 2021 年第 2 季度形成金叉，金叉形成后股价一直下跌，MACD 指标却走高，MACD 指标与股价形成了底背离。TRIX 指标于 2022 年第 1 季度形成金叉，金叉形成后，两个指标呈圆弧形态运行。2023 年 5 月，两个指标开始向上运行，MACD 指标已经出现了红柱状线。季周期 MACD 指标呈圆弧底形态①且在回升趋势中，KDJ 指标于 2020 年第 3 季度形成金叉，又于 2021 年第 4 季度形成死叉。

（2）日周期级别行情已处于相对高位，KDJ 指标的 J 值在绝对“超买”区间，短期调整势在必行。

---

① MACD 指标的圆弧底形态是支撑反弹上涨的重要形态，MACD 指标获得支撑后将会加速上行，与此同时，股价也会在 MACD 指标加速回升的时候暴涨。虽然投资者不能在加速回升时追涨交易，但在波段交易中，MACD 指标完成了圆弧底形态，投资者此时建仓相对容易。总之，投资者可以通过 MACD 指标的 DIF 线完成圆弧底形态的进度综合判断介入的时机，不必等待股价处于大幅回升时买入股票。

（3）此时该股的静态市盈率为 12.3 倍，流通股达 4.78 亿股；截至 2023 年 3 月底，持仓机构为 5 家，累计持股达 3977.38 万股，累计持仓比例达 8.32%。

2023 年 8 月 23 日：

该股日周期级别行情向下调整，调整目标价位在 14.40 元左右。

2023 年 10 月 5 日：

日周期级别 MACD 指标和 TRIX 指标呈“一”字形运行，KDJ 指标来回形成金叉和死叉，难以判断其走势，只有看周周期和月周期级别行情了。周周期和月周期各指标运行情况良好，短期内股价会上涨。季周期 KDJ 指标于 2023 年第 3 季度没有形成金叉。

小结：在年周期级别上，该股只能作为一个反面案例。MACD 指标于 2023 年形成死叉，TRIX 指标的 TRIX 线形成向下运行的拐点，KDJ 指标在“超卖”区间形成死叉。在季周期级别上，如果投资者于 2023 年 5 月 8 日买入，是不可能盈利的，所以在周周期、月周期、季周期和年周期级别上选取个股，投资者一定要看当时日周期级别行情的走势。MACD 指标和 TRIX 指标一直呈“一”字形运行，但在 2024 年第 2 季度，KDJ 指标已在“超卖”区间形成金叉了，该股应该会有一波上升行情，但投资者的期望不能过高，因为股价受制于年周期级别走势。

来伊份（603777）

根据来伊份行情图（图 2-3-7），分析如下。

2023 年 5 月 8 日：

（1）该股出现 4 根带上影线的季阳线，第 1 根出现在 2019 年第 2 季度，第 2 根出现在 2020 年第 2 季度，第 3 根出现在 2021 年第 2 季度，第 4 根出现在 2022 年 4 季度，4 个高点形成了一条上升趋势线。此后有 3～5 个季度的调整行情，上升高度越高，调整时间越长。该股的 4 次触底均是在 10 元价位左右：第 1 次是在 2019 年第 1 季度，第 2 次是在 2020 年第 1 季度，第 3 次是在 2021 年第 1 季度，第 4 次是在 2022 年第 2 季度。2023 年 5 月 8 日，该股价位

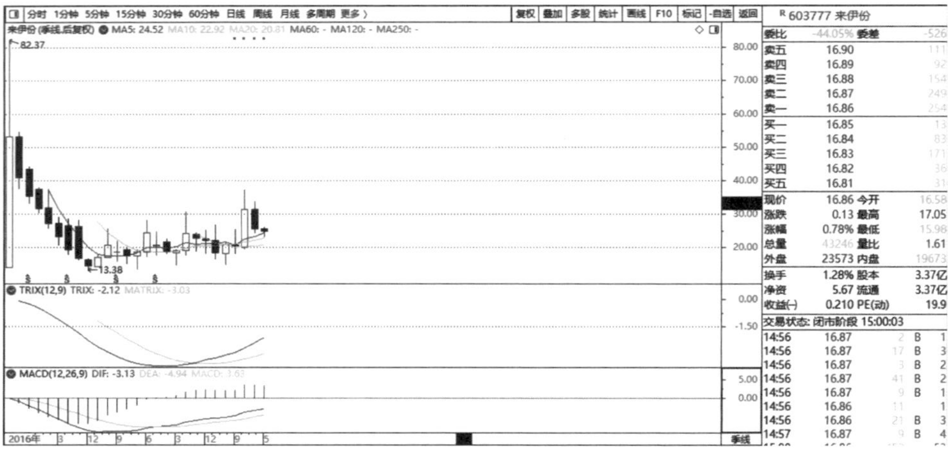

图 2-3-7　来伊份行情图

为 16. 48 元，周周期级别行情在调整，月周期级别行情也存在调整的趋势，调整到 10 元以上价位时，投资者可以介入。

（2）MACD 指标于 2021 年第 1 季度形成金叉，TRIX 指标于 2022 年第 2 季度形成金叉。KDJ 指标于 2019 年第 3 季度形成金叉，至 2022 年第 1 季度形成死叉，接着于 2022 年第 3 季度与第 4 季度再次形成金叉。2023 年第 2 季度，一根季阴线出现，接下来行情还有几个季度的调整，才会重拾升势。MACD 指标和 TRIX 指标呈约 30 度角运行。

（3）此时行情缩量调整，多数的缩量下跌都意味着该股弱势，只有少数情况是洗盘。如果缩量下跌出现在个股的底部或下跌过程中，则意味着市场上没有人愿意“割肉”，空方力量已经疲弱，后期个股可能会在多方力量的推动下，结束下跌趋势，启动上涨趋势。

（4）此时该股的静态市盈率为 19. 6 倍，流通股达 3. 37 亿股，持仓机构为 7 家，累计持股达 2. 06 亿股，累计持仓比例达 61. 15%。

2023 年 8 月 23 日：

此时该股日周期、周周期、月周期和季周期级别行情均在向下调整，看能否再次调整到 10 元价位左右，如果调整成功，投资者可以放心大胆介入。

2023 年 10 月 5 日：

该股日周期级别行情调整结束，KDJ 指标在“超卖”区间附近形成金叉。周周期和月周期级别行情调整还没有结束。季周期 MACD 指标的红柱状线逐渐缩短，不管股价是涨还是跌，TRIX 指标依然向上运行，KDJ 指标形成死叉。股价仍有向下调整的空间，调整目标价位在 10 元左右。

小结：在年周期级别上，2024 年，MACD 指标的绿柱状线大概率会缩短，TRIX 指标的 TRIX 线仍会向下运行，2019 年至 2022 年的年阳线也没有使 TRIX 线向上运行，这就形成了顶背离，KDJ 指标三线已运行到了“超卖”区间，但没有形成金叉。在季周期级别上，如果投资者于 2023 年 5 月 8 日在 15 元多的价位买入，还是小有盈余的。该股自 2022 年第 4 季度见顶以来，已经跌了 6 个季度。我在 2023 年 5 月 8 日选择该股，当时 MACD 指标的红柱状线已缩短，KDJ 指标同时形成死叉（投资者面对类似情况时，坚决不能选择这类股票，只有在 MACD 指标的红柱状线连续放大，KDJ 指标处于金叉状态时才可以选择这类股票）。投资者不能只看 TRIX 指标，因为即使股价开始下跌，TRIX 指标仍会以底背离的形态向上运行，直到股价继续下跌，TRIX 线走平，最后形成拐点向下运行并进入死叉状态。

歌力思（603808）

根据歌力思行情图（图 2-3-8），分析如下。

图 2-3-8　歌力思行情图

2023 年 5 月 8 日：

（1）季周期 MACD 指标在相对低位两度形成金叉，且形成了一个双底，又于 2022 年第 4 季度形成向上的拐点。不要小看这个拐点，MACD 指标和 TRIX 指标只要呈双底形态并形成向上的拐点，个股就可能进入上升趋势。该股的 TRIX 指标也呈双底形态，TRIX 线也拐头向上运行了，KDJ 指标于 2023 年第 1 季度形成金叉。

（2）日周期级别行情有调整的趋势，KDJ 指标和 RSI 指标在“超买”区间运行，周周期级别行情正乖离率偏大。

（3）MACD 指标于 2021 年第 2 季度形成金叉，此后股价于 2021 年第 3 季度开始下跌，TRIX 指标于 2022 年第 2 季度形成金叉。这两个指标都出现了金叉，但这并不意味着股价一定会上涨，也可能会下跌。

（4）此时该股的静态市盈率为 26.2 倍，流通股达 3.69 亿股；截至 2023 年 3 月底，持仓机构为 12 家，累计持有股达 2.44 亿股，累计持仓比例达 66.12%。

2023 年 8 月 23 日：

周周期级别行情已经形成向下调整的趋势，调整目标价位应该在 10.80 元左右。

2023 年 10 月 5 日：

日周期 MACD 指标的红柱状线缩短，KDJ 指标即将形成死叉，新一轮下跌行情将展开。

小结：在年周期级别上，截至 2024 年 6 月，该股股价一直处于下降通道，MACD 指标的绿柱状线也一直在放大，没有缩短的迹象，但这并不是说在年周期级别上处于下降通道的个股，其日周线级别行情就没有反抽或反弹，只是投资这类股票的风险系数大，不适合散户投资者。TRIX 指标的 TRIX 线继续向下运行，KDJ 指标已运行到了“超卖”区间，但没有形成金叉。在季周期级别上，投资者于 2023 年 5 月 8 日选择该股是不合时宜的，特别是处于下降通道的个股。投资者必须首先注意到日周期级别行情的买卖点，博取反抽或反弹也要把握好火候。我当时片面地认为季周期 MACD 指标和 TRIX 指标呈双底形态，该股的上升行情就来了，其实年周期级别行情不予支持，希望投资者引以为戒。

好太太（603848）

根据好太太行情图（图 2-3-9），分析如下。

图 2-3-9 好太太行情图

2023 年 5 月 8 日：

（1）该股的季周期 K 线形态是一个圆弧底，季周期级别行情一直比较活跃，在下跌途中也有过几波反弹，但每次调整的幅度比较大。周周期级别行情已进入调整状态，月周期级别行情也存在调整的风险。

（2）2022 年第 1 季度，MACD 指标形成金叉，此时 DIF 值为-2. 32，DEA 值为-2. 23，绿柱状线值为-0. 17。2023 年 5 月 8 日，MACD 指标的红柱状线不断放大。TRIX 指标于 2022 年第 3 季度与第 4 季度之间形成金叉，且以大于 30 度的角向上运行，KDJ 指标于 2021 年第 3 季度与第 4 季度之间形成金叉。

（3）此时该股的静态市盈率为 29. 6 倍，流通股达 4. 01 亿股；截至 2023 年 3 月底，持仓机构为 13 家，累计持股达 873. 12 万股，累计持仓比例达 2. 18%。

2023 年 8 月 23 日：

该股日周期级别行情在向下小幅调整，季周期级别行情触底反弹。

2023 年 10 月 6 日：

日周期 MACD 指标的绿柱状线有可能第三次放大，因为 KDJ 指标三度形成死叉，该股调整目标价位在 250 日均线上下。

小结：在年周期级别上，截至 2024 年 6 月，MACD 指标的绿柱状线缩短，TRIX 指标的 TRIX 线仍在向下运行，KDJ 指标还在 20 ～ 50 的空头区域运行，没有形成金叉，J 线和 K 线形成拐点向下运行，股价仍有向下调整的趋势。根据季周期级别行情，投资者在 2023 年 5 月 8 日选取该股，还是可以博取短期利润的。在季周期级别上，只要 MACD 指标、TRIX 指标和 KDJ 指标形成金叉，且 KDJ 指标未运行到“超买”区间，投资者在日周期级别上均可以采取低吸高抛的方式操盘。2024 年 6 月，MACD 指标的红柱状线缩短，TRIX 指标仍在向上运行，KDJ 指标在 50 附近的多头区域形成死叉，这样一来，相对于 KDJ 指标在“超买”区间形成死叉，该股的调整时间相对更短。

结　语

在本章分析的个股中，既有涨势喜人的个股，也有不尽如人意的个股。我不认为在季周期级别上，只要 MACD 指标、TRIX 指标和 KDJ 指标形成金叉，就会出现上涨行情。虽然很多个股不涨反跌，我们还是可以依据季周期 3 个指标形成的金叉（个股的季周期级别行情步入上升通道），在个股上来回做“T”，博取波段利润。但这对技术的要求颇高，我们只能熟能生巧。

整体行情是国家政策与市场主力共振的产物，个股行情是庄家的独角戏。本章内容就是利用各周期级别 MACD 指标、TRIX 指标和 KDJ 指标等技术指标剖析个股的牛市行情，这些个股行情就是庄家唱的独角戏。这样的个股虽然不多，我仍然不厌其烦，应列尽列，就是为了充分说明尽管周期共振原理不是所有理论中最好的，但是具有可操作性、实用性和成效性的。并且我们知道在这 3 个指标中，季周期 TRIX 指标在金叉形成前或形成期间，个股一般会有一波上升行情。虽然有些个股也会在 KDJ 指标金叉形成后出现上升行情，但没有 TRIX 指标这么确切，我们只使用具有可操作性和实用性的方法。在季周期级别上，个股的 3 个指标形成金叉，这给我们做波段操作前吃了一颗定心丸。相反，一旦被季周期级别行情处于下降通道的个股套牢，投资者又舍不得“割肉”，就不知道猴年马月才能解套。所以，没有真正意义上的长线投资，即使是像贵州茅台（600519）这样的个股，我们也难以在投资中把握其长期投资价值，甚至在二级市场上也找不到其所谓的原始股东，而散户投资者可能赚点小钱就抛售了，不会长期持有。

第四章

运用年周期级别 MACD 指标、TRIX 指标和 KDJ 指标选股的思路和方法

广汇物流（600603）

根据广汇物流行情图（图 2-4-1），分析如下。

图 2-4-1　广汇物流行情图

2023 年 5 月 15 日：

（1）该股 120 日均线与 250 日均线于 2022 年 5 月 18 日形成金叉，120 周均线与 250 周均线于 2021 年 11 月 12 日形成金叉。

（2）日周期 MACD 指标、TRIX 指标和 KDJ 指标均已形成死叉，日周期级

别行情的调整即将展开。周周期 MACD 指标和 TRIX 指标也没有形成金叉，KDJ 指标反复形成金叉和死叉，只要周周期级别行情有一个小反抽，就会形成金叉。所以在 MACD 指标和 TRIX 指标未曾形成金叉之前，KDJ 指标形成金叉的意义不大，散户投资者不能据此抢反抽。在月周期级别上，3 个指标均有继续调整的趋势。季周期 MACD 指标的红柱状线缩短，TRIX 指标形成金叉且约呈 30 度角运行，KDJ 指标已经形成死叉，根据 KDJ 指标形成死叉后其 3 条线均向下运行的原理，可知又需要至少几个季度的调整时间。年周期 MACD 指标的 DIF 线一直在 DEA 线上方运行，且红柱状线放大，TRIX 指标的 TRIX 线和 MATRIX 线均以约 45 度角向上平稳运行，KDJ 指标形成金叉，J 线平直运行。

（3）此时该股静态市盈率为 13.2 倍，流通股达 12.3 亿股；截至 2023 年第 1 季度，持仓机构为 17 家，累计持股达 8.18 亿股，累计持仓比例达 65.25%。

2023 年 8 月 18 日：

该股 2023 年 6—8 月为下跌走势，期间没有像样的反弹行情，月周期级别行情有调整的趋势。2023 年 8 月，该股的调整趋势已经形成，因为 MACD 指标和 TRIX 指标均已在相对高位形成死叉了，KDJ 指标早在 2022 年 10 月就形成死叉了。从年周期级别行情看，年线正乖离率过大，10 年均线于 2023 年 8 月的价位在 4.88 元。该股股价继续下跌，而 MACD 指标和 TRIX 指标却向上运行，形成了底背离。从年周期级别行情的历史走势看，2017 年和 2018 年的行情是下跌行情，2019 年和 2020 年的行情是反弹行情，2021 年的行情是下跌行情。2022 年，股价从 4 元涨到 12.88 元，翻了 3 倍，此时的行情是牛市行情。当年的大盘出现一根年阴线，但该股涨势如虹，所以“牛市里有熊股，熊市里有牛股”。更重要的是，不经过 3～5 年的调整，市场是不会再出现大牛市行情的，但其中不乏反弹行情。该股月周期级别行情在相对低位，如果 MACD 指标和 TRIX 指标形成金叉（金叉形成后，反弹行情也不一定会出现），两个指标可能会呈“一”字形运行，此后该股股价可能反弹，也可能继续向下运行。此时，我们要根据月周期 MACD 指标的红绿柱状线的变化情况来决定买卖的思路。

2023 年 10 月 2 日：

该股在周周期 3 个指标形成金叉的情况下，展开了一波反弹，预计反弹目标价位在 250 日均线附近。反弹结束后，还会往下调整，一是因为月周期级别行情还没有调整到位，二是因为“反弹不是底，是底不反弹”。我们注意到，该股年周期级别行情调整到 5 年均线附近便展开了反弹，说明 5 年均线支撑力很强。

我在前文曾表示，只要季周期级别行情连续出现两根季大阳线，个股一般会出现调整行情。该股于 2022 年第 2 季度和第 3 季度连续出现两根季大阳线，接下来出现的调整行情是必然的。不要以为年周期 MACD 指标和 TRIX 指标形成金叉了，个股就不会出现调整行情。我们只能依据年周期各指标的金叉，在日周期级别上做好低吸高抛，这才是王道。

小结：该股在 2022 年大盘下跌的情况下，逆市飘红，走出了一波牛市行情。2022 年，该股有一根带长上影线的实体年阳线。出现这种特征的年线，表明股票上涨乏力，后市看空。2023 年，该股在 5 年均线处受到支撑，实现反弹。通常情况下，个股（强势龙头股和妖股除外）在下跌途中，其任何一条均线都不能构成支撑位，而该股就是一个例外。2024 年，该股在 10 年均线处受到支撑。2024 年 6 月，该股有一根带上影线的年大阴线，跌幅较深。在季周期级别上，2022 年第 2 季度到第 3 季度，该股出现两根季阳线后，股价下跌。另外，在月周期级别上，2023 年 11 月，两根月阳线出现后，股价有所下跌。从该股情况可知，大多数牛股均会出现一种情况——在股价上涨过程中，会有两根月阳线出现，同时也会有两根季阳线出现，前者说明了该股的上涨行情出现在两个月之间，后者说明该股的上涨行情出现在两个季度之间，所以其时间窗口既在两个月之间，又在两个季度之间，这为我们捕捉牛股提供了较为确切的时间窗口。

西部矿业（601168）

根据西部矿业行情图（图 2-4-2），分析如下。

2023 年 5 月 15 日：

（1）2023 年 4 月 21 日，该股 120 日均线与 250 日均线形成金叉，120 周均

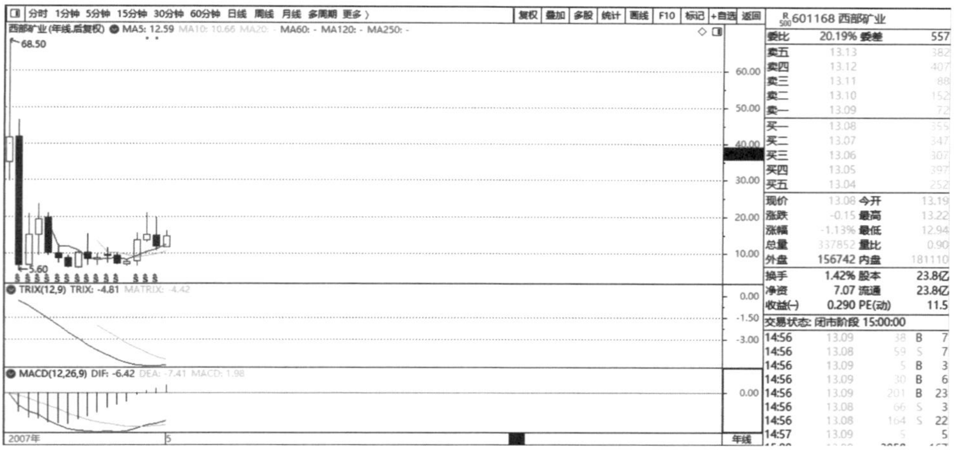

图 2-4-2　西部矿业行情图

线与 250 周均线于 2021 年 2 月 19 日形成金叉。

（2）日周期 MACD 指标和 TRIX 指标已于 2023 年 4 月 25 日前后形成死叉，KDJ 指标于同年 4 月 20 日形成死叉，表明股价还会继续调整。虽然周周期 MACD 指标和 TRIX 指标已经形成金叉很长一段时间了，但股价还会调整，KDJ 指标于 4 月 28 日形成死叉。月周期 MACD 指标接近金叉，DIF 值为 0.26，DEA 值为 0.30，绿柱状线值为-0.10，TRIX 指标的 TRIX 线也已经拐头向上运行了，有望形成金叉。在季周期级别上，该股从 2011 年第 4 季度一直横盘到 2020 年第 2 季度，之后出现了一波上涨行情。2023 年 4 月底，TRIX 线出现了向上运行的拐点，一波大的行情即将启动。从 2011 年第 1 季度 MACD 指标金叉形成以来，MACD 指标的红柱状线时长时短，TRIX 指标也一直处于金叉状态，KDJ 指标多次形成金叉、死叉。年周期 MACD 指标在 2021 年形成金叉了，并且 MACD 指标的红柱状线一年比一年放大，TRIX 指标的 TRIX 线已经形成拐点向上运行，但 MATRIX 线还一直向下运行。KDJ 指标于 2017 年就已形成金叉，2019 年以“一”字形运行；2020 年，KDJ 指标的 J 线向上运行；而 2017 年，MACD 指标绿柱状线还在缩短。

（3）此时该股静态市盈率为 11.5 倍，流通股达 23.8 亿股；截至 2023 年 3 月 31 日，持仓机构为 25 家，累计持股达 9.51 亿股，累计持仓比例达 39.90%。

2023 年 8 月 18 日：

从日周期级别行情看，该股仍有下跌空间。周周期和月周期 MACD 指标、

TRIX 指标和 KDJ 指标已经形成金叉了，应该会有一波行情。从季周期级别行情看，似乎 MACD 指标和 TRIX 指标即将形成死叉，但 KDJ 指标接近金叉。从年周期级别行情制约季周期级别行情这个角度看，季周期 MACD 指标和 TRIX 指标不会形成死叉，恰恰相反，这两个指标的 DIF 线和 TRIX 线会拐头向上运行。年周期级别行情在股价调整后大概率会有一波上升行情。

2023 年 10 月 2 日：

该股日周期级别行情在调整过程中。周周期 MACD 指标的红柱状线缩短，TRIX 指标仍向上运行，KDJ 指标已在接近“超买”区间形成死叉。月周期 3 个指标处于金叉状态，但 KDJ 指标的 J 线在“超买”区间已运行 7 月有余，本月开盘 D 线将会运行到 80 下方，月周期级别行情将面临调整。

小结：在年周期级别上，该股历时 5 年，股价翻了 7 倍，如果高手会操盘，做低吸高抛的话，盈利 10 倍以上不是问题。MACD 指标的绿柱状线和红柱状线呈阶梯状渐减和渐增，最后一根芝麻点大小的绿柱状线里“藏金子”。随着 5 年来该股收盘价逐年上升，2024 年 6 月，TRIX 指标已形成金叉，KDJ 指标的 J 线已运行到了“超买”区间。在季周期级别上，K 线在调整的途中，MACD 指标和 TRIX 指标仍处于金叉状态，KDJ 指标的 J 线在调整。

中国中铁（601390）

根据中国中铁行情图（图 2-4-3），分析如下。

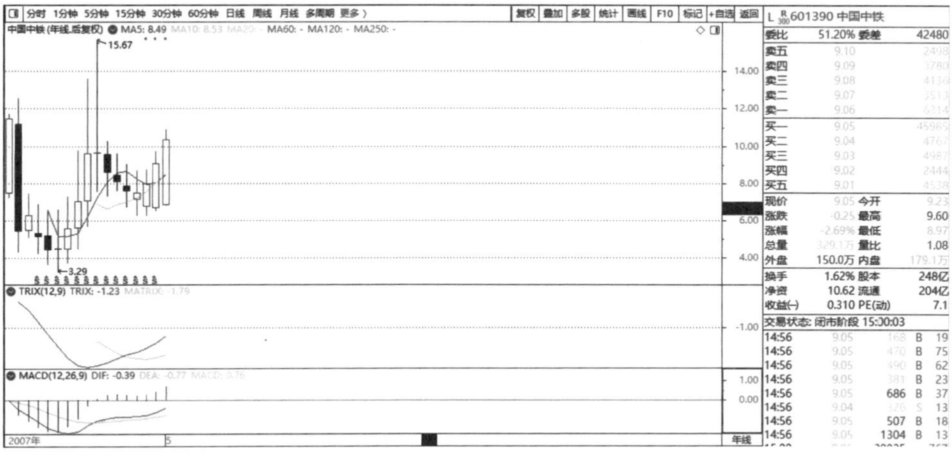

图 2-4-3　中国中铁行情图

2023 年 5 月 15 日：

（1）该股 120 日均线与 250 日均线于 2023 年 4 月 12 日形成金叉，120 周均线与 250 周均线于 2023 年 4 月 28 日形成金叉。

（2）日周期级别行情有调整趋势。周周期 MACD 指标和 TRIX 指标形成金叉后，一直向上运行，行情有调整的迹象，因为 KDJ 指标已经运行到“超买”区间了。从月周期级别行情看，MACD 指标和 TRIX 指标已经形成金叉，KDJ 指标的 J 线已运行到“超买”区间，2023 年 5 月的股价与 5 月均线相差过大，也就是正乖离率过大，行情有调整的要求。从季周期级别行情看，3 个指标已经形成金叉，MACD 指标的红柱状线值为 0.38。从年周期级别行情看，MACD 指标已经形成金叉，红柱状线值为 0.20，TRIX 指标的 TRIX 线和 MATRIX 线均已拐头向上运行，KDJ 指标接近“超卖”区间，有望形成金叉。

（3）此时该股静态市盈率为 7.3 倍，截至 2023 年 3 月 31 日，流通股达 204 亿股，持仓机构为 120 家，累计持股达 152.33 亿股，累计持仓比例达 74.80%，该股涨幅将极为可观。但有别于 2014 年和 2015 年的快牛行情，本次行情将以慢牛行情展开。

2023 年 8 月 18 日：

2023 年 5 月，行情有调整的要求。2023 年 5 月和 6 月，行情调整，此后日周期、周周期、月周期和季周期级别行情仍在调整之中。要想使上升行情继续，周周期级别行情必须调整到位，也就是看周周期 MACD 指标、TRIX 指标和 KDJ 指标何时形成金叉。

2023 年 10 月 2 日：

股价已调整到 250 日均线，应该不会有大的跌幅，且很有可能在 250 日均线上盘整一段时间。周周期 MACD 指标的绿柱状线已有两个大面积区域，如果说出现第三个大面积区域，该股上涨的可能性将增大。但这种情况还要求日周期级别行情出现至少持续三周的较大的反抽行情，然后日周期级别行情再度调整到 250 日均线。从目前情况来看，该股存在这种可能性。月周期 MACD 指标和 TRIX 指标还处于金叉状态，但 KDJ 指标已经形成死叉，这种死叉至少要几个月时间才能修复。在季周期级别上，3 个指标仍处于金叉状态，KDJ 指标于 2023 年 10 月接近死叉状态。

小结：在年周期级别上，2014 年和 2015 年市场出现大牛市行情，使 MACD 指标于 2015 年形成金叉。后来股价下跌，但该股收盘价一直很高，使 TRIX 指标于 2018 年形成金叉。KDJ 指标在 2024 年 6 月再度形成金叉，个股上涨趋势形成。在季周期级别上，MACD 指标和 TRIX 指标再度形成金叉，无奈金叉角度太小，可能不会出现大行情，除非 MACD 指标的 DIF 线和 TRIX 指标的 TRIX 线形成拐点向上运行，且 KDJ 指标处于死叉状态。

东方钽业（000962）

根据东方钽业行情图（图 2-4-4），分析如下。

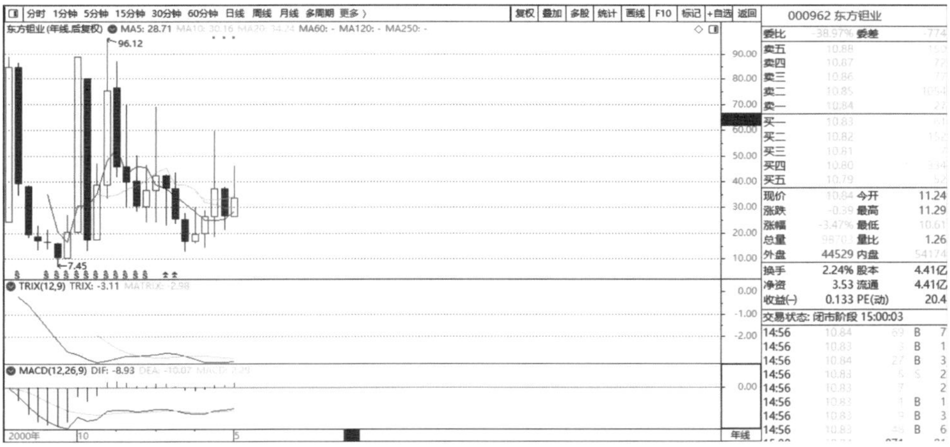

图 2-4-4　东方钽业行情图

2023 年 5 月 15 日：

（1）2023 年 3 月 7 日，该股 120 日均线与 250 日均线形成金叉；2021 年 12 月 10 日，该股 120 周均线与 250 周均线形成金叉。

（2）日周期 MACD 指标和 TRIX 指标均已形成死叉，股价向下运行，大概会调整到 250 日均线附近。周周期 MACD 指标和 TRIX 指标接近死叉，KDJ 指标已形成死叉。月周期 MACD 指标在 0 轴上方形成金叉，TRIX 指标也接近金叉，KDJ 指标于 2022 年 6 月形成金叉，直到 2022 年 12 月才形成向上运行态势。季周期 MACD 指标已于 2020 年第 4 季度形成金叉，但红柱状线时长时短，

TRIX 指标已于 2021 年第 1 季度形成金叉，TRIX 值为-0.20，MATRIX 值为-2.21，TRIX 线和 MATRIX 线向上运行。年周期 MACD 指标于 2021 年形成金叉，DIF 值为-2.76，DEA 值为-2.90，红柱状线值为 0.28，TRIX 指标于 2024 年形成金叉，TRIX 值为-2.56，MATRIX 值为-2.70。MACD 指标和 TRIX 指标在底部构筑双底，金叉形成后有望出现一波上升行情，KDJ 指标于 2021 年形成金叉。年周期的 K 线形态可以通过年线的高点连线和低点连线的两条平行线来分析，历年高点始终未能突破 K 线高点连线，同时低点也未能跌破 K 线低点连线，这就是所谓的“旗形整理”。

（3）该股静态市盈率为 21.5 倍，截至 2023 年第 1 季度，流通股达 4.41 亿股，持仓机构为 20 家，累计持股达 2.06 亿股，累计持仓比例达 46.66%。

2023 年 8 月 18 日：

日周期级别行情在调整，大概率要调整到 5 季均线和 10 季均线的 10.7 元附近才能止跌回升。

2023 年 10 月 2 日：

日周期级别行情在调整，调整的目标价位仍在 250 日均线以上。周周期、月周期、季周期和年周期级别行情一如既往。

小结：在年周期级别上，该股 K 线形态多年来形成下降旗形，MACD 指标和 TRIX 指标形成金叉并呈双底形态，KDJ 指标形成金叉，突破下降旗形形态应该不是问题。

电投能源（002128）

根据电投能源行情图（图 2-4-5），分析如下。

2023 年 5 月 15 日：

（1）日周期 MACD 指标、KDJ 指标处于金叉状态，TRIX 指标接近死叉。在周周期级别上，3 个指标已形成金叉，但角度很小，MACD 指标的红柱状线缩短。在月周期级别上，MACD 指标和 TRIX 指标处于死叉状态，KDJ 指标处于金叉状态。在季周期级别上，MACD 指标的红柱状线缩短，TRIX 指标在相

图 2-4-5　电投能源行情图

对高位，也存在调整的趋势，KDJ 指标处于死叉状态。年周期 MACD 指标、TRIX 指标和 KDJ 指标均已形成金叉。MACD 指标在 2020 年至 2021 年形成金叉，取 2021 年数值，DIF 值为-2.56，DEA 值为-2.81，红柱状线值为 0.49。TRIX 指标于 2023 年形成金叉，TRIX 值为-3.14，MATRIX 值为-3.14，KDJ 指标于 2019 年形成金叉。该股是一只大盘股，也是机构“抱团取暖”的个股。

（2）该股的静态市盈率为 4.7 倍，流通股达 19.2 亿股；截至 2023 年 3 月 31 日，持仓机构为 10 家，累计持股 13.11 亿股，累计持仓比例达 68.26%。

2023 年 8 月 18 日：

该股 120 日均线与 250 日均线于 2023 年 7 月 7 日形成金叉。日周期级别行情还没有调整到位，月周期级别行情仍在调整之中。

2023 年 10 月 2 日：

日周期级别行情在调整之中，目标价位在 250 日均线附近。周周期 MACD 指标和 TRIX 指标仍处于金叉状态，但 KDJ 指标接近死叉。月周期 MACD 指标和 TRIX 指标接近金叉。

小结：在年周期级别上，该股历时 6 年，股价翻了近 6 倍，如果投资者擅长做低吸高抛，盈利 10 倍以上是没有问题的。MACD 指标在 2021 年形成金叉，绿柱状线在 2020 年形成“芝麻点”。TRIX 指标的 TRIX 线在 2021 年形成拐点向上运行，这只能确定该股未来的走向和趋势，如果据此操盘，投资者将丢失部分利润。KDJ 指标的 J 线已运行到了 100 以上“超买”区间，未来该股大概率会调整。在季周期级别上，2024 年 6 月，MACD 指标的 DIF 线和 TRIX 指标的 TRIX 线形成拐点向上运行，但 KDJ 指标接近“超买”区间，因此该股上升空间不会很大。

报喜鸟（002154）

根据报喜鸟行情图（图 2-4-6），分析如下。

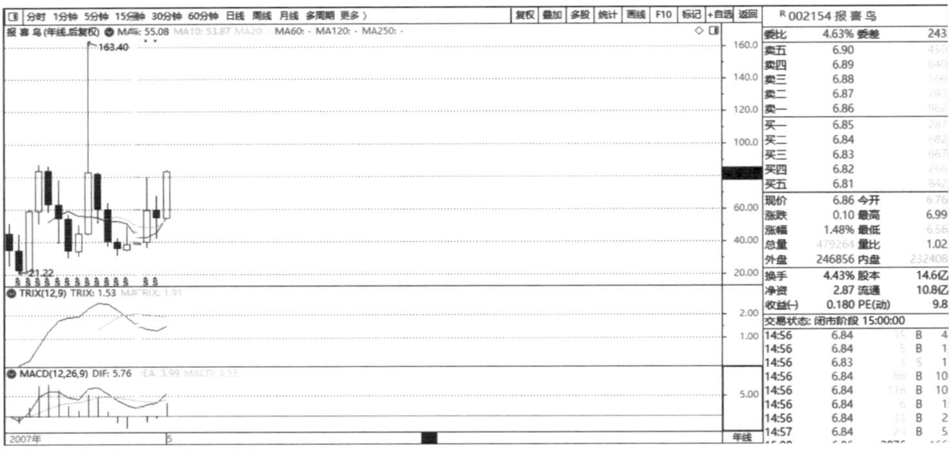

图 2-4-6　报喜鸟行情图

2023 年 5 月 15 日：

（1）该股 120 日均线与 250 日均线于 2023 年 1 月 20 日已经形成金叉，120 周均线与 250 周均线已于 2021 年 9 月 17 日形成金叉。

（2）周周期、月周期和季周期 MACD 指标、TRIX 指标和 KDJ 指标均已形成金叉，年周期 MACD 指标也已形成金叉，只有 TRIX 指标没有形成金叉，但 TRIX 线已经形成了拐点，向上运行的趋势不会改变，KDJ 指标于 2021 年形成金叉。此时就等待日周期或周周期级别行情调整，随着日周期或周周期级别行情的调整，月周期和季周期级别行情也会随之调整。年周期级别行情正乖离率过大，之后会出现一根带上影线的年阳线，未来会随着调整将得以修复。

（3）该股静态市盈率为 9 倍，流通股达 10.8 亿股；截至 2022 年底，持仓机构为 105 家，累计持股达 2.13 亿股，累计持仓比例 19.65%。

2023 年 8 月 18 日：

该股日周期级别行情和周周期级别行情都在调整，只是周周期 MACD 指标和 TRIX 指标以顶背离的状态形成金叉，KDJ 指标在 7 月 14 日之前形成金叉。最关键的问题是年周期 TRIX 指标的 TRIX 线虽然形成向上运行的拐点，但 MATRIX 线在 2021 年已经向下运行了，这是一个空头信号，KDJ 指标的 J 线已经运行到“超买”区间。再者，年周期级别行情乖离率过于偏大，所以 2024 年可能会出现一根年阴线，这是值得我们注意的，该股可以作为较典型的个例。

2023 年 10 月 2 日：

周周期和月周期级别行情提示该股上涨，但时间不会很长，2023 年第 4 季度可能出现一根季阴线。

小结：在年周期级别上，该股连续涨了 6 年，涨幅近 400%，如果投资者擅长做低吸高抛，盈利 8 倍以上是没有问题的。2024 年 6 月，根据年周期级别行情的情况，我们看不出这是一只慢牛股。2019—2020 年，MACD 指标还处于死叉状态，2022 年才处于金叉状态。TRIX 指标的运行更是滞后，直到 2023 年，TRIX 线才形成拐点向上运行，且截至 2024 年 6 月，该指标还未形成金叉。KDJ 指标于 2021 年形成金叉，2024 年，J 线已运行到了“超买”区间，股价应该见顶了。在季周期级别上，KDJ 指标于 2018 年第 4 季度形成金叉，2021 年第 1 季度，MACD 指标和 TRIX 指标同时形成金叉，此时是投资者介入的好时机。

湖南黄金（002155）

根据湖南黄金行情图（图 2-4-7），分析如下。

2023 年 5 月 15 日：

（1）2022 年 9 月 20 日，该股 120 日均线与 250 日均线形成金叉，120 周均线与 250 周均线已于 2021 年 12 月 10 日形成金叉。

（2）在日周期和周周期级别上，3 个指标均已形成死叉，但在月周期和季周期级别上，3 个指标以及年周期 MACD 指标和 KDJ 指标已形成金叉，年周期

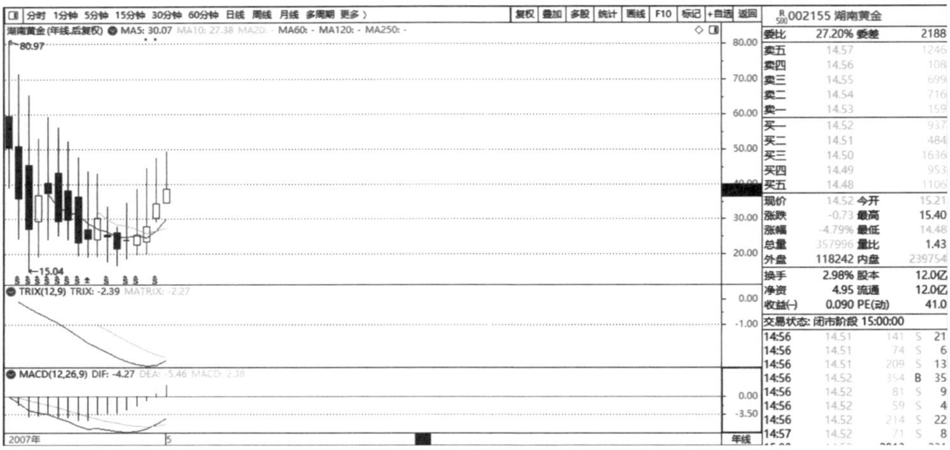

图 2-4-7 湖南黄金行情图

TRIX 指标的 TRIX 线也于 2022 年拐头向上运行了，形成金叉是必然的。2023 年，年周期 MACD 指标的 DIF 值为-1.96，DEA 值为-2.20，红柱状线值为 0.49；年周期 TRIX 指标的 TRIX 值为-2.63，MATRIX 值为-2.37。但有一点要特别注意，那就是年阳线正乖离率偏大，该股大概率会随着日周期级别行情的调整，向 5 年均线和 10 年均线接近，并止跌回升。

（3）该股的静态市盈率为 42.3 倍，流通股达 12 亿股；截至 2023 年 3 月 31 日，持仓机构为 36 家，累计持股达 5.72 亿股，累计持仓比例达 47.66%。

2023 年 8 月 18 日：

120 日均线将与 250 日均线形成死叉，日周期、周周期和月周期 MACD 指标、TRIX 指标和 KDJ 指标均已形成死叉，特别是月周期 3 个指标在相对高位形成死叉，该股将出现更大的跌幅，但如果指标出现死叉，大盘和个股股价反而上涨，顶背离状态就会形成。譬如在 2023 年 4 月 25 日，TRIX 指标形成死叉后，大盘就走出了 6 天的上升行情，而 TRIX 指标两线却向下运行，形成了顶背离，而该股的 TRIX 指标于 8 月 14 日形成死叉后走出了下跌行情。

2023 年 10 月 2 日：

在日周期级别上，3 个指标形成死叉，在周周期级别上，3 个指标形成金叉，在月周期级别上，3 个指标形成死叉，特别是 TRIX 指标之前 3 次形成死叉未果，这一次死叉形成的时间应该较长，调整幅度较大，这是大周期级别行情制约小周期级别行情的原理。那么从周周期级别行情来看，MACD 指标和 TRIX

指标可能会呈“一”字形运行。

小结：在年周期级别上，2021 年，该股 MACD 指标的绿柱状线为“芝麻点”状，此时是投资者介入的好时机；尽管此时 MACD 指标和 TRIX 指标尚未形成金叉，但 KDJ 指标已形成金叉了。

武汉凡谷（002194）

根据武汉凡谷行情图（图 2-4-8），分析如下。

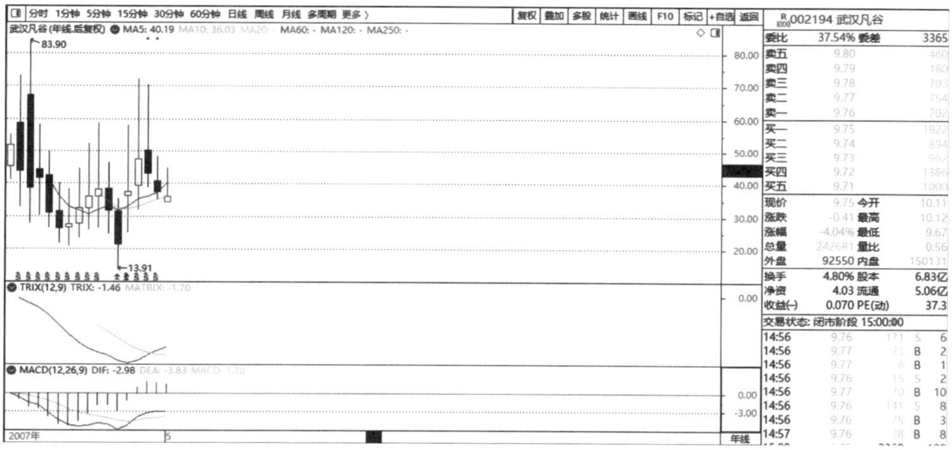

图 2-4-8 武汉凡谷行情图

2023 年 5 月 15 日：

（1）2022 年 11 月 11 日，120 日均线与 250 日均线形成金叉，120 周均线与 250 周均线于 2022 年 12 月 16 日形成死叉。

（2）日周期 MACD 指标、TRIX 指标和 KDJ 指标形成死叉。周周期 MACD 指标形成死叉，TRIX 指标的 TRIX 线有拐头向下运行的迹象，KDJ 指标已经形成死叉。月周期 3 个指标均已形成金叉。季周期 MACD 指标和 TRIX 指标均已形成死叉，但 KDJ 指标形成金叉的时长超过一年了，MACD 指标的绿柱状线缩短。TRIX 指标形成死叉的时长有 6 个季度了，即使其向下运行，也不存在股价会下跌的情况，所以我们还是要结合 MACD 指标绿柱状线缩短和 KDJ 指标金叉形成的情况来分析。年周期 MACD 指标在 2018—2019 年形成金叉，但红柱状线连续 4 年缩短。TRIX 指标于 2020—2021 年形成金叉。依据当时的情况看，MACD 指标没有形成死叉的迹象，因为 MACD 指标的红柱状线放大了，DIF 线也形成了向上的拐点，而 TRIX 指标只是约呈 45 度的角在向上运行，但 MATRIX 线也形成了拐点，值为-1.69。

（3）该股静态市盈率为 38.9 倍，流通股达 5.06 亿股；截至 2023 年 3 月 31 日，持仓机构数为 5 家，累计持股达 2755.92 万股，累计持仓比例达 5.45%。

2023 年 8 月 21 日：

随着日周期级别行情继续向下调整，120 日均线和 250 日均线将形成死叉，日周期、周周期和季周期级别行情向下调整，至少季周期 TRIX 指标的 MATRIX 线要调整到 0 轴附近，该股才可能有反转的机会。该股自上市以来，较之其他个股，还是一只比较活跃的股票，未来有望走出一波上升行情。

2023 年 10 月 2 日：

2023 年 9 月 13 日，一波脉冲行情启动了，日周期级别行情有调整的趋势。

小结：在年周期级别上，该股于 2019 年启动了一波大牛市行情，当时 KDJ 指标形成金叉，MACD 指标形成金叉，TRIX 指标没有形成金叉，但 TRIX 线已形成拐点向上运行。2019 年，股价大涨，直到 2024 年 6 月，股价年年下跌，MACD 指标的红柱状线呈阶梯状缩短，KDJ 指标形成死叉。在季周期级别上，MACD 指标的绿柱状线有二次放大的迹象，TRIX 指标也没有调整到位，KDJ 指标在 2024 年第 2 季度将要形成死叉，后市不容乐观。

金风科技（002202）

根据金风科技行情图（图 2-4-9），分析如下。

2023 年 5 月 15 日：

（1）120 日均线与 250 日均线还没有形成金叉，120 周均线与 250 周均线已于 2021 年 8 月 27 日形成金叉。

（2）日周期 MACD 指标、TRIX 指标和 KDJ 指标处于金叉状态。周周期 MACD 指标和 TRIX 指标形成金叉，但一直处于横盘整理状态，KDJ 指标先形

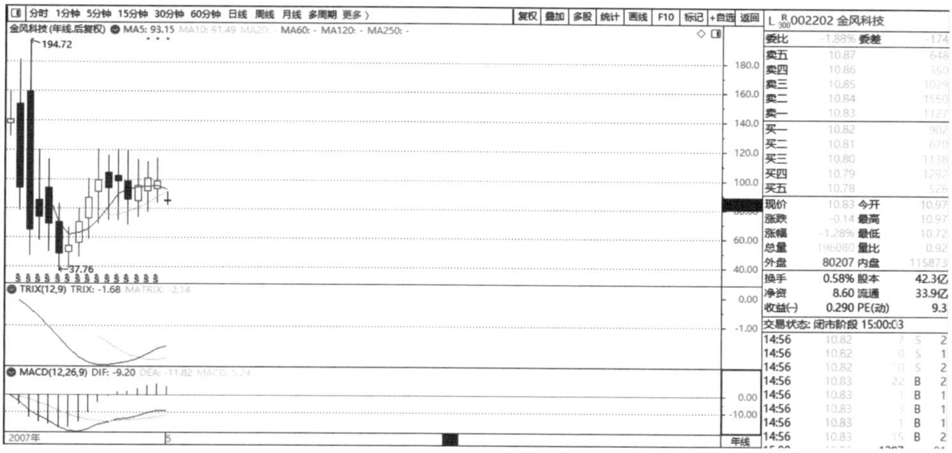

图 2-4-9　金风科技行情图

成金叉后又形成死叉。月周期 3 个指标处于死叉形态，但行情可能调整到位了。季周期 3 个指标处于死叉状态，但一直在横盘整理，特别是 TRIX 指标在相对高位形成死叉，调整幅度会比较大。年周期 MACD 指标在 2017—2018 年就形成金叉了，红柱状线缩短，该股在 2023 年还会深幅回调。庆幸的是 TRIX 指标的 MATRIX 线一直在向上运行，但不幸的是 KDJ 指标已形成死叉。年周期 KDJ 指标形成死叉，K 线、D 线和 J 线同时向下运行，这不是一两年内能解决的问题。

（3）该股静态市盈率为 9.4 倍，流通股达 33.9 亿股，持仓机构为 24 家，累计持股达 18.11 亿股，累计持仓比例达 53.45%。

2023 年 8 月 21 日：

120 日均线与 250 日均线还没有形成金叉，日周期、月周期和季周期 MACD 指标、TRIX 指标和 KDJ 指标仍在调整之中。根据日周期和月周期级别行情，该股还有下跌空间。

2023 年 10 月 3 日：

日周期级别行情在反抽。在周周期级别上，3 个指标仍在调整过程中。月周期 MACD 指标的绿柱状线第三次有效放大，TRIX 指标继续向下运行，KDJ 指标在接近“超卖”区间再度形成死叉，且在“超卖”区间还需运行一段时间。

小结：在年周期级别上，该股与武汉凡谷（002194）存在同一种情况。

2019—2021 年，随着大盘一轮结构式慢牛行情启动，该股表现良好。2014—2017 年，该股启动过一波上升行情，使 MACD 指标于 2017 年形成金叉，同时 TRIX 指标的 TRIX 线形成拐点向上运行，KDJ 指标于 2014 年形成金叉。2024 年 6 月，KDJ 指标的 J 线已运行到了“超卖”区间，MACD 指标接近死叉，TRIX 指标的 TRIX 线走平，而 TRIX 线向上还是向下运行，取决于季周期级别行情。在季周期级别上，MACD 指标和 TRIX 指标处于死叉状态，MACD 指标的绿柱状线继续放大，KDJ 指标在“超卖”区间有形成金叉的趋势，该股大概率会有上升行情。

结 语

本章所选个股均是季周期 MACD 指标和 TRIX 指标接近金叉或已处于金叉状态的个股。投资者选股不能以 KDJ 指标形成金叉为依据，因为 KDJ 指标可能存在无效金叉。只有当 MACD 指标、TRIX 指标和 KDJ 指标在不同时间窗口接近金叉或已处于金叉状态，KDJ 指标的金叉才能被视为有效金叉。同时，本章也根据年周期 MACD 指标和 TRIX 指标接近金叉或已处于金叉状态的原则选取个股，但如果这些个股的季周期 MACD 指标和 TRIX 指标处于死叉状态，则不予选取。

通过对上述各周期个股的分析，归纳出上述个股在年周期级别上的如下特点。

（1）MACD 指标的绿柱状线呈“芝麻点”状，“芝麻点里藏金子”，具备该特征的个股未来大概率会上涨。这类个股有西部矿业（601168）、电投能源（002128）、湖南黄金（002155）等。

（2）TRIX 指标的 TRIX 线形成拐点向下运行，来年又形成拐点向上运行，具备这个条件的个股可能是大牛股。这类个股有奇精机械（603677）、三星新材（603578）、京华激光（603607）等。

（3）TRIX 指标的 TRIX 线形成拐点向上运行，这类个股有艾艾精工（603580）、三美股份（603379）、恒林股份（603661）等。

（4）前几年涨幅较大，后市下跌，这类个股有武汉凡谷（002194）、金风科技（002202）和地素时尚（603587）等。

（5）年周期 MACD 指标的绿柱状线缩短，这也是大牛市行情可能不会启动的原因之一。这种类型的个股比较多，有大业股份（603278）、众兴菌业（002772）、步长制药（603858）等。

（6）年周期 MACD 指标和 TRIX 指标处于死叉状态，这类个股有哈药股份（600664）、万马股份（002276）、歌力思（603808）等。

（7）在季周期和年周期级别上，某些个股的 KDJ 指标形成金叉，MACD 指标的绿柱状线呈芝麻点状，且该指标已形成金叉或接近金叉，在 TRIX 指标的 TRIX 线与 MATRIX 线差值相差较大，运行时间在 10 年以上的情况下，主力机构会拉升股价，使 TRIX 指标形成金叉，启动一波上升行情。对于这类个股，我们可以选出来并密切关注，在其股价形成上升趋势时及时跟进，这类个股包括电投能源（002128）、湖南黄金（002155）和金风科技（002202）。根据年周期级别行情选取个股时也要考虑像澳洋健康（002172）这样的个股，该股在 2014 年至 2015 年经历了持续两年的大牛市行情，2015 年，该股 MACD 指标绿柱状线缩短，形成芝麻点状。该股有过一波牛市行情，接下来 MACD 指标的绿柱状线二次放大。因此，2016 年以后，我们就不能介入该股，但根据 2025 年的行情看，我认为还是有机会介入的。

我曾在分析个股在不同周期级别的表现中犯下严重错误，这个错误便是没有看日周期级别行情是否调整到位，也就是日周期级别 3 个指标有没有在相对低位形成金叉。如果一味强调周周期、月周期和季周期 3 个指标形成金叉后，投资者就可以买入，那么有时就会在最高点买入，导致在此后一段时间内被套牢；并且时而还出现季周期级别行情正乖离率偏大现象，对于具有这些特点的个股，我都不建议投资者买入。

我们一定要牢记，不管根据什么周期级别行情买入个股，只有日周期级别行情调整到相对低位，并且 MACD 指标和 KDJ 指标形成金叉，TRIX 指标在相对低位有形成金叉的趋向才能买入，在 KDJ 指标于“超买”区间或多头区域形成死叉时卖出。但这里确实还存在一个问题，那就是日周期级别 TRIX 指标严重的滞后性，特别是在短线操作中，往往个股上涨了，它才形成金叉。这时，我们就要借助 MACD 指标和 KDJ 指标等进行分析，KDJ 指标要先于 MACD 指标形成金叉或死叉，MACD 指标要先于 TRIX 指标形成金叉或死叉，另外还要关注 MACD 指标的红绿柱状线有没有有效缩小或放大，并防止绿柱状线二次或三次放大。只要有季周期级别行情的保护，我们就可以对该股反复做低吸高抛，最后一定会有收获的。

我在本章选取这些个股进行分析，不是因为这些个股的年周期 TRIX 指标已形成金叉或接近金叉，就一定会有上升行情出现，而是因为形成金叉后，即使今年下跌了，未来总会翻身。那为什么在年周期级别上，有的个股涨势好，有的个股涨势不好，甚至下跌？同样是年周期 MACD 指标、TRIX 指标和 KDJ 指标均处于金叉状态，为什么会出现上述情况？个股在年度内上涨主要有两方面的原因：第一，往年的年阳线过长；第二，往年的行情是下跌行情，K 线形态还是年阴线。总之，这些个股经过了上一年度的调整，第二年再上涨就顺理成章了。个股在年度内下跌主要有三方面的原因：第一，个股在上一年度涨势太好，即使在下一年度上涨了，但 K 线形态还是年阴线；第二，庄家不“给力”，牛市行情没有启动；第三，个股在前几年启动过牛市行情。我们关注这类个股，在日周期级别做高抛低吸，还是比较安全的。

我们在年周期级别上进行交易时要精选个股，有潜力大幅上涨的个股是少之又少的。本人按照 MACD 指标、TRIX 指标和 KDJ 指标均相对处于低位的原则，粗选了十几只个股。根据年周期级别行情筛选出来的个股，可能受其他周期级别行情的影响，改变年周期级别行情运行的轨迹。但从另一方面看，小周期级别行情还是受制于大周期级别行情的，其上升趋势不会改变。因此，这类个股只能由有耐心的投资者长期持有。

根据年周期级别行情选股时，为什么要求 120 日均线与 250 日均线必须形成金叉，而且最好 120 周均线与 250 周均线也形成金叉？均线的金叉状态指的是短周期级别的均线从下方开始向上穿过长周期级别的均线形成的一种相交的状态。因为 120 日均线和 250 日均线的金叉或死叉本来就会对股价有助涨或助跌的作用，所以这两个指标出现金叉或死叉，更能反映未来股票行情的走势。再者，因为季周期和年周期 3 个指标形成金叉或接近金叉，个股下跌时会处于 250 日均线上下，这与 120 日均线与 250 日均线处于死叉状态的个股下跌时会远离 250 日均线的情况不同。

在确定个股的年周期级别行情会上涨的情况下，投资者不要忽视日周期、周周期、月周期和季周期级别行情之间的关系，因为日周期级别行情的涨跌会影响其他周期级别行情的涨跌，同时日周期级别行情的涨跌也要遵守周周期、月周期、季周期甚至是年周期级别行情的涨跌规律。我还要强调的一点是，在年周期3个指标的保护下，投资者可以依据日周期级别MACD指标、TRIX指标和KDJ指标形成的金叉和死叉进行买卖。这3个指标在相对高位形成死叉，就是卖出的信号（可能存在顶背离的情况）；而这3个指标在相对低位形成金叉，就是买入的信号（可能存在底背离的情况）。当顶背离现象出现时，投资者不要盲目追高，因为这些指标下跌的趋势已经形成，最终大盘和个股股价还是会下跌的；当底背离现象出现时，投资者也不要盲目割肉，甚至可以适度补仓。

根据日周期、周周期、月周期、季周期和年周期级别行情（周期共振原理）选择个股，通常是一种行之有效的方法。周期共振是指在两个以上相邻周期级别上，价格在同一时间向同一方向运行。如果具体到技术指标上，周期共振即多个周期MACD指标、TRIX指标和KDJ指标在同一时间形成金叉或死叉。掌握周期共振原理在实战中非常有价值，对于多周期共振，我们需要考虑以下几个方面的问题：

（1）先大后小（先预判大趋势，后剖析小趋势），看长做短（看长期走势，做短期差价）。如果月周期MACD指标、TRIX指标和KDJ指标形成金叉或接近金叉，但日周期级别MACD指标、TRIX指标和KDJ指标形成死叉，发出卖出信号，投资者就可以卖出个股。通常情况下，KDJ指标先形成金叉或死叉，然后MACD指标形成金叉或死叉，最后TRIX指标形成金叉或死叉。

（2）大周期决定小周期（大周期级别行情对小周期级别行情具有制约作用）。例如，周周期级别行情向上，日周期级别行情向下，这不一定反映了中期下跌趋势，只有两者同步向下运行，中期下跌趋势才会形成，我们能够以此推导出更多的周期级别行情。

（3）大幅上涨的个股在多周期级别上都是同步向上运行的，具备多周期共振效应，具有强大的爆发力。假如多周期级别行情互相抵触，多空力量容易抵消。

（4）根据多周期共振原理进行买卖的关键条件是认清持仓时间，最重要的是，我们需要根据几个周期级别行情确立买卖信号：在任何一个买点或卖点，我们都要根据相邻两个周期级别行情或两个以上周期级别行情确立买点或卖点，方能考虑是否进场买卖。若想确认长线趋势，我们先要判别日周期、周周期、月周期和季周期级别行情是否能确定买卖点，再看30分钟、60分钟和120分钟级别行情是否能确定买卖点，结合两者情况，才能找到较佳买卖点。

周期共振原理遵从以下几个准则：

（1）小周期遵从大周期。周期越长，趋势稳定性越强，信号越有用，大周期级别行情对小周期级别行情具有制约作用。假如大周期级别行情是向下运行的，小周期级别行情即使短期反弹向上运行，之后也会持续下行，所以我们在选择股票时，一定要选择那些周周期级别行情向上运行的，这样在日周期级别上进行操作更安全。

（2）顺大势，逆小势。大周期级别行情向上运行时，小周期级别行情要做多，少做空，做多的价位在小周期级别行情调整的结尾。例如，周周期级别行情向上运行时，我们在日周期级别上要做多，少做空，做多的价位在日周期级别行情短期回调的结尾。

（3）对同一个股票、板块或大盘进行共振剖析，不能拿个股和大盘进行共振剖析，也不能拿个股和板块进行共振剖析。这是因为标的不同，信号源就不同，选择不一致的标的就失去了进行共振剖析的基础。

这里需要说明的是，多周期共振形成时，往往是小周期级别行情先形成上涨形态。当大周期级别行情形成上涨形态时，小周期级别行情往往已经涨了一段时间，然后一般就会发生回调，回调结束后便会形成买点。

第三篇 短线股票篇

短线就是短期投资，一般来说是指一个月以内的投资。此外股票还有一种超级短线投资，一般是指买入后一周以内就要卖出股票。股票短线操作的好处是能及时止盈止损，但是对技术分析的要求很高，投资者如果没有把握好机会，短线操作容易频繁交易，追涨杀跌，就会付出更多的手续费，并且很容易导致短线变中线。

我国股票市场以结构式慢牛行情为主，所以短线操作在股市中很常见，并且短线投机氛围较重。短线投资者买入股票的依据可能是技术图形，包括技术指标、K 线组合和均线系统。投资者一旦把握短线机会，则可能突然获得很多利润，集小胜为大胜；反之，如果被“割韭菜”，则得不偿失。短线炒股要有“四心”：

（1）等待机会出现的耐心。

（2）机会出现时辨别机会真假与大小的细心。

（3）确认机会来临后能果断出击的决心。

（4）判断出错后敢于迅速改正错误的狠心。

本篇着重阐述关于脉冲式股票、捕捉强势股和龙头股见顶信号、利用均线系统选取股票、涨停板股票、强势股获取短线盈利“龙回头”、利用各指标选取超级短线股票和短线捕捉强势龙头股和妖股等的思考与方法。

本篇将重点阐述本人自创的超级短线方法和技巧，即今天买入，次日卖出，本人自用后百试不爽。该方法适用于大盘震荡整理、下跌行情和结构式慢牛行情。对于大牛市行情，我不建议使用该方法。因为在大牛市行情里，我们的目标是做好波段行情，以及掌握短线捕捉强势龙头股和妖股的方法，捕捉龙头股和妖股是我们炒股的最高境界。

扫码获取

更多数字资源

第一章
关于脉冲式股票的思考和选股方法

绿城水务（601368）

根据绿城水务行情图（图 3-1-1），分析如下。

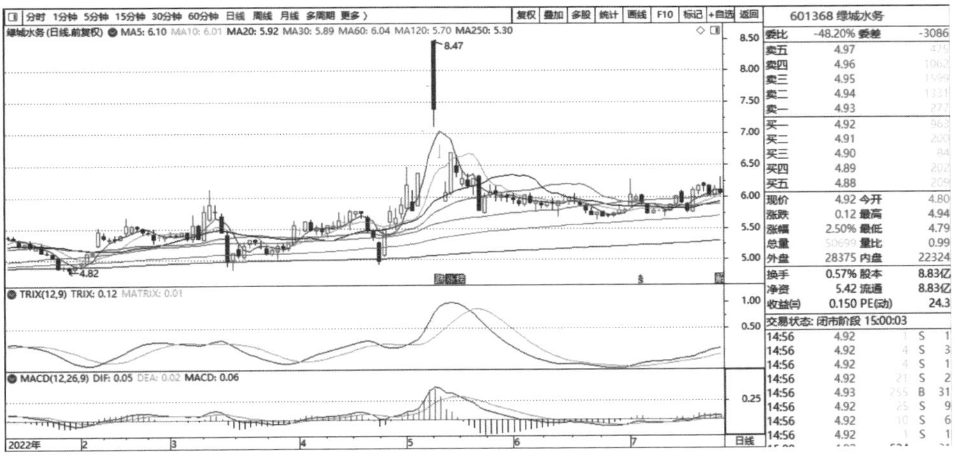

图 3-1-1　绿城水务行情图

该股于 2022 年 4 月 26 日至 5 月 12 日出现过一次脉冲行情。在 2022 年 5 月 9 日出现第一根实阳线涨停板，接着后两天出现“一”字涨停板，5 月 12 日出现一根“乌云盖顶”的阴线。“乌云盖顶”是股票趋势反转的卖点信号，一般出现在上升趋势中，由两根 K 线组成，第一天是一根坚挺的实体阳线，第二天出现一根开盘价高于第一天最高点的大阴线，并且第二天阴线的收盘价低于第一天阳线实体的收盘价，这与我们常见的“乌云盖顶”有一定差异，投资者做出决策的关键是判断第一根阳线是小阳线、中阳线还是大阳线。但该股出现的不是这类阳线，而是“一”字涨停板，并且“乌云盖顶”这根阴线收盘价在两个“一”字涨停板之间。一旦出现这个形态的 K 线组合，投资者不能盲目跟风，要注意风险。5 月 13 日跌停板后，该股开启诱多模式。从 MACD 指标看，因为有两个“一”字涨停，红柱状线连续放大，且 DIF 线贴着红柱状线以大角度向上运行，TRIX 指标也以大角度向上运行，均线系统呈多头排列，这会让散户投资者误以为它是一支强势股而跟风买入。散户投资者如果不了解市场上存在脉冲股票而在高位接盘，就会被套在该股上，补仓都没有用。该股当时最高价位为 8.49 元，收盘价位为 7.40 元，而 2023 年 8 月 31 日收盘价为 5.17 元。所以说炒股难，难于上青天，处处是陷阱，随处是“地雷”。

尤夫股份（002427）

根据尤夫股份行情图（图 3-1-2），分析如下。

图 3-1-2 尤夫股份行情图

该股于 2022 年 11 月 14 日至 11 月 23 日挖了一个“黄金坑”，然后于 12 月 1 日至 12 月 7 日连续出现 5 个“一”字涨停板，呈现绝对强势股的气势，但在 12 月 5 日有一个“T”字涨停板，且主力在此出了一部分筹码，量能有所放大，12 月 8 日有一根带下影线的上吊线，主力诱多，成交量放大。这种上吊线的市场含义即市场在屡屡做多后，买卖双方的力量达到平衡，在一个交易日内，多方努力将价格上推，可能创造出当天高点，但无心维持高位，其后卖方力量势不可挡，多日来卖方被压制的能量瞬间释放，价格大力下挫，但当天收盘价处于较高位置，接近最高价，形成的实体部分相当小。上吊线出现在价格高位，是行情反转的信号。接着在 12 月 12 日至 12 月 14 日出现了 3 个“一”字跌停板，将 12 月 8 日接盘的散户投资者悉数困在高位。12 月 15 日又有一根光脚阴线（一种带上影线的实体阴线），收盘价成为全日最低价，开盘后，买方稍占据优势，股票价格出现一定涨幅，但上档抛压沉重，空方趁势打压，使股价最终以阴线报收。12 月 16 日又有一根光脚阴线。至此，股价经历了从哪里来又回哪里去的短暂循环过程。对于这种走势，主力庄家的操盘者一般为有实力的游资的操盘手。

华瑞股份（300626）

根据华瑞股份行情图（图 3-1-3），分析如下。

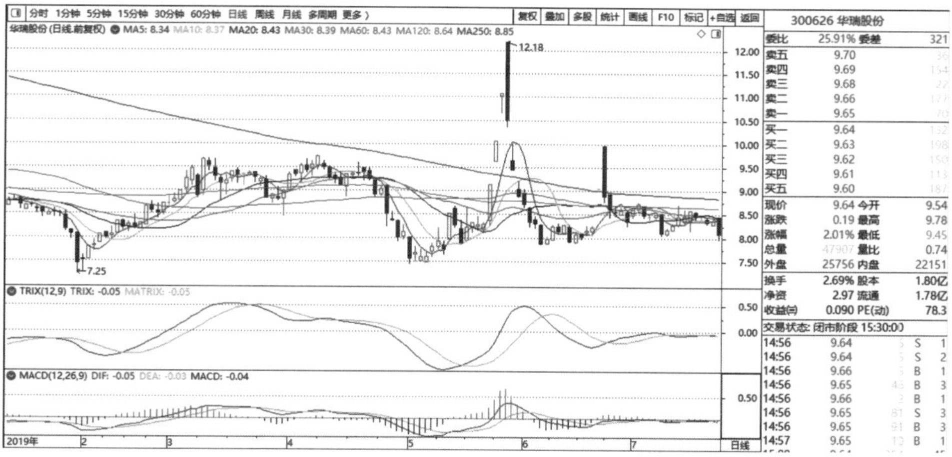

图 3-1-3　华瑞股份行情图

该股于 2019 年 4 月 22 日至 5 月 9 日，在起涨前挖了一个“黄金坑”，随后在 5 月 24 日尾盘脉冲涨停，5 月 27 日高开高走，早盘直接涨停，5 月 28 日有一根带下影线、小实体的锤头涨停阳线，5 月 29 日有一根高开低走的“乌云盖顶”的阴线。“乌云盖顶”形态是“墓碑线”的一种变形，“乌云盖顶”的 K 线组合出现在上升趋势中，一般预示着行情的反转。在典型的上升趋势中，该股出现了一根大阳线，第二天跳空高开，收盘时价格下降到阳线实体的中间以下，明显的反转趋势已经出现，接下来是下跌六连阴，但没有跌破前期低点。

天创时尚（603608）

根据天创时尚行情图（图 3-1-4），分析如下。

图 3-1-4 天创时尚行情图

该股于 2020 年 6 月 15 日后出现一波脉冲行情。该股在 6 月 15 日上午低位横盘整理后，午后开盘直接拉涨停板，接着于 6 月 16 日和 6 月 17 日出现两个“一”字涨停板，6 月 18 日有一根高开低走的阴线，形似“乌云盖顶”，但没有跌破 6 月 17 日“一”字涨停的价位，6 月 19 日中午前收盘至涨停板，6 月 22 日有一根螺旋桨阴线。螺旋桨 K 线是指实体较小、上下影线较长的 K 线形态。这类个股在一段时期内的走势有独立性，有时连续出现阳线，但股价不跌。如果具有螺旋桨特征的个股绝对价位不高，基本面还可以，没有股本扩张的历史，我们就把这种股票称为“螺旋桨王”。一般情况下，“螺旋桨王”是盘整市中机会较大的个股。但无论是大盘或个股，大幅上涨后出现这种 K 线形态，随后有几根K线在其下影线部位运行，那么就意味着头部基本形成，投资者应果断止盈止损。如果大盘或个股大幅上涨后的K线在其上影线部位运行，有可能是上升途中的过渡形式，是一种处于上升中的中继形态，投资者应持股观望。6月22日该股股价创下近3年来的最高价——14.53元，收盘价为13.35元。接下来在6月23日该股有一根带上影线的阴线，收盘价低于开盘价，上影阴线出现在高价位区域时，说明上档抛压严重，行情疲软，股价有反转下跌的可能，接下来几天里该股一路下跌。该股于2023年5月24日又发生了一次脉冲行情，一个实体涨停板接着一个“一”字涨停板，紧接着是一根带上下影线的阴线，然后又是一个带上影线的跌停板，直至该股被打回原形，庄家速战速决，不给被套牢的散户任何逃生的机会。要逃生的散户至少亏损20%。

结 语

上述几只脉冲式股票仅仅是一些代表性的个例，类似的事件在二级市场上经常发生，几乎每周都有这样的个股出现。脉冲行情是指股价在较短的时间内突然脱离大盘走势而上冲，然后又很快地回落到原来的位置附近，成交量有所放大，但没有明显的“对倒”的痕迹，主力庄家在正式拉升股价之前通常会进行试盘，看看市场的反应。另外，庄家希望卖单尽量在股价拉升前被抛出来，以减轻拉升时的卖压。

所谓脉冲式操作是波段操作的升华，是能量的间歇式释放，是一种顺势而为的策略，投资者如果操作得当，不仅能获得丰厚的波段利润，还能有效延长行情的生命周期。脉冲式操作的第一个主要特征是股价的上涨幅度并不是很大，一般不会超过25%至30%；第二个特征是脉冲式操作往往采取板块联动的形式，也就是说板块特征表现得比较明显；第三个特征是出现脉冲式表现的个股和板块往往具有较大的题材，这个题材是支持该板块集体走强的主要因素。

除浪形明显的个股外，许多中小主力采用这种方法，只是在形式上作了改变，也就是将每一次的脉冲空间压缩，使场内跟风和套牢的资金很难有获利的机会。通过脉冲式放量，主力在减轻抛压的同时获取利润，从而达到摊薄成本、最终解套的目的。

脉冲行情可以发生在个股的下降通道，如绿城水务（601368）2020年5月

6日至5月18日的脉冲行情就发生在下降通道，华瑞股份（300626）发生的脉冲行情也是在下降通道。2023年12月12日前出现脉冲行情的个股有金麒麟（603586）、摩恩电气（002451）、盈方微（000670）、汇鸿集团（600981）、天汽模（002510）、国机通用（600444）、春雪食品（605567）、中公高科（603860）、西部牧业（300106）、安凯客车（000868）、威帝股份（603023）、晋拓股份（603211）、先锋电子（002767）、西上海（605151）、群兴玩具（002575）和亚世光电（002952）等，不一而足。脉冲式股票普遍存在于市场，是熟谙技术的散户投资者不敢轻易追高的主要原因，它们大多出现在大盘震荡行情和下跌行情中，在慢牛行情和快牛行情中比较少见。

关于炒股的技术和理论都是以价、量、时和空四大要素为主线的，其中的“价”指的就是价格。价格是市场中最重要、最基本、最关键和最核心的要素，而K线是全面反映股票一天之内价格变动的标记，K线是价格的灵魂，也是技术分析之首。在证券市场中，所有投资者（包括庄家和散户投资者）最关心的就是股票的价格。投资者常用的技术分析指标（包括KDJ指标和RSI指标等）都是以K线中的某个价格为计算依据。只有价格发生变动，均线和指标才会变动，而不是指标已形成金叉或均线已多头排列，股票才会涨。价格和技术指标之间的变动存在因果关系，技术指标被动地反映价格变化，等技术指标走好了，价格的变化已很大了，也就是说凭技术指标炒股总比凭K线形态炒股滞后一步。

K线大法可简单归纳为三招：一看阴阳，阴阳代表趋势方向，阳线表示将继续上涨，阴线表示将继续下跌；二看实体大小，实体大小代表内在动力大小，实体越大，上涨或下跌的趋势越明显，反之则不明显；三看影线长短，影线代表转折信号，向一个方向的影线越长，越不利于股价向这个方向变动，即上影线越长，越不利于股价上涨，下影线越长，越不利于股价下跌。

下面普及几种单根K线形态。

（1）“仙人指路”：是指带有长上影线的小阳线或小阴线，其长长的上影线就像仙人的手指，该形态预示着后市股价将有一波上涨行情。

（2）“空中加油”：是指带有长上影线的跳空高开低走的小阴线，如同上涨到高空稍作加油停顿状，以备后市继续上行。

（3）“金针探底”：是指股价经过一轮下跌之后，某一交易日跳空低开，随后持续下跌，其后股价顽强上攻，在K线图上留下一根长下影线。

（4）“回眸一笑”：是指股票经过长时间横盘震荡，股价在底部出现一段时间放量上涨之后，出现小幅回调，跌破5日均线，把一些不坚定的散户清洗出去后，在10日均线附近止跌企稳并再次走强，出现一波上升行情。

（5）“鱼跃龙门”：是指股价K线经过连续几个交易日的下跌后，出现拐头缓慢上涨的迹象，而5日均线、10日均线和30日均线也同步出现拐头向上迹象。

（6）“葵花向阳”：是指股价K线在上涨途中，某日拉出一根中阴线，次日又拉出一根中阳线或大阳线，且这根大阳线收盘价高于阴线开盘价。

（7）“出水芙蓉”：是指股价K线在盘整过程中，各条均线出现黏合状，某日股价大幅上涨，拉出一根大阳线，一举突破多条均线。

（8）“双针探底”：是指股价在底部盘整过程中形成双底形态，且每个底部都有一根带下影线的K线。

（9）“射击之星”：又叫倒转锤头，K线的实体较小，但有长长的上影线，阴阳皆可。若出现在波段高位，是冲高受阻，股价即将回落的见顶信号；若出现在波段低位，则是止跌企稳，主力向上试盘，即将发动行情的重要信号。

（10）“一”字线：就是“四值同一线”，即开盘价、最高价、最低价和收盘价四值相同，阳线为涨停，阴线为跌停。在上升趋势中，这是股票极强势的体现；在下跌趋势里，这是股票极弱势的体现。

（11）“T”字形：是指开盘价、最高价和收盘价同值的K线，它有长长的下影线。在波段高位是主力试盘出货的见顶信号，而在波段低位则是探底回升，股价趋势将转好的信号。

（12）倒“T”字形：是指开盘价、收盘价和最低价同值的K线，有长长的上影线。处在高位是股价上攻受阻，即将见顶的重要信号；处在低位则是主力上攻试盘，即将发动行情的重要信号。

（13）“‘十’字星”：是指开盘价与收盘价同值，上下影线长度相近的K线。“‘十’字星”是K线收敛到极致的一种体现，多空僵持到均衡阶段，是行情即将变盘的重要标志。若发生在反复上涨后，趋势以看跌为主；若发生在反复下跌后，趋势以看涨为主。

上面普及的这十几种单根K线形态，只是几十种K线形态的主要表现形态，其他一些K线形态也是由上述K线形态衍生出来的。需要强调的是，大盘或股票的位置是说明K线性质的关键，一定要灵活运用，不能生搬硬套。投资者要想测试K线技术的准确性，一般要用K线组合来判断。K线是投资者一生读不完的书，如果深入研究并付诸实战，就会发现利用K线操盘比利用任何技术指标操盘都先进。

第二章

捕捉强势股和龙头股见顶信号的思考和方法

浙江新能（600032）

根据浙江新能行情图（图 3-2-1），分析如下。

图 3-2-1　浙江新能行情图

该股在上市之初出现连续 9 个“一”字涨停板，但每一个涨停板都有抛盘，特别是在第一个涨停板位置抛掉的很多。股票中签的散户投资者因为没有丰富的理论知识和实践经验，赚一点蝇头小利就抛掉，美其名曰落袋为安，殊不知后面的连续涨停板会令人瞠目结舌，这样的散户投资者不在少数。那么我们怎样判断该股顶部的形成呢？一是根据 KDJ 指标，二是根据 RSI 指标，三是根据 MACD 指标和 WR 指标。当股票连续涨停后，KDJ 指标、RSI 指标和 WR 指标会连续钝化，2021 年 6 月 9 日该股没有再涨停了，这个时候再抛才能使利润最大化，因为 KDJ 指标已经不再钝化并且三线向下发散了。虽然 RSI 指标于 6 月 11 日还在钝化，但于 6 月 15 日也向下发散了。MACD 指标也发出了卖出信号，6 月 9 日红柱状线值为 1.57，6 月 10 日红柱状线值为 1.52，红柱状线在缩短。同时 WR 指标也发出了卖出信号，在股价上涨过程中，WR 指标一直在高位钝化，在 6 月 8 日继续钝化，而在 6 月 9 日，WR 指标由“超买”区间向下滑落，这也是一个卖出信号，尽管该股日后创了新高，但散户投资者可以在此下车，后面的利润可以留给别人，炒股最忌贪婪。

航天机电（600151）

根据航天机电行情图（图 3-2-2），分析如下。

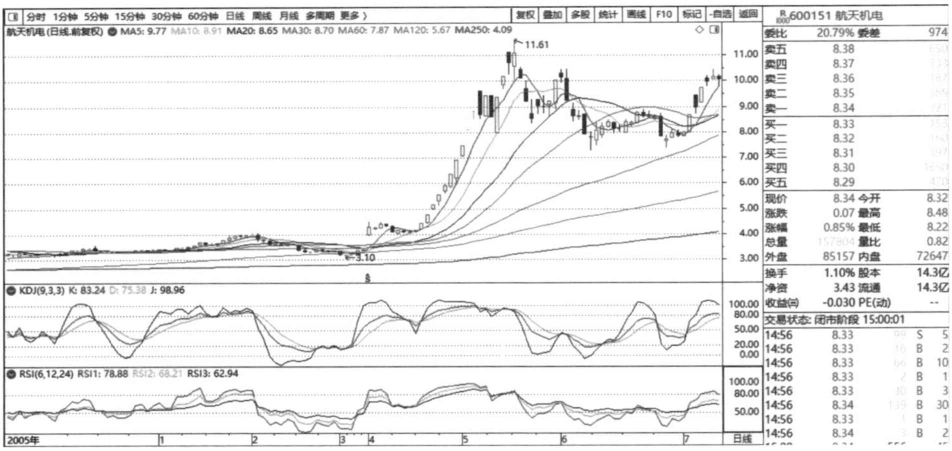

图 3-2-2　航天机电行情图

该股从 2006 年 4 月 7 日起，有一波强势凌厉的上涨行情，4 月 25 日 KDJ 指标的 J 值开始钝化，而且 K 值和 D 值也在“超买”区间，直到 5 月 11 日有一根“乌云盖顶”的 K 线让 KDJ 指标形成死叉，并且 RSI 指标在同一天向下发散，而 MACD 指标红柱状线缩短是出现在 5 月 16 日，WR 指标也在 5 月 11 日向下滑落，尽管 5 月 12 日又出现了光头光脚尾盘涨停阳线，光头光脚阳线出现在股价持续上涨了一段时间后的高位时，说明主力在引诱散户投资者做多接盘，后面股价可能下跌，5 月 16 日是一根光头光脚的跌停板阴线，5 月 18 日上午一开盘又是缩量涨停板。总体来说，主力庄家高位震荡出货总要持续几天，尽管后面还有点利润，但“鱼尾”还是留给别人吃吧。

睿能科技（603933）

根据睿能科技行情图（图 3-2-3 和图 3-2-4），分析如下。

图 3-2-3　睿能科技行情图一

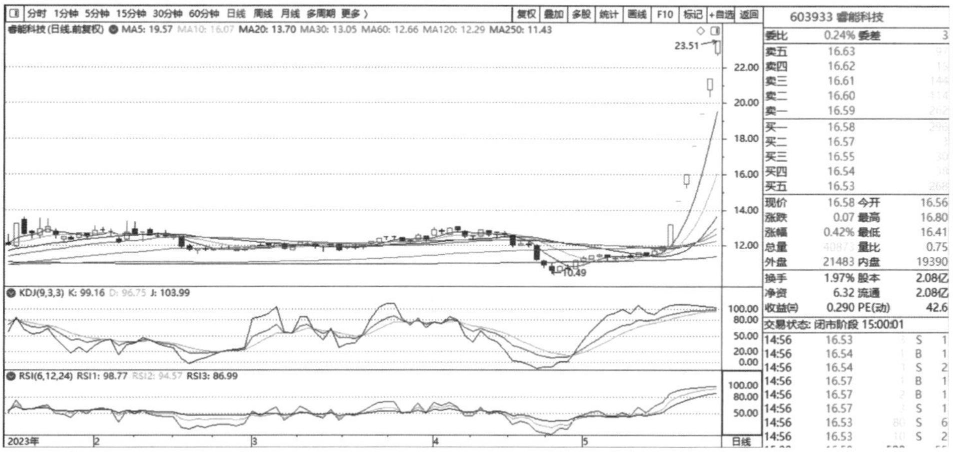

图 3-2-4　睿能科技行情图二

该股在上市之初有6个“一”字形涨停板，1个“T”字形涨停板。至此，KDJ指标和RSI指标“一”字形钝化，2017年7月17日有一根倒锤头阴线，使KDJ指标和RSI指标各条线向下发散，此时散户投资者应该准备下车了。7月18日，MACD指标红柱状线缩短。尽管该股横盘一段时间后震荡走高，但资金使用率降低了，所以这时不抛售股票更待何时。6月16日前WR指标一直是钝化的，6月17日后向下滑落。该股于2023年5月26日又有一波牛市行情，连续出现6个涨停板。该股洗盘力度大，股价已经跌破了250日均线。250日均线也叫“牛熊线”，在此线上方运行，均线是多头排列的个股大概率长期“走牛”；在此线下方运行，均线是空头排列的个股大概率长期“走熊”。不过也要看波浪理论的要领，看看现在股票是走的哪一浪。主力这般操作，让以均线操作为主的散户投资者大跌眼镜。个股“走牛”上涨有其自身的逻辑性，该股各条均线在此会师，各周期包括季周期MACD指标和TRIX指标也是形成金叉后向上运行。2023年5月，KDJ指标三条线快会师了，RSI指标三条线还没有会师的趋势，WR指标在高位一直钝化，MACD指标的红柱状线仍不断放大，只要KDJ指标形成死叉就可以抛售手里的股票。该股不属于脉冲行情，因为涨幅超过了60%，而脉冲股行情涨幅一般控制在25%～30%。

万控智造（603070）

根据万控智造行情图（图3-2-5），分析如下。

该股在上市之初有12个涨停板，其中有8个“一”字涨停板、4个实阳线涨停板。不熟悉新股操作思路和方法的散户投资者如果在中签后不知如何运用KDJ指标和RSI指标逃顶的话，出现一两个涨停板后就抛了股票，那损失的利润是很大的。2022年3月28日，该股的一根上影线很长的倒锤头阴线将上涨行情打断，在同一天里，KDJ指标和RSI指标各三条线向下发散，之前一直是“一”字形钝化，MACD指标的红柱状线也在同一天缩短，WR指标从“超买”区间向下滑落，此时才是散户投资者出货的时间窗口。中签一个新股很不容易，虽然数量不多，但还是可以赚取翻倍利润的。如果不懂

图 3-2-5　万控智造行情图

这一波逃顶法，我们将失去许多可以到手的实实在在的利润。我本人曾经在 2019 年 11 月中签过一次久量股份（300808），当时根本就不知道这种逃顶法，它有 9 个涨停板，我不记得自己是在第几个涨停板抛的，总之没赚多少钱，这说明在实盘操作中不能不讲技术和技巧。

杭州热电（605011）

根据杭州热电行情图（图 3-2-6），分析如下。

该股是当时市场上最牛的个股之一。该股主力将股价打压洗盘到所有均线系统之下，均线系统呈空头排列，相信有许多人看空该股票。但在 2023 年 5 月 12 日，该股股价突破 250 日均线后，一路上涨，并且价量齐升，主力在 5 月 19 日后都在尾盘收涨停，让自己滚动操作，盘中筹码充分换手，以达到推高股价的目的。后来 KDJ 指标在高位钝化后于 5 月 26 日形成死叉，应该说是见顶了，想追高的散户投资者不能再追高了，再追高无异于虎口拔牙、刀口舔血。此时持仓的散户投资者可以抛售了。

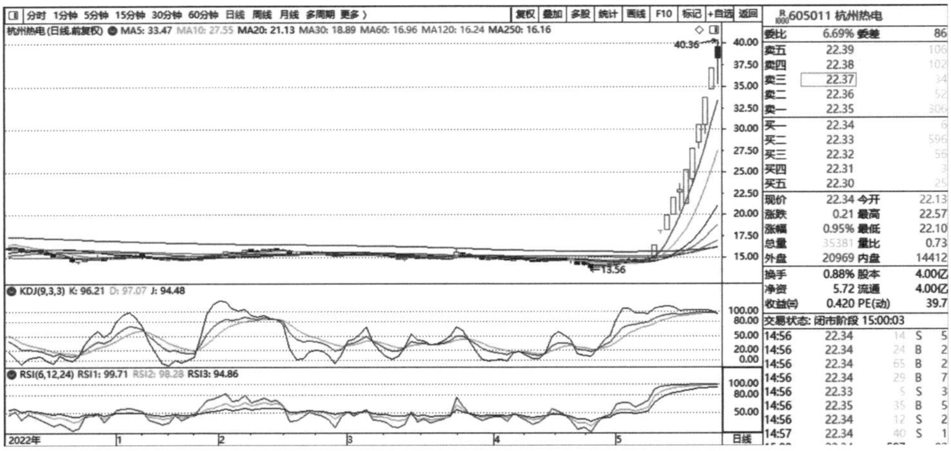

图 3-2-6　杭州热电行情图

结　语

针对以上个股的分析对我们在强势个股逃顶方面还是有一点启示意义的。即使做错了，也不要后悔不及，我们没有必要也不可能鱼头鱼尾通吃。

2024 年 3 月 21 日，大理药业（603963）有连续 8 个涨停板，除第 3 个涨停板为“T”字形涨停板外，其余均是阳线涨停板。接下来是 3 个“一”字跌停板，为什么第 1 个跌停板我也称之为“一”字跌停板呢，因为这个跌停板的上影线是开盘 1 分钟之内形成的，想出逃的散户投资者根本没有机会。该股从 5 元多涨至近 16 元，翻了 3 倍，理应引起高度警觉了。单纯从日周期技术指标看我们是看不出见顶的信号的，但该庄是一个恶庄，将套牢盘和获利盘悉数关在里面，那么我们要怎么识别见顶信号呢？我们只能看分钟走势和技术指标了。

根据图 3-2-7，30 分钟级别可以揭示见顶信号，在 30 分钟级别上，MACD 指标已出现了绿柱状线，DMI 指标的 ADX 线和 ADXR 线不再钝化，TRIX 指标两线也在向下运行，RSI 指标和 KDJ 指标也不再钝化，这样就可以确定该股见顶了，这就为我们操盘解决了一些“疑难杂症”。

根据图 3-2-8，永悦科技（603879）是同样的情况，2023 年 3 月 21 日单纯从 30 分钟级别看是看不出任何下跌迹象的，不同的是涨停板打开后，没有“一”字跌停板，可以随时售卖。总结一句话，对于有连续 5 个以上的涨停板

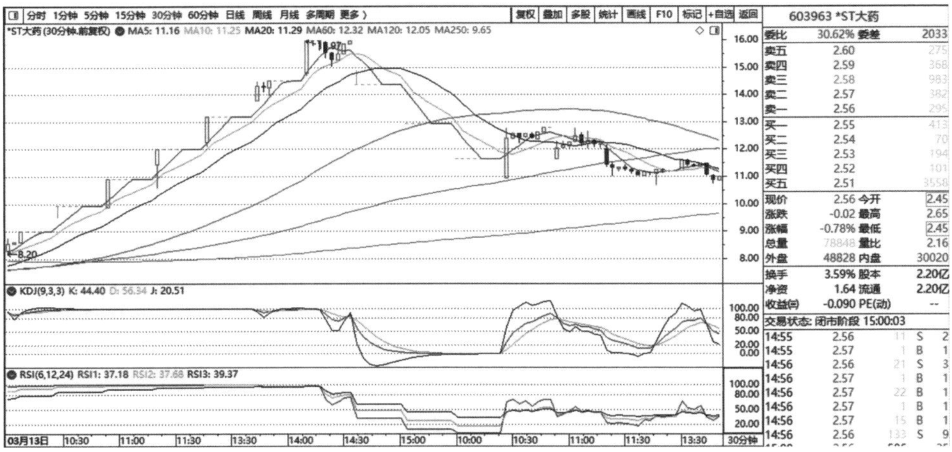

图 3-2-7　大理药业行情图

的个股，紧盯 30 分钟线，见势不妙就撤，见好就收。这样的个股又往往是妖股。对于这样的个股，我们可以去看看年周期 TRIX 指标的 TRIX 线是否形成向上拐点，以此来研判个股的走势，不要因为“一”字跌停板打开，就迫不及待地割肉或获利，落袋为安。

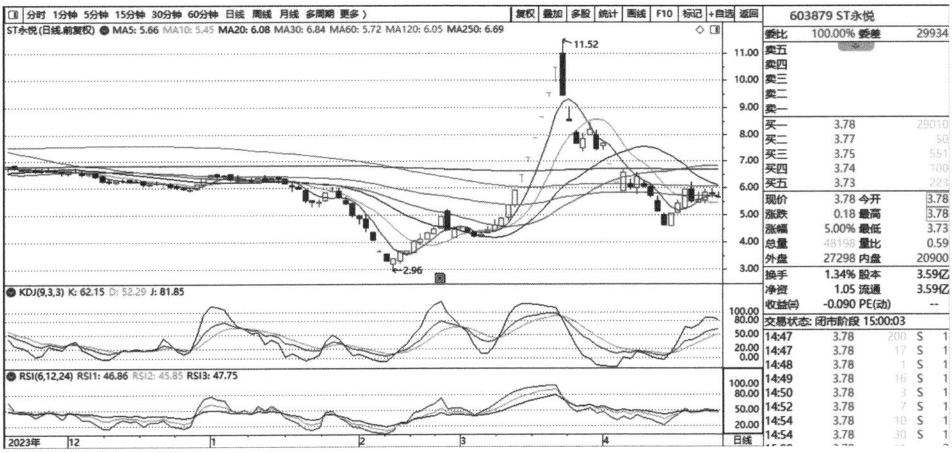

图 3-2-8　永悦科技行情图

根据图 3-2-9，动力新科（600841）于 2023 年 3 月 22 日出现第 5 个涨停板，接着出现 1 个倒“T”形跌停板，紧接着又出现 1 个“一”字跌停板，我们只能在开盘后的第 1 分钟挂跌停板出逃，不然损失更大，其实我们只要看看季周期和年周期 TRIX 指标就可知该股不会是一只强势股，因为这个指标在这两个周期级别上都处于死叉状态。

图 3-2-9　动力新科行情图

综上，我们发现这三只个股都有一个共同的特征：2024 年 1 月 29 日至 2 月 5 日下跌后，它们的反弹力度很强，且阳多阴少，这对我们很有启示作用。以后遇上这种暴跌情况，我们可以捕捉类似个股。

如果有幸中签新股，或者遇上了强势龙头股或其他强势股，投资者就可以按照我的方法在高位出货，赚取满满的利润。如果遇见像九安医疗（002432）这样的个股，只要看懂周周期、月周期和季周期指标和均线就不会被主力庄家赶下车了。同时，我们也要看其他强势股的周周期级别行情，对于日周期级别行情发出了卖出信号，并且周阳线都是大阳线，正乖离率又偏大的个股，我们就要见顶抛售了。

本人试过根据 KDJ 指标和 RSI 指标在“超卖”区间连续超卖的情况来抢反弹，这样的个股有，但均是 ST 或 *ST 股票，在此不作阐述了。

第三章

利用均线系统选股的思考和方法

利用均线系统选取个股，是大多数散户投资者分析股票走势常用的一种技术方法。在我们的股票交易软件中，常用的均线有 5 日均线、10 日均线、20 日均线、30 日均线、60 日均线、120 日均线和 250 日均线，那么什么是均线？均线是一项重要的技术指标，是将某一段时间的收盘价之和除以该周期所得到的一根平均线。假如一个星期内有 5 个交易日，将 5 个交易日的收盘价加在一起除以 5 计算得到的平均数，此即 5 日均线；10 日均线、20 日均线等以此类推。

均线代表了一个时间区间内的平均价格和趋势，能够将过去一个时段内价格总体运行情况直观地展示出来。每条线的作用和意义不大相同。现在我给大家讲讲它们之间的关系：

（1）5 日均线（攻击线）。攻击线向上，且大盘指数或个股股价上升突破 5 日均线，在短期内看多；如果 5 日均线向下，指数或个股股价跌破 5 日均线，则短期看空。

（2）10 日均线（操盘线）。操盘线呈持续上升状态的时候，假如操盘线被大盘或个股股价突破，这就表明有波段性中线上涨行情，反之股价将下跌。

（3）20 日均线（辅助线）。辅助线起到协助 10 日均线的作用，不仅可以推动大盘或个股股价运行和调整大盘及个股股价趋势角度，还能起到修正的作用，使大盘和个股股价趋势运行方向不再变化，若盘中辅助线维持持续向上的攻击状态，一旦价格突破辅助线，就代表中线波段行情开始看多，反之则看空。

（4）30 日均线（生命线）。生命线指明大盘和个股股价在中期的各种运动趋势，生命线有较强的压力和支撑作用，在盘中的表现也是相似的。如果生命线趋势是向上的，而大盘或个股股价突破生命线并位于其上方则看多，反之则看空。

（5）60 日均线（决策线）。决策线明确了大盘和个股股价的中期反转趋势，引导价格在大波段级别运行于提前定好的趋势之中，主力对于这根均线都非常重视。

（6）120 日均线（趋势线）。趋势线也指明了大盘和个股股价中长期反转趋势，引导价格在大波段级别运行于既定的趋势中，若大盘或个股股价突破趋势线，那其在短期内可能还要上涨。

（7）250 日均线（牛熊线）。在此线上方运行，均线呈多头排列的大盘和个股大概率长期“走牛”；在此线下方运行，均线呈空头排列的大盘和个股大概率长期“走熊”。

均线一些常见的形态有：

（1）多头排列。表示现在存在多条均线支撑大盘和个股股价上涨，呈向上发散状，这是看多信号。

（2）空头排列。表示存在多条均线反压大盘和个股股价，呈向下发散状，这是看空信号。

（3）均线黏合。均线错综，看不出未来的运行趋势，可能说明大盘或个股股价正在横盘整理，未来选择方向不明确。如果均线在相对低位黏合，这说明大盘或个股股价处于低位横盘状态，此时成交量小，交易并不活跃，只有成交量放大后，突破密集的均线，未来才有上涨的空间。如果大盘或个股股价跌破密集均线，这有可能是主力洗盘，或后市以调整为主。如果均线在相对高位黏合，通常是因为大盘或个股股价经过长期上涨，多方气势明显减弱，没办法继续拉高大盘或个股股价，空方也没办法立刻打压，所以均线在高位盘整，此时散户投资者就要谨慎小心，大盘或个股股价跌破黏合均线后，未来下跌空间很大。

（4）均线共振。大盘或个股股价处在非常狭小的通道内长期运行，最后出现中长期或短期均线全部黏合的情况，时间周期不同的均线接近或黏合意味着持有某一投资品种而持有时间不同的交易者的成本趋于一致，这代表一种变盘信号，意味着后市将展开壮观的行情。在均线族的多头发散起始点，标志性阳线的出现与均线族即将多头发散这一事实互为验证，且同步伴随着成交量的明显放大。成交量的明显放大是多头攻克均线族压力的必要条件，代表不同时间周期的均线参与共振的条数越多；时间周期差距越大，共振的级别越高，意味着上升趋势越强劲且持续时间越长，相应地，大盘或个股股价升幅越大。

2023 年 6 月 2 日，上证指数 5 日均线走平，K 线已攻击 10 日均线，且站稳 10 日均线，30 日均线和 60 日均线呈空头排列，120 日均线和 250 日均线呈多头排列，各类技术指标也在低位运行，似乎即将展开一波反弹行情。深证成指除 5 日均线形成拐点向上运行外，其余均线呈空头排列，创业板指与深证成指是一样的情况。

本章利用均线系统选取的个股，主要是结合周周期、月周期和季周期 MACD 指标、TRIX 指标和 KDJ 指标的金叉状态进行选取，然后利用均线系统黏合在一起的情况，来预测个股在未来是否有脉冲行情或是强势的浪形行情。

其中，獐子岛（002069）、东方嘉盛（002889）、阳普医疗（300030）、博济医药（300404）和盛天网络（300494）是最具有代表性的个股。这些个股在均线系统狭窄的通道内运行，随后又洗盘至 250 日均线下方。请谨记一点，看日周期 MACD 指标的红绿柱状线是否发出洗盘后又发出买入信号，即绿柱状线是否缩短或 MACD 指标在低位是否形成金叉；如果 MACD 指标形成金叉了，那么随后 TRIX 指标在相对低位也会形成金叉的。我们不能等到个股强势涨停了再介入，通常情况下，脉冲股票只要一涨停，接下来就是“一”字形涨停板，然后是一根大阳线涨停板，次日又是“一”字形跌停板，将高位接盘的散户投资者封杀在高位。2023 年 6 月的睿能科技（603933）和新智认知（603869）就是这种类型的股票。当然，像这样的个股会反复洗盘，确认浮筹清洗完毕，跌破所有均线的支撑。我们在日常操盘复盘中，可以花一点时间和精力，在跌幅超过 2%的股票里面去寻找跌破所有均线的个股作为自选股。当这些股票在均线系统狭窄的通道内运行，且跌破所有均线，随后止跌企稳，且底部不断抬高时，我们要认真观察这些股票的 MACD 指标、TRIX 指标和 KDJ 指标等指标的运行情况。新智认知（603389）在启动前两次洗盘探底 250 日均线，睿能科技（603933）一次洗盘探底 250 日均线，之后在均线系统底部逐渐抬高，又在几天之内启动一波翻倍的大行情。只有利用这个思路和方法，我们才能捕捉到短期牛股和脉冲式股票。

獐子岛（002069）

根据獐子岛行情图（图 3-3-1），分析如下。

图 3-3-1　獐子岛行情图

该股在 120 日均线和 250 日均线下方横盘整理了一个月，之后于 2023 年 4 月 28 日，在价位为 3.82 元处冲破所有均线，于 2023 年 5 月 4 日至 5 月 23 日做了一个“美人肩”。如果将该股拉回到 5 月 23 日看其形态，是看不出“美人肩”的；只有股价拉高后，该股才会露其真容。“美人肩”是一种 K 线形态，其走势像一个美人的肩膀，特点如下：

（1）洗盘手法巧妙，“美人肩”形态最重要的特点就是上到肩部后，并没有通过股价的下行来洗盘，仅仅是通过减缓上涨的速度达到洗掉浮筹的目的。

（2）上涨速度变化大，“美人肩”形态并不是从头到尾都在上涨，而是上涨的速度会发生变化。

（3）技术特征明显，“美人肩”通常是主力大举建仓留下来的痕迹，5 日均线和 10 日均线必须来回不断地形成金叉、死叉。

（4）此外需要注意的是，“美人肩”形态若出现在高位区间，股价将会暴跌，投资者的损失也大。

该股最终以脉冲行情结束上涨行情。有“美人肩”的个股有许多，而且持续时间长短各异。像大湖股份（600257）在 2023 年 6 月 14 日至 8 月 21 日期间就出现了“美人肩”形态，因为该股属于农林牧渔行业，在日本单方面强行将核污水排入大海之际，该股有过一波上升行情。

獐子岛（002069）和大湖股份（600257）的区别在于，2023 年 5 月 23 日，庄家做了一次“骗线”，獐子岛在 MACD 指标和 TRIX 指标均已形成死叉的情况下发起了一波上升行情，而大湖股份则是在 MACD 指标和 TRIX 指标调整到相对低位形成金叉后才发起一波上升行情。所以相比来说，大湖股份的可靠性更强。

东方嘉盛（002889）

根据东方嘉盛行情图（图 3-3-2），分析如下。

图 3-3-2　东方嘉盛行情图

该股于 2023 年 1 月 12 日止跌，也就是跌破了 250 日均线。随着小阳线的出现，MACD 指标的绿柱状线连续缩短，从小阳线到中阳线，再到 2 月 6 日的带长影线大阴线，该股结束上升行情。

阳普医疗（300030）

根据阳普医疗行情图（图 3-3-3），分析如下。

图 3-3-3　阳普医疗行情图

该股于 2023 年 4 月 25 日见底，随后 4 月 27 日有一根中阳线，MACD 指标的绿柱状线缩短，因此，该日可以建仓买入该股。通常情况下，即使见底，个股仍会震荡整理一段时间或者再次探底。该股于 5 月 31 日封板半个小时后炸板，最终没有封板。创业板个股尾盘没有封涨停，不论在什么情况下，投资者均应抛售，不能惜售；若其封板，则更应该抛售，因为股价在短期内涨 20%，大概率次日会低开。这不同于主板个股涨 10%投资者还可以继续持有的情况，除非是创业板的绝对强势股，但这种情况极少。

博济医药（300404）

根据博济医药行情图（图 3-3-4），分析如下。

该股于 2022 年 9 月 26 日后，股价继续下跌，但 MACD 指标的绿柱状线连续缩短，出现了底背离，当缩短至 0 轴附近时即可介入，随后该股走出了一波反弹行情，至 2022 年 11 月 14 日结束反弹行情。我们在看到这种阴阳相间的 K

图 3-3-4 博济医药行情图

线形态时，不要指望这是一波牛市行情。2022 年 12 月 27 日，该股再次探底成功，之后在 27 个交易日内震荡走高，于 2023 年 2 月 13 日又出现了一波反弹行情，随后于 2 月 21 日至 3 月 21 日在高位做了一个“美人肩”，并且在高位 MACD 指标出现了三根红柱状线平齐的状况。像这种在高位出现的平齐的红柱状线是一种动能衰竭的表现，此时投资者可以出局，落袋为安了。在 2023 年 4 月 25 日，该股再次探底，但并没有跌破 250 日均线，4 月 26 日红柱状线缩短，此刻投资者就可以进场建仓了。尽管该股于 5 月 5 日再度洗盘，但我们也要忍受主力给的煎熬，随后股价震荡走高，并于 5 月 31 日跳空高开，留下一根小实体的带上影线的阳线，而 6 月 1 日有一根实体较大带上影线的阳线，说明上档抛压过大，6 月 2 日主力反手做空。

盛天网络（300494）

根据盛天网络行情图（图 3-3-5），分析如下。

该股于 2022 年 12 月 21 日见底，当 MACD 指标绿柱状线缩短至值为-0.03 时可以介入，此时 MACD 指标已接近金叉了，随后 TRIX 指标于 12 月 29 日形成金叉。此后该股一路震荡走高。这是一只浪形股票，单从日周期级别行情看，按照 MACD 指标红绿柱状线缩短就离场的理论的话，在 2023 年 3 月 29

图 3-3-5　盛天网络行情图

日，投资者就可以离场了。但对于这种浪形股票，特别是阴阳 K 线相间的股票，一定要看周周期 K 线形态和均线系统。从周周期 K 线形态看，股价一直沿着 5 周均线向上运动，并且以一根长阳线结束了这波行情。特别要提到的一点是该股于 4 月 25 日拉出了一根涨停板实阳线，许多散户投资者会被带入误区，以为是该股的主升浪开始启动并跟进，很多浪形股票都有这种形态，4 月 25 日至 4 月 26 日的确有大幅放量，有散户投资者追涨，殊不知主力庄家正在悄悄出货。浪形股票一旦形成，各条均线依大小排列向上发散，直至 6 月 2 日，该股又在相对低位，MACD 指标和 TRIX 指标已形成金叉，在股价下跌过程中，这两个指标会反复在低位形成金叉或死叉，因为下跌趋势已经形成，均线系统要修复这种放大的状态。

结　语

在均线黏合状态下选取短线个股，不失为一种好方法，使用这种方法在短期内也能获得 30%甚至翻倍的利润。复盘前要精选个股，我们可以在收盘后将上涨或下跌幅度在 2%以下的股票列出，看看其中有没有均线系统黏合在一起的，并且找出有没有向上击穿所有均线系统的个股，最好是 120 日均线和 250 日均线呈多头排列的个股，我们可以把它们选出来重点关注。但这类个股的日周期、周周期、月周期和季周期的 MACD 指标、TRIX 指标和 KDJ 指标必须已形成金叉或接近形成金叉，这样才能保障该股的安全性。这样精选出来的个股要么是脉冲股票，要么是浪形股票，当然也不排除撞上强势龙头股。遇上脉冲股票时，记得见好就收，遇上浪形股票则看5周均线是否推进股价上涨，千万不能以日周期级别行情作为离场的依据。

2023年12月12日，按均线系统分析，走势比较好的个股有四川金顶（600678）、龙版传媒（605577）、信雅达（600571）、一鸣食品（605179）、精伦电子（600355）、皖通科技（002331）、日海智能（002313）和银宝山新（002786）等。其中银宝山新（002786）可能走出妖股行情。

第四章

关于涨停板股票的思考和选股方法

德展健康（000813）

根据德展健康行情图（图 3-4-1），分析如下。

图 3-4-1　德展健康行情图

截至 2023 年 9 月 22 日，该股本月已三度涨停。从均线系统看，250 日均线逐渐由空头排列转换为多头排列，最终所有均线组合均呈多头排列。从该股的 K 线形态看，阳多阴少，这不是一只非常强势的个股，股价伴着 10 日均线向上运行。15 分钟线有调整的趋势，在分时上 15 分钟是一个非常重要的时间窗口，因为在 15 分钟级别，MACD 指标和 TRIX 指标已形成死叉，KDJ 指标的

3 条线在高位“超买”区间运行，在一天的交易时间里，15 分钟级别有 16 根分时 K 线；30 分钟线也有调整的趋势，因为 MACD 指标红柱状线缩短，KDJ 指标也运行到了“超买”区间。该股于 9 月 11 日启动一波上升行情，当时大盘还在下跌途中，该股逆势飘红，说明庄家做多意愿强烈。当时确实存在许多个股先于大盘见底的情形，逆势操作的庄家容易利用散户投资者追涨不买跌的心理状态拉升股价。该股 KDJ 指标已运行到“超买”区间，随着大盘走好，仍会有上升空间，但要等到 15 分钟线或 30 分钟线调整完毕后再介入。周周期和月周期级别行情支持该股上涨，因为周周期和月周期 MACD 指标和 TRIX 指标已形成拐点向上运行，KDJ 指标在空头区域形成金叉，尽管周周期 J 线已运行到“超买”区间，但 D 线才向上运行，D 线至少要运行到多头区域，月周期与周周期同理。季周期 MACD 指标和 TRIX 指标还未形成金叉，但 MACD 指标的绿柱状线在连续缩短，KDJ 指标于 2021 年第 4 季度形成金叉。我们注意到，此时对应的 MACD 指标的绿柱状线才开始缩短，TRIX 指标的 MATRIX 线还为正值，KDJ 指标形成的金叉属无效金叉，所以 KDJ 指标后来一直在“超卖”区间运行。

亚厦股份（002375）

根据亚厦股份行情图（图 3-4-2），分析如下。

图 3-4-2　亚厦股份行情图

该股是典型的“三阴不破阳”，即买入就上涨的K线组合，与“三阳不吃一阴”就卖出的情况相对应。2023年9月18日有一个涨停板，后面有三根阴线，没有破涨停板开盘价，继而9月22日又有一个涨停板。在分时图上，15分钟级别行情和30分钟级别行情均调整到位，唯独60分钟级别行情没有调整到位，这主要是对TRIX指标没有调整到位而言的，60分钟级别上我们可以看出TRIX指标的两条线均没有调整到0轴下方，通常情况下，强势股在15分钟线和30分钟线没有调整到位就上涨。如果不看K线形态，单从日周期各指标上看，三根阴线向下洗盘，MACD指标的红柱状线在缩短，KDJ指标已形成死叉，唯有TRIX指标不受影响。9月18日，这根涨停板阳线生成后，TRIX指标的TRIX线形成拐点向上运行，所以从该股的均线系统（5日均线没有拐头向下运行）、K线组合和TRIX指标来看，该股后市一定会上涨，MACD指标和KDJ指标只是在做“骗线”，让散户投资者进行反向操作。当时，周周期、月周期和季周期级别行情均支持该股上涨，并且季线呈双底形态，MACD指标即将形成金叉，也呈双底形态，KDJ指标已形成金叉，TRIX指标已形成死叉，也将形成双底形态，相信会在顶背离状态下形成金叉。

上述讲的应对“三阴不破阳”的方法，只有在均线系统呈多头排列的情况下才适用，不建议在均线系统呈空头排列的情况下使用。

合金投资（000633）

根据合金投资行情图（图3-4-3），分析如下。

该股与上面的亚厦股份（002375）有相似之处，也是在2023年9月18日涨停，然后洗盘三日，于9月22日再度涨停，同样是在15分钟级别行情和30分钟级别行情充分调整、60分钟级别行情还没有调整充分的情况下就涨停了。120日均线和250日均线呈空头排列，250日均线是该股上行的压力线，应该会有二次回调。从时间周期看，该股将有一波上升行情，但还有一个反复确认的过程；再进一步从月周期级别看，月周期MACD指标和TRIX指标正处于死叉状态，而且这种死叉状态也不是两三个月就能调整到位的；KDJ指标接近金

图 3-4-3　合金投资行情图

叉，但 D 线再向下运行数月后才能调整到 20 附近或以下，不会在 50 下方就形成金叉的。周周期 MACD 指标、KDJ 指标和 TRIX 指标已形成金叉或接近金叉，但 KDJ 指标的 J 线已运行到“超买”区间，形成回调压力。季周期 MACD 指标和 TRIX 指标早已形成金叉，但 KDJ 指标已形成死叉。年周期 MACD 指标绿柱状线在缩短，TRIX 指标的 MATRIX 线是正值，KDJ 指标接近金叉。就 5 年均线来讲，已经拐头向上运行了。对于当时的情况，我们可能有点看不懂，看不准，在这种没把握的时刻坚决不进场。持币时自己说了算，持股时则是市场说了算。当你对市场没有把握时，还是继续持币比较好。

华创云信（600155）

根据华创云信行情图（图 3-4-4），分析如下。

该股于 2023 年 9 月 22 日出现涨停板，但 KDJ 指标的 J 线已运行到了“超买”区间，短期有调整的倾向，均线系统除 250 日均线外，其余所有均线呈多头排列并向上发散。K 线形态阴少阳多，且阳线大多有上影线。从当时的 MACD 指标和 TRIX 指标看，该股相对还处于低位，仍有上升空间，15 分钟线有调整的趋势。周周期 MACD 指标和 TRIX 指标已形成拐点向上运行，KDJ 指标形成死叉后又形成金叉。月周期 MACD 指标和 TRIX 指标已形成金叉，KDJ

图 3-4-4 华创云信行情图

指标的 J 值为 101.33，处于“超买”区间，有向下调整的要求。季周期 MACD 指标绿柱状线缩短，但 TRIX 指标已处于相对低位。年周期 MACD 指标处于死叉状态，TRIX 指标接近死叉，KDJ 指标形成死叉并向下发散。

丰华股份（600615）

根据丰华股份行情图（图 3-4-5），分析如下。

图 3-4-5 丰华股份行情图

2023年9月18日后，该股在5个交易日有3个涨停板，同样是在15分钟级别行情和30分钟级别行情调整完毕后，在60分钟级别行情还没有得到充分调整就触及第二个涨停板了。本人原来建有一个炒股社群，每天观察均线系统密集排列在一起且有涨停板的个股，并依照周周期、月周期和季周期的MACD指标、TRIX指标和KDJ指标均形成金叉的原理筛选，能在一定程度上帮助投资者在被套之后不会因为大跌而亏损。例如该股在7月5日的一个涨停板后，三根阴线没有跌破涨停板，按K线形态可以买入，但7月10日KDJ指标已经形成死叉，最主要的是KDJ指标的D值为74.43，接近“超买”区间，这样的情况下，该股是不能被选取的，并且RSI指标向上运行，发出了近似的脉冲信号。而9月18日的涨停板，将MACD指标在即将形成死叉时拉起。MACD指标红柱状线迅速放大，TRIX线形成拐点向上运行，KDJ指标在同日形成金叉，接下来9月19日和9月20日两天的下跌洗盘，MACD指标又接近死叉，KDJ指标已形成死叉，但TRIX指标仍在向上运行，没有受下跌影响。这就是我为什么一直坚持用TRIX指标的特殊功能，DMA指标都不行。从DMA指标看，DIF线发生了变化，那我们就可以认为9月19日和9月20日两根阴线是洗盘，在9月20日尾盘时就可以买入该股票，并且同时我们还注意到RSI指标向下发出了一个脉冲信号，与7月5日发出的脉冲信号完全相反，几个指标相互验证，就接近事实了。通过一个对比分析，我们的思路就更加清晰了，如果在7月10日买入该股票，虽然我们不会被深套，但会浪费时间和精力。这个技法确实有效实用，而且复盘时间短，不用费太多的时间和精力去精心挑选个股，并且立竿见影，能获得至少10%以上的涨幅。该股涨停板跳空高开高走，形似脉冲行情，因此，投资者不宜追高。

翠微股份（603123）

根据翠微股份行情图（图3-4-6），分析如下。

该股于2023年9月22日出现涨停板，绝对有机会在短期内上涨，主要是MACD指标在接近死叉时，DIF线形成拐点向上运行，TRIX指标的TRIX线也

图 3-4-6　翠微股份行情图

形成拐点向上运行，KDJ 指标在 50 上方形成金叉。对于这种跳空高开高走的个股，我们只能望“股”兴叹，绝对不要去追高，宁可放过，不可买错。该股于 2021 年 11 月至 2022 年 2 月经历过一次大牛市行情，历史往往会重演。周周期级别行情在短期内支持该股上涨。月周期 MACD 指标和 TRIX 指标支持该股的上升行情，尽管这两个指标没有形成金叉，但也调整到位了，KDJ 指标在“超卖”区间形成金叉。季周期 MACD 指标和 TRIX 指标处于相对高位，但 MACD 指标的 DIF 线形成拐点向上运行，这是其第二次形成拐点向上运行，KDJ 指标接近金叉，在未来肯定会形成金叉的。

华工科技（000988）

根据华工科技行情图（图 3-4-7），分析如下。

该股于 2023 年 9 月 22 日出现涨停板，像这样的个股完成主升浪以后，在下跌途中启动一个涨停板的个股形态随处可见。请谨记一点，投资者千万不能追涨，即便是短线个股也不可取。由于 9 月 22 日的涨停板，MACD 指标的 DIF 线形成拐点向上运行，但 TRIX 指标接近死叉，KDJ 指标虽然形成金叉了，短期内可能有上升空间，但这根涨停板 K 线是主力诱多。在股市中，我们每天都会看到各种形态，每天都会接触到各种战法，看到或是接触得多了，我们就能

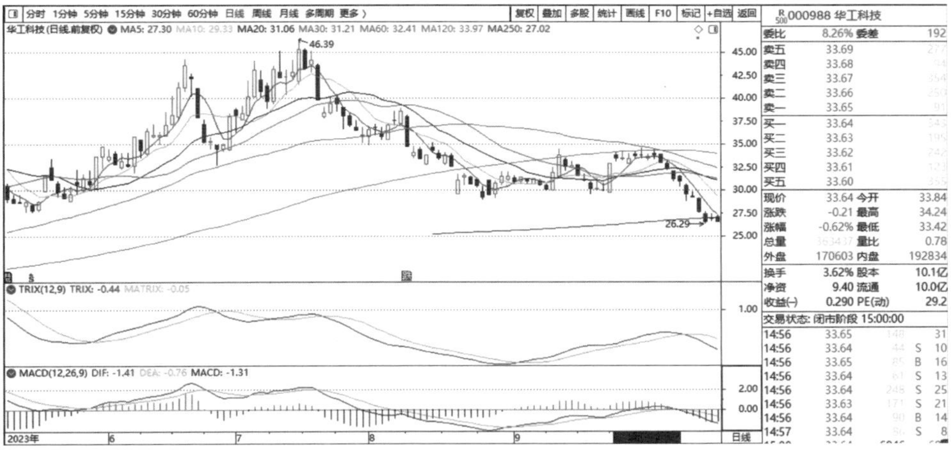

图 3-4-7 华工科技行情图

识破庄家的意图。周周期级别上，虽然 5 周均线已经形成拐点向上运行，但 10 周均线是阻力位，MACD 指标绿柱状线缩短，9 月 25 日开盘后会继续缩短，大概率最后是“金”而不“交”，KDJ 指标在“超卖”区间形成金叉，但 2022 年 10 月 14 日至 12 月 30 日的情况大概率会再次出现，TRIX 指标向下运行角度过大，下跌趋势不会改变。在月周期级别上，5 月均线已经形成拐点向下运行，股价在接近 5 月均线时回调，MACD 指标红柱状线连续缩短，KDJ 指标已经形成死叉，即使股价下跌，TRIX 指标仍在底背离向上运行。季周期 MACD 指标形成金叉，但 DIF 线在相对高位运行，TRIX 指标接近金叉，但可能不会形成金叉，KDJ 指标在 50 下方形成金叉，J 线已走平。在季周期级别上，因为股价处于高位，相对低位涨跌 10%，出现大阳线、大阴线是非常正常的。

中贝通信（603220）

根据中贝通信行情图（图 3-4-8），分析如下。

该股于 2023 年 9 月 22 日出现涨停板，我们注意到一个特点，即涨停板时绿柱状线缩短，而且最主要的是达到这种面积大小的绿柱状线是负值都是很大的，不像该股前面的红绿柱状线均是芝麻点。谨记一点，芝麻点的红绿柱状线方向不明确，不能参与买卖，只有长长的绿柱状线才是我们关注的重点。我们

图 3-4-8　中贝通信行情图

今后选取短线个股，一定要选取绿柱状线长并且开始缩短的个股，因为绿柱状线缩短的个股，大概率是当天涨幅在 3%以上的个股。我们必须做功课，从涨停板的个股入手，再从涨幅达到 20%的个股开始，一直往下翻，翻到涨幅达到 3%的个股为止，将符合上述条件的个股加入自选股。第二天开盘，看哪只股跌幅较大，就买入该股，通常情况下，绿柱状线多长，对应上升的红柱状线就有多长，至少不会出现芝麻状红柱状线。我们可以多多观察这一个规律，虽然这不是绝对规律，但可以帮助我们找出短线个股，这也不失为一种短线操盘的好方法，但前提条件是 KDJ 指标必须形成金叉。

回到中贝通信，该股自涨停板后，三天见涨，MACD 指标形成金叉，TRIX 指标在几天后已形成金叉。该股短线上升空间还很大，于 2023 年 9 月 27 日才出现两根红柱状线。

恒为科技（603496）

根据恒为科技行情图（图 3-4-9），分析如下。

该股在相对高位平台震荡整理，做了一个双底的“美人肩”形态，从浪形形态看，应该是主升浪，在日周期级别上判定不出是第 5 浪，但从周周期 K 线形态可以初步判断为第 5 主升浪。9 月 22 日该股出现涨停板，3 个指标均已形

图 3-4-9　恒为科技行情图

成金叉或接近金叉，该股 3 个指标在 8 月 23 日也已形成金叉，但为什么不能确认主升浪启动了呢？主要是因为 KDJ 指标的 3 条线都在 50 的上方形成金叉，而 9 月下旬 KDJ 指标是在接近 20 的“超卖”区间形成金叉。不要小看这两个金叉，我们只有透过现象看本质，才能不落入庄家设计的陷阱。8 月 1 日，KDJ 指标也在 20 附近形成过一次金叉，但对应的 MACD 指标绿柱状线才刚刚缩短，TRIX 指标两条线差值较大，所以 KDJ 指标的金叉为无效金叉。周周期 MACD 指标处于死叉状态后被 8 月 22 日的涨停板拉至金叉状态，出现了红柱状线，TRIX 指标处于死叉状态，还没有形成金叉，TRIX 值为 1.76，MATRIX 值为 1.87，MATRIX 值大于 TRIX 值，KDJ 指标在数值 50 处的多头区域形成金叉。月周期 MACD 指标和 TRIX 指标没有什么变化，KDJ 指标的 D 线也将运行到“超买”区间。季周期 MACD 指标红柱状线有效放大，TRIX 指标刚刚形成金叉，KDJ 指标的 J 值为 113.86，运行到了“超买”区间。此外，季周期正乖离率偏大，2023 年第 4 季度无疑有一根季阴线。但是后来我再看对 2023 年第 4 季度的判断，会发现这无疑是错误的，这应该是一根带上影线的季阳线。

结　语

涨停板可以出现在 K 线的任何形态中。出于安全考虑，买涨停板的个股一定要买第一个涨停板。据此，我们可以这样操盘，每天一开盘，紧盯涨幅在 5%以下的个股，逐个梳理：一是 120 日均线和 250 日均线必须呈多头排列，并且股价突破所有均线；二是在250日均线上方出现涨停板；三是当日分时图上股价不能跌破均线，并在股价跌到均线附近时买入；四是日周期MACD指标、TRIX指标和KDJ指标（KDJ指标必须是在“超卖”区间形成金叉）形成金叉或接近形成金叉，并且MACD指标必须有放大的红柱状线，通常为第一根红柱状线。通常来讲，有第一根放大的红柱状线，就必定会有第二根红柱状线，不可能第二天出现绿柱状线，这在股价运行过程中是不会发生的事情。周周期MACD指标即使不形成金叉，但要有形成金叉的趋势，也就是说绿柱状线必须处于缩短的状态。月周期和季周期MACD指标、TRIX指标和KDJ指标必须形成金叉。涨停板如果三阴不破，则建议在均线系统呈多头排列情况下介入，不建议在均线系统呈空头排列情况下介入。

下面说说“一”字形板、“T”字形板、点缀板、穿线板、回封板、跳空板、天地板、断板、烂板、炸板、破板和触板等的概念。

（1）“一”字形板：“一”字形板一般指开盘后股票直接涨停，并且这个涨停的结果会维持到股票当天收盘。一般来说，“一”字形板是股市基本面突发利好导致的，属于一种极端走势，很多时候都是因为巨量买单封死了涨停板。当出现“一”字形板涨停的情况时，多方都会遭到碾压。想要追着买的投资者很多时候都买不到这种股票，这个时候卖单数量远远小于买单数量。所以“一”字形板涨停意味着这个股票做多意味非常强烈，在接下来的交易时间里，如果这个股票被反复地打开，到收盘还牢牢地封住，那么投资者就不能低估它。

（2）“T”字形板：当开盘价和收盘价相等时，“T”字形K线形成意味着空方进攻遭到多方的顽强抵抗。这是因为虽然空方试图打压股价，但最终因为他们的力量有限，所以未能成功降低股价。另一种情况是庄家突然撤单，让卖单出现，目的是在强势股上升途中让意志不坚定者下车，让看好后市的投资者上车，垫高投资者的持仓成本，这种洗盘方式有利于主力进一步拉升股价。在股票市场中，“T”字形K线是一种特殊的图形，它没有上影线；实体部分非常小，形状看起来像一个“一”字。这种形态表示股票的当日开盘价与收盘价是相同的。更为强势的情况是，当一只股票当天涨停之后，它的价格开始下跌，但是后来又再次被拉升到涨停价位。

（3）点缀板：点缀板是一种封盘手法，主力不直接“一”字形封盘，逐步拉升后再封盘，这是为了吸取更多筹码，封涨停后打开，又涨停，再打开，再涨停。点缀板成交量大，换手率很大。主力吸筹成本很高，以走势形态判断主力在涨停处是吸筹还是出货，是判断点缀板性质的关键。但无论在何种情况下，点缀板绝对是一种极端操盘行为，且必然会使全天的成交量较大，有时甚至是巨量。点缀板必然要掀起大浪，结合大盘情况，后市一般要么是加速上涨，要么就是加速下跌；点缀板之后走势是否依然强势是判断点缀板是吸筹还是出货的初步依据；点缀板之前的走势为判断点缀板的性质提供依据。如果此前经历过大幅度快速洗盘或小幅度较长时间的打压洗盘，则点缀板大多数属于主力真突破的启动信号。

（4）穿线板：穿线板指的是K线实体穿过多条均线，封在涨停板或跌停板。K线穿过多条均线涨停，说明是反弹；K线穿过多条均线下跌，说明是回调。这种形态的出现对于市场的反转意义更大。

（5）回封板：回封板是指股票在盘中封停在涨停板以后，会再次打开，然后在极短的时间内股票再次封停在涨停板。它的好处主要有两点，一是尽量让该走的投资者走，减轻后续股价上升的压力；二是抬高市场成本进行换手，后续股价回调会有强劲的支撑。

（6）跳空板：跳空板指股票跳空高开越过了所有短线的六条均线并最终涨停，用于描述股市中股票的价格开盘时与前一天的收盘价之间的明显差异。跳空在多空双方的市场情绪变动中出现，在股票市场中是一种常见的技术分析手段。

（7）天地板：天地板是一种特殊的股票现象，它描述了一只股票在一日之内价格波动的情况。具体来说，若一只股票的开盘价为涨停价，而其收盘价为跌停价，我们就称这种情况为天地板。这意味着股价在一天内出现了20%的上下浮动，表现出非常剧烈的价格波动。大多数情况下，天地板是某种不利因素引发的，如主力机构的出货行为、大股东的紧急减持或其他内部因素造成股价暴跌。需要注意的是，天地板并不总是负面的，有时它可能仅仅是市场对某些消息的反应过度导致的。

（8）断板：断板是指股票当天涨停后，或在连续涨停后，没有继续维持涨停状态的情况。股票涨到10%被称为涨停板，也被称为天花板。如果第二天连续涨停，叫连板，否则称为断板。

（9）烂板：烂板指的是当天股票价格涨停之后又打开涨停板，当天收盘时股票没有封死涨停板的现象。

（10）炸板：炸板是指有大单买入或卖出，将跌停板或涨停板打开，后期也不回封的情形，这是一种口语化的表述。一般来说，炸板说明背后有人操纵股价，它预示着该股票在未来阶段可能会出现利空现象。

（11）破板：破板主要有两种含义。一是当一只股票从涨停价位开始，由于大量卖单的出现而打开涨停板；二是指中国股市中的一种现象，即上市公司的股价在一天内的涨幅或跌幅超过了其设定的幅度限制。在这种情况下，当日的股价涨跌会停止，并可能随着市场的买卖力量再次变动。

（12）触板：股票触板的意思是股票价格触及了涨停板或跌停板价格。触板与封板是两种相反的涨停模式，触板是个股在盘中上冲并碰触了涨停板，但股价并没有一直停留于涨停价上，而封板则是股价停留于涨停价。

第五章
强势股获取短线盈利“龙回头”的思考和方法

“龙回头”是指股票在暴涨之后，经过一段时间的回调，股价再次上涨的形态图。这种走势被认为是股票价格即将上涨的信号。需要注意的是，若个股再次拉升之后，出现大跌的走势，且放量下跌，跌破下方重要支撑位，则可能是主力在做一个假“龙回头”进行出货，等其出货完成之后，股价会再次下跌，创造新低。

杭州热电（605011）

根据杭州热电行情图（图 3-5-1），分析如下。

该股自 2023 年 4 月 25 日至 6 月 28 日，从 13.72 元涨到 45.16 元，属于一只强势股。这种连续阳线拉涨停板的个股，在滚动向上操盘中，应该还是经过了充分的换手，因为成交量连续放大，主力庄家也是滚动操盘，也就是说，其手中筹码是完全不可能出完的。对于该类型个股，在上升途中，只要 KDJ 指标没有形成死叉，投资者是完全可以追涨的，即使不敢追涨，庄家也会在高位震荡出货。通常情况下，只要股价跌至接近 30 日均线附近，投资者可以适量买入一点，获取短期盈利。该股在 30 日均线处出现两次反抽，但在 60 日均线处没有得到支撑。

图 3-5-1　杭州热电行情图

天龙股份（603266）

根据天龙股份行情图（图 3-5-2），分析如下。

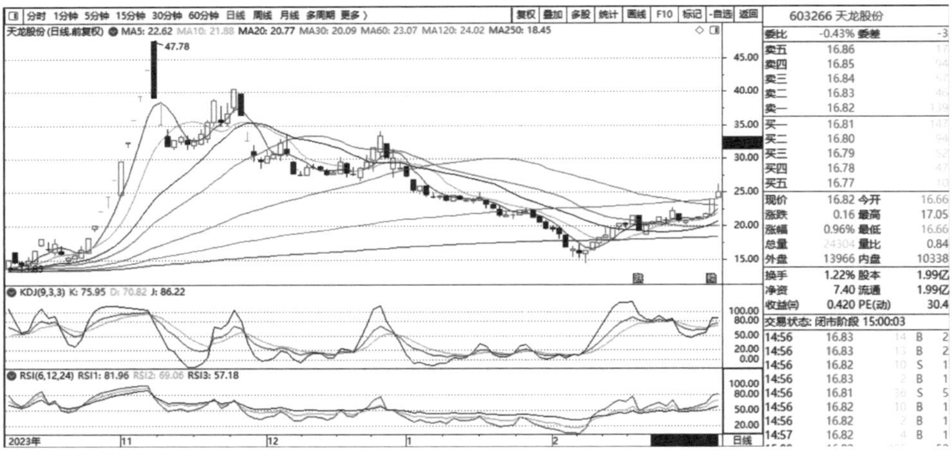

图 3-5-2　天龙股份行情图

该股自 2023 年 10 月 9 日至 11 月 8 日，从 15 元涨至 47 元多，短期内翻了 3 倍多，在上升过程中，既有阳线，也有“T”字形涨停板，还有“一”字形涨停板，属于混合型涨停板模式。对于该股，主力庄家不可能出完筹码，只能在高位震荡出货。该股在股价接近 20 日均线附近反抽，当股价跌到 30 日均线附近还会有反抽。总之，对于翻几倍的个股，庄家只能反复震荡出货，这就给我们散户投资者提供了短线机会，只是不能过于贪婪，应见好就收。

伟时电子（605218）

根据伟时电子行情图（图 3-5-3），分析如下。

图 3-5-3　伟时电子行情图

该股自 2023 年 10 月 26 日至 12 月 5 日，从 14 元左右涨至 34 元多，投资者可以将该股加入自选股。该股在 19 元价位附近进行了整理。该股在上升途中，投资者不能轻易追涨，尽管 MACD 指标和 TRIX 指标形成向上拐点，且 KDJ 指标的 D 线也没有运行到 80 以上的“超买”区间，但投资者不宜轻易追涨，可以在该股回调到 20 日均线或 30 日均线附近时抢反抽。抢反抽的时机是在 5 日均线与 10 日均线形成死叉后，或在 5 日均线、10 日均线与 30 日均线形成死叉后，或在 5 日均线、10 日均线、20 日均线和 30 日均线与 60 日均线形成死叉后，或在股价跌破 250 日均线时。其中，在股价跌破 250 日均线时抢反抽，一般情况下，投资者是绝对会有所斩获的。

通达电气（603390）

根据通达电气行情图（图 3-5-4），分析如下。

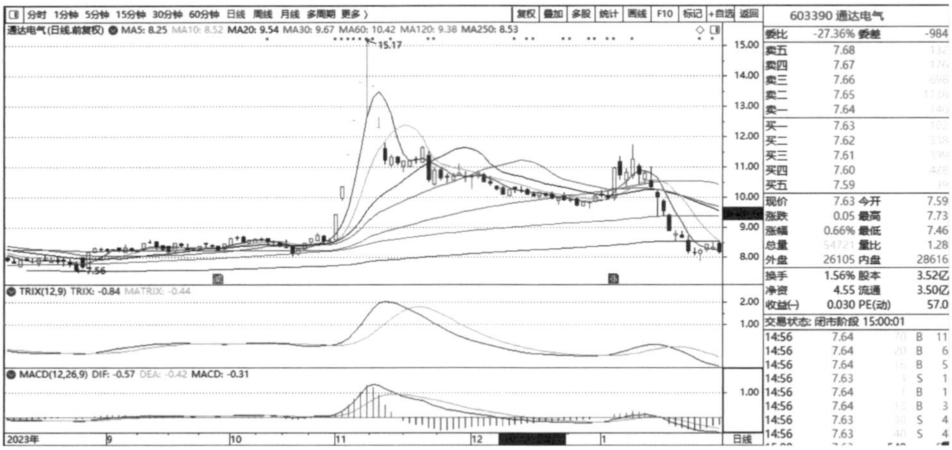

图 3-5-4　通达电气行情图

该股自 2023 年 10 月 24 日至 11 月 8 日，从 8 元涨至 15 元。该股有两个实体阳线涨停板，三个“一”字形涨停板，一个“T”字形涨停板，股价才翻了一倍，该股属于短线强势股，不属于脉冲股票。对于这种涨幅为一倍的个股，只有当其跌回到原来的底部区域时，投资者才可以抢反抽，而不能在 20 日均线、30 日均线和 60 日均线附近抢反抽。

龙高股份（605086）

根据龙高股份行情图（图 3-5-5），分析如下。

该股自 2023 年 10 月 24 日至 11 月 16 日，从 19 元涨至 39 元多，也是当时翻倍的个股。我们可以得出一个结论，翻一倍的个股一旦出现下跌行情，大多数个股就会如同脉冲股票走势一样，从哪里来回哪里去，但个股行情还是有区别的。我们见到这种类型的个股，可以选入自选股，但坚决不要抢反抽，只有等到其接近原来的底部区域时，再看 KDJ 指标是否形成金叉才能搏反抽，毕竟

图 3-5-5　龙高股份行情图

该类股票还是比较活跃的。对于涨了 2 倍以上的个股，投资者才可以在 20 日均线、30 日均线或 60 日均线处抢反抽。

高新发展（000628）

根据高新发展行情图（图 3-5-6），分析如下。

图 3-5-6　高新发展行情图

该股自 2023 年 9 月 26 日至 11 月 15 日，从 15 元多涨至 66 元多，翻了 4 倍多。这种在上升途中出现连续 11 个“一”字涨停板的个股，后市还可看高一线，因为这种类型的个股，我们见过太多，其后市走势如出一辙。该股已在 20 日均线附近出现反抽，接下来在 30 日均线和 60 日均线附近同样可能会出现反抽。

龙洲股份（002682）

根据龙洲股份行情图（图 3-5-7），分析如下。

图 3-5-7　龙洲股份行情图

该股自 2023 年 10 月 16 日至 10 月 30 日，从 4 元左右涨至 8 元多，翻了一倍。这种以“一”字板涨上去的个股，在接近 20 日均线处有反抽，在 30 日均线处又有反抽也就不足为奇了。但我们还是要在短线操盘时谨慎行事，不要介入，只观望不下单，不做看不准的股票。

豪美新材（002988）

根据豪美新材行情图（图 3-5-8），分析如下。

图 3-5-8　豪美新材行情图

该股自 2023 年 10 月 25 日至 11 月 14 日，从 18 元多涨至 38 元多，翻了一倍多。可以看出，在该股上升途中，其行情属于混合型涨停板，后来该股一路下跌，中间虽有日线反抽，但那是诱多，投资者不宜介入。只有当其跌至 60 日均线、120 日均线或 250 日均线且 KDJ 指标必须形成金叉时，才可以考虑抢反抽。

皇庭国际（000056）

根据皇庭国际行情图（图 3-5-9），分析如下。

该股自 2023 年 10 月 24 日至 11 月 16 日，从 2.71 元涨至 6.07 元，翻了一倍。在该股上升途中，其行情属于混合型涨停板。该股在 20 日均线处出现反抽。但投资者对于这样的个股，应像对上述翻了一倍的个股一样，多观望不跟进，待股价调整到 60 日均线处，投资者再根据技术指标考虑是否可以介入抢反抽。

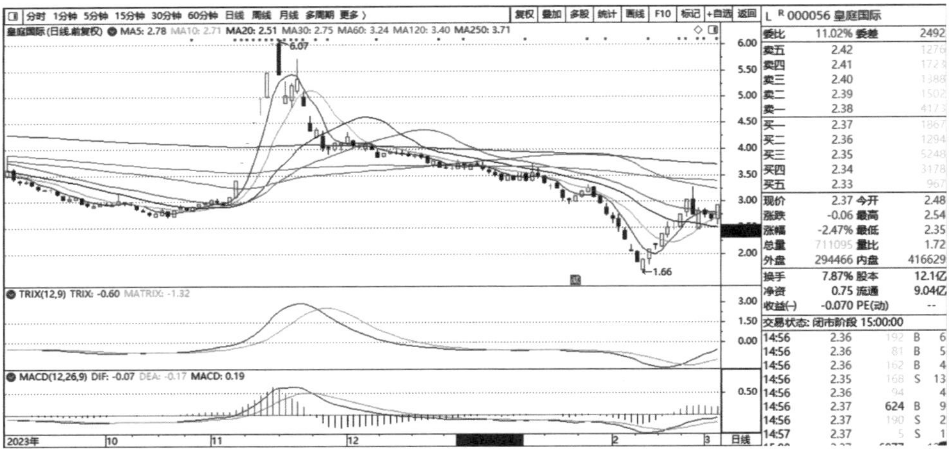

图 3-5-9　皇庭国际行情图

捷荣技术（002855）

根据捷荣技术行情图（图 3-5-10），分析如下。

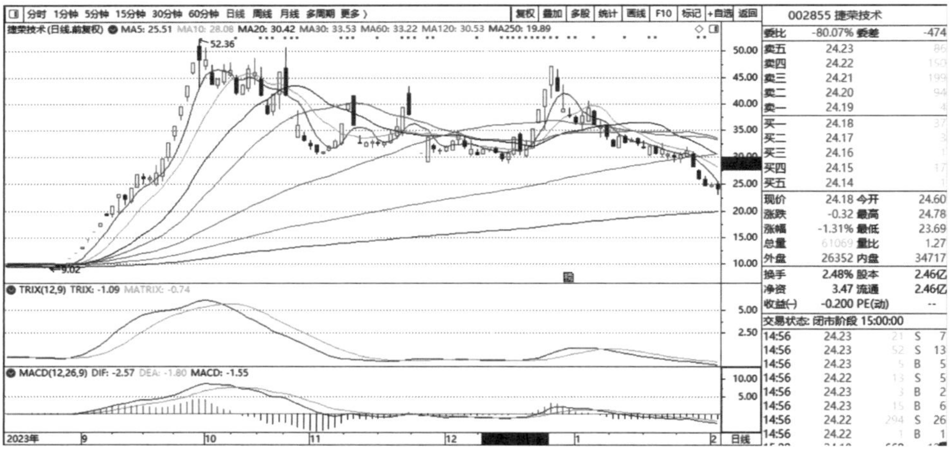

图 3-5-10　捷荣技术行情图

该股自 2023 年 8 月 28 日至 9 月 28 日，从 9 元涨至 52 元多，翻了 5 倍，但从反抽情况来看，该股也是接近 60 日均线时，才有像样的反抽。在股价跌至60日均线附近时，只要KDJ指标形成金叉，投资者即可买入，等待反抽。为什么翻了5倍的个股在20日均线和30日均线处没有像样的反抽呢？因为该股涨幅巨大，庄家没有必要再次拉升股价。

结　语

强势股的上升K线形态无非有以下5种情况：

（1）以杭州热电（605011）为例，每天拉阳线涨停板上涨的形态。

（2）以天龙股份（603266）为例，个股在底部做了一个平台整理后，其上升行情中有阳线、“T”字形和“一”字形的混合型涨停板的形态。

（3）以伟时电子（605218）为例，个股在上升途中做一个平台整理，再继续以阳线向上突破，接着涨停的形态。

（4）以龙高股份（605086）为例，个股上涨时，开始是小阳线、中阳线，接着是实体阳线涨停板，然后是“一”字形涨停板，这种混合型涨停板的形态。

（5）以捷荣技术（002855）为例，个股没有给出任何起涨信号，直接涨停的形态。

总之应该还有其他类型，对于像九安医疗（002432）和特力A（000025）这样的特强势类个股，不跌破250日均线，投资者不要轻易抢反抽。

强势股回调会在哪根均线上有反抽是没有固定规律的，因股而异。但有几点值得我们注意：

（1）对于涨1倍的个股，投资者不要在20日均线、30日均线和60日均线处抢反抽，但可以在120日均线或250日均线处抢反抽，像龙高股份（605086）、通达电气（603390）、豪美新材（002988）、皇庭国际（000056）等。尽管有的个股在30日均线和60日均线处有反抽，但风险很大；如果120日均线和250日均线呈多头排列，投资者在120日均线和250日均线下方处抢反抽，一般情况下是有收获的。

（2）对于涨2～3倍的个股，由于上升趋势和涨停板形态不同，决策因股而异。像杭州热电（605011）是阳线涨停，投资者可以在30日均线处抢反抽。对于出现混合型涨停板形态的个股，投资者可以在20日均线、30日均线和60日均线处抢反抽，如天龙股份（603266）。

（3）对于涨 5 倍以上个股，如捷荣技术（002855），则在 60 日均线处大概率有反抽。

对于上述个股，投资者可以在 60 日均线处抢反抽，一旦做反，就要记得及时止损。但投资者一定可以在 250 日均线呈多头排列的情况下，在 250 日均线下方抢反抽，并且 MACD 指标的绿柱状线一定要缩短，KDJ 指标的 J 线拐头向上运行。所以，我们平时要及时发现这类个股，可以每天将涨停板的个股梳理一遍，并选入自选股，但不要追高，因为市场上的脉冲股票太多了。

再者，也是最重要的，以“龙回头”搏反抽，投资者主要看 15 分钟、30 分钟或 60 分钟（60 分钟的可靠性更强）调整周期的 TRIX 指标是否形成金叉，一旦形成，投资者可立刻买入，短线必有斩获。以“龙回头”搏反抽或反弹，投资者最好看看周周期级别的均线系统，在日周期级别搏反抽，在周周期级别搏反弹。只要有个股周周期价位敢跌破 120 周均线或 250 周均线，投资者是能搏反弹行情的。

第六章

利用各指标选取超级短线股票的思考和方法

在二级市场交易中，存在所谓的超级短线神操作吗？有的。所谓的超级短线，在现今的 T+1[①] 交易制度下，我把它定义为今天买入，次日卖出，投资者赚 0.5%～2%即可卖出，落袋为安。

我们应坚持用 MACD 指标、TRIX 指标和 KDJ 指标选取个股，可以挂单买入，也可以现价买入，方法可视情况灵活变通。首先，小赚靠勤，我们每天在当天交易时间结束后，把涨幅为 2.5%～5%的个股梳理一遍，一般来讲，涨幅为 2.5%～5%的个股大多是放量的。再者，还需注意几点：

（1）TRIX 指标必须处于金叉状态或接近金叉状态。所谓接近金叉状态，即 TRIX 指标在向下运行过程中，其向下运行夹角大，且 TRIX 线要形成向上拐点；或是 TRIX 指标在金叉形成后，所形成的向上运行夹角至少有 20 度，不能是平交，同时 TRIX 指标在金叉形成后不能超过 10 天，最好是刚刚形成金叉 1～2 天。

根据赤天化（600227）行情图（图 3-6-1），2023 年 11 月 1 日，该股上涨，已经出现 7 根阳线，但 TRIX 指标呈大角度向上运行。投资者可以将其加入自选股，但不能在其向下调整时就买入，哪怕是出现跌停板也不能买入，因为该股的 60 分钟线随时可能会出现调整，如果出现调整，投资者也要等 30 分钟线调整到 TRIX 指标形成金叉，且 1 分钟线 TRIX 指标形成金叉时才能介入。尽管该股 KDJ 指标的 D 值为 56.60，符合我们的选股条件，但这种短期涨幅偏大的个股风险过大，即使下跌，TRIX 指标和 KDJ 指标依然会形成底背离向上

---

① T 代表交易日，T+1 即投资者当天买入的股票或基金不能在当天卖出，需待第二天进行交割过户后方可卖出；投资者当天卖出的股票或基金，其资金需待第二天才能提现。

运行，而 KDJ 指标的 J 线会向下运行，D 线会向上运行。

图 3-6-1　赤天化行情图

（2）个股的 KDJ 指标的 D 值必须是 50 左右，超过 70 时，该股不能入选自选股，因为当天是 70，第二天初始化后就可能会到 80，投资者做超级短线的风险很大。

譬如我在 2023 年 10 月 31 日做过的祥源文旅（600576）。根据祥源文旅行情图（图 3-6-2），该股 TRIX 指标金叉形成后呈约 30 度角向上运行，KDJ 指标的 D 值也刚刚在 50 的上方，我看到 5 日均线价位在 7.16 元，便直接按这个价位挂单，结果交易成功，当日即有盈利，第二天低开，我一般认为低开是好事，因为低开说明会上涨，不管是假阳线①还是阳线。我在该股赚了一个多点即卖出，落袋为安。

（3）MACD 指标不管在 0 轴上方或下方形成金叉，红柱状线需逐步放大，必须是红柱状线，绿柱状线不符合要求。

2023 年 10 月 27 日，我买入读者传媒（603999）。根据读者传媒行情图（图 3-6-3），该股的 TRIX 指标没有形成金叉，但有形成金叉的趋向，MACD 指标形成金叉。MACD 指标金叉形成后有第一根红柱状线，那么必然就会有第二根红柱状线，也就是说，个股在上升途中，不可能在只有一根红柱状线的情

① 假阳线是指股票 K 线形态，即当天收盘价高于开盘价，但低于上个交易日的收盘价，K 线虽然呈阳线，但是指数或是股价则是负的。

图 3-6-2　祥源文旅行情图

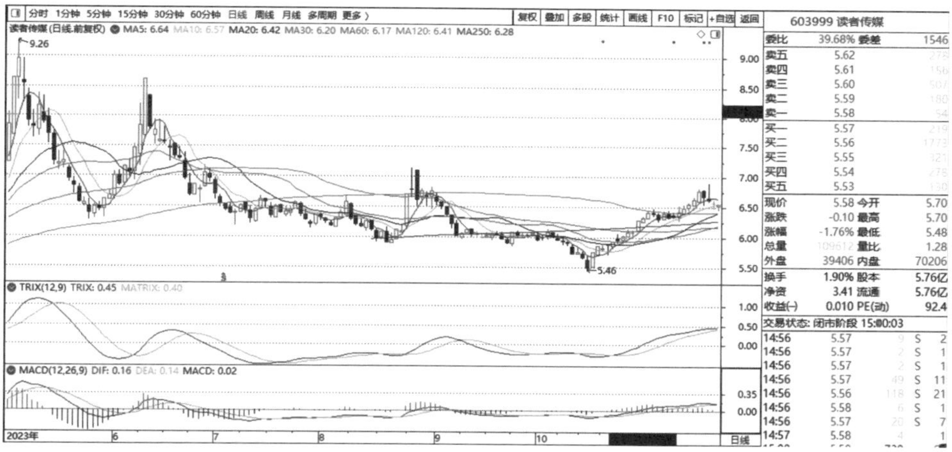

图 3-6-3　读者传媒行情图

况下就结束上升行情。该股 KDJ 指标的 D 值当时只有 40.51，投资者可以大胆放心买入。

买入超级短线个股，除了上述的基本要求外，投资者还需要注意以下几个问题：

（1）只能半仓买入，绝对不能满仓操作，要留有回旋余地。如果在某个价位买入后，若跌幅超过预期，可以再行补仓。

（2）看 1 分钟线进行操盘，通常情况下，早盘前 15 分钟是最活跃的时间段，要么个股直接拉升，要么直接往下砸盘。如果个股早盘直接拉升，就看 TRIX 指标是否到相对高位，一般 TRIX 值为 0.3～0.5 或 1 分钟线 KDJ 指标在

“超买”区间。如果是这种情况，应果断卖出，“该出手时就出手”；如果直接向下砸盘，我们也不要恐慌，待 1 分钟线调整完毕后，还会有 1 分钟线的上升行情，看 1 分钟线形成金叉后 TRIX 指标是否在相对高位再出手。

（3）如果挂单买入，一定不要在整数价位下单，比如想在 10 元价位买入，就挂 10.01 元，这样交易成功的可能性就会增大，因为在整数位往往有大单出现，不易成交。

（4）一定要看个股的历史走势，如果个股一路阴跌不止，深不见底，这样的个股即使 TRIX 指标形成金叉，也不会有良好的表现，大多情况下也没有主力庄家关照。

（5）不能买流通股在 4000 万股以下的个股，因为买卖档位所挂手数太少，不利于抛售手中股票。

（6）每天只能做一只股票，决不能同时做两只股票，因为第二天一开盘，没有时间同时操作两只股票。

（7）如果复盘所选个股出现“阴包阳”，可以马上买入，大多数情况下当日即可获利。

（8）对于收盘后买入的个股，可以复盘一下其分钟线。

2023 年 9 月 27 日，我买入兴业科技（002674，图 3-6-4），当天盈利，但复盘时发现 1 分钟线 TRIX 指标接近金叉，5 分钟线 TRIX 指标形成死叉，15 分钟线 TRIX 指标形成金叉，30 分钟线 TRIX 指标形成死叉，60 分钟线 TRIX 指标接近死叉。在这种情况下，只要 1 分钟线向上运行，即可卖出；如果 1 分钟线在开盘后不拉升，但 15 分钟线是金叉状态，总会有 15 分钟阳线出现，这个时候卖出是最佳时机，谨记“15 分钟看强势，30 分钟看调整，60 分钟是底线”。

（9）不要因为卖出股票后该股大涨或出现涨停板而懊恼，决不贪心，绝不恋战，止盈为上，见好就收，下手要稳、准、狠和快。

（10）不能买入 TRIX 指标在相对高位形成死叉后又在相对高位再度形成金叉的个股。

深水规院（301038）TRIX 指标于 2023 年 11 月 23 日在相对高位即将形成金叉。如果在 11 月 27 日买入，就不能获利，且容易被套牢（图 3-6-5）。

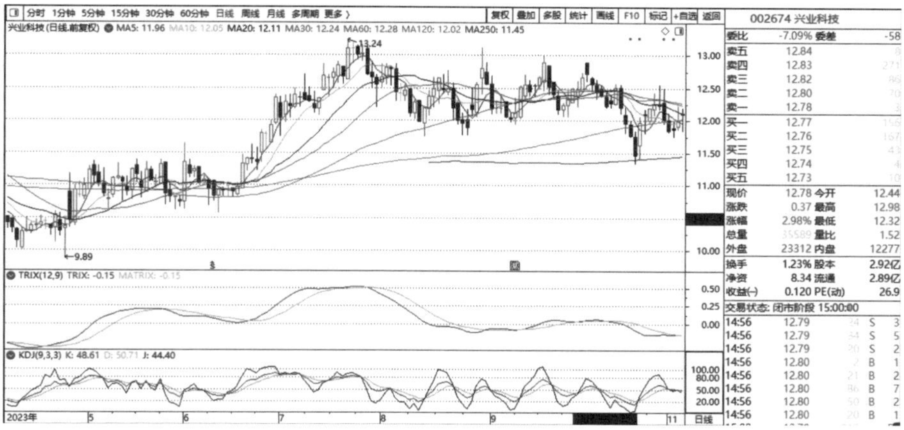

图 3-6-4　兴业科技行情图

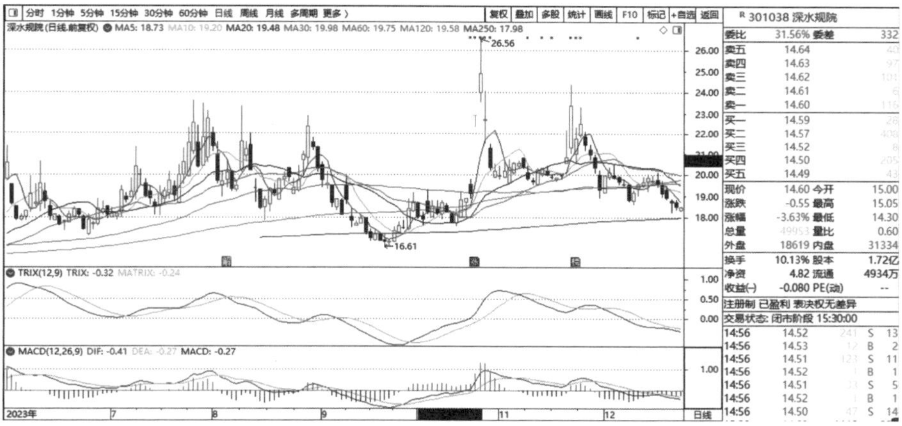

图 3-6-5　深水规院行情图

（11）超级短线选股方法适用于大盘震荡整理、下跌行情和结构式慢牛行情，对于大牛市行情，我不建议使用。在大牛市行情里，我们的目标是做好波段行情。另外，极端下跌行情也不适用此法。

（12）不宜介入高位上下震荡的个股。

（13）无需考虑个股基本面，如市盈率、每股收益和每股净资产等，但可以了解流通股多少，短线操盘重势不重质。

（14）在前一日复盘所选的个股中，于次日开盘看哪个股下跌幅度较大，就关注该股，买入个股时，30 分钟和 60 分钟的 TRIX 指标最好没有形成死叉的迹象，虽然死叉形成后，很多个股也会拉出大阳线，但风险太大，不适合超级短线操盘。

第七章 短线捕捉强势龙头股和妖股的思考和方法

在股票交易中，牛市里有熊股，熊市里有牛股。牛市暂且不谈，我们接下来只谈谈震荡市或熊市里的强势龙头股和妖股。我国目前还是“牛短熊长”，既然我们入了股市，就免不了要经常操盘。有些散户投资者手中一日无股，就手里痒痒，导致亏损累累，欲哭无泪。

短线捕捉强势龙头股和妖股，找到翻一两倍甚至10倍的个股，是每个投资者梦寐以求的最高境界。但在实际炒股过程中，我们又免不了受主力庄家涨停板的试盘、涨停板后的洗盘和脉冲股票的困扰，特别是脉冲股票给散户投资者带来的伤害极大。

庄家于2023年8月10日至8月15日就对云内动力（000903，图3-7-1）启动了一波脉冲行情，让追高的散户投资者苦不堪言，真是“顶部三日，底部百天”。该股于2023年11月27日和11月28日出现两个涨停板，11月29日又有一根“乌云盖顶”的阴线，破了11月28日的收盘价，但我认为11月29日是洗盘，就像东安动力（600178）一样，依托10日均线做一个平台整理，然后再向上突破。云内动力（000903）于2020年3月12日至3月31日也曾出现过类似的行情，“历史总是惊人的相似，但不是简单地重复”。因为在60多个交易日内出现两次脉冲行情的概率不大，我们拭目以待。

在第五章“强势股获取短线盈利‘龙回头’的思考和方法”中，我梳理了部分个股，发现它们既有个性，又具有共性。在个性方面，个股的上升行情千差万别，没有也不可能有固定模式。其共性是在大部分个股的季周期MACD指标、TRIX指标和KDJ指标中，至少有两个指标处于金叉状态，并且几乎所

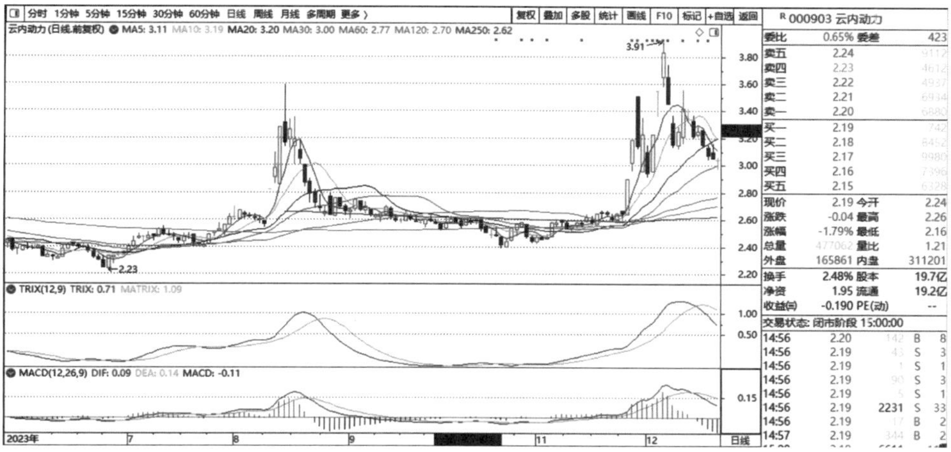

图 3-7-1　云内动力行情图

有个股都处于 250 日均线呈多头排列及突破 250 日均线的情况下。能突破 250 日均线或是在 250 日均线上方运行涨停板的个股不一定是黑马股，但黑马股一定是能突破 250 日均线或是在 250 日均线上方运行的个股，它们都有一波快速独立的上升行情。

如上所述，我们可以将当天涨停板个股按要求（季周期 MACD 指标、TRIX 指标和 KDJ 指标中至少要有两个指标处于金叉状态，且股价在 250 日均线上方运行）筛选出来加入自选股，但大多数涨停板个股会在第二天低开、平开和高开，不管是什么情况，只要个股次日继续涨停，投资者就可跟进买入，不涨停不买，一定要出现涨停板才能买入。

国机汽车（600335，图 3-7-2）于 2023 年 11 月 28 日出现涨停板，完全符合上述要求，但接下来的几日没有涨停板，我们不能跟进买入。

江苏舜天（600287，图 3-7-3）于 2023 年 11 月 23 日出现涨停板，投资者可以跟进买入，K 线形态为正锤头涨停板，这是强烈的上涨形态，但次日该股高开 6 个多点，此时我们的第一反应应是及时止盈出局。该股不可能高开高走，次日的分时图的均线向下大幅度运行，这是一个恶庄，此后的 K 线形态也不流畅，再也不要碰这样的个股。

恒帅股份（300969，图 3-7-4）于 2023 年 11 月 28 日尾盘突袭拉 20% 涨停板。根据涨停板之前的两根阴线的情况，我们就能知道该股不是强势股，所以不建议投资者跟进。

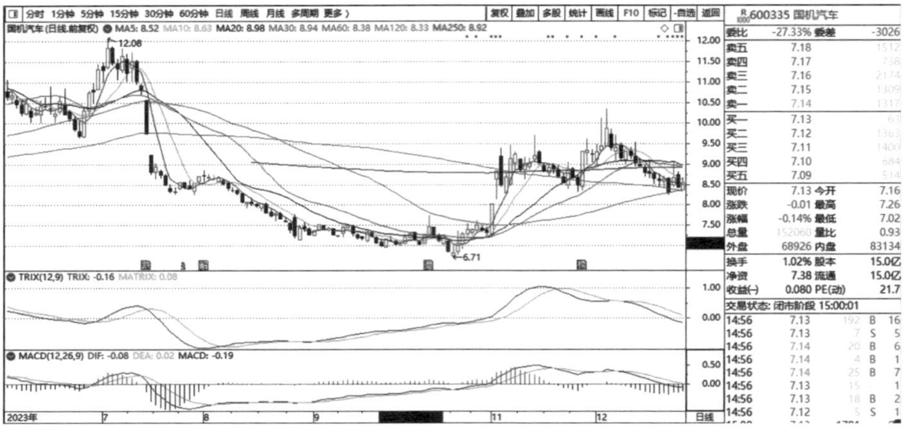

图 3-7-2　国机汽车行情图

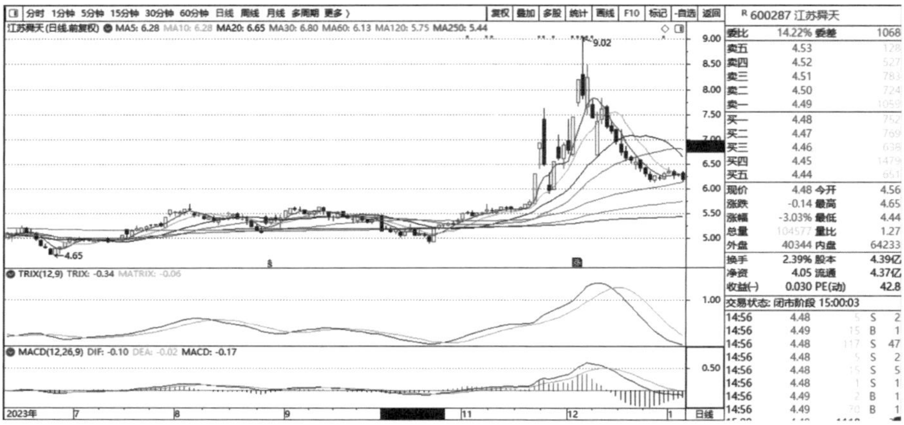

图 3-7-3　江苏舜天行情图

图 3-7-4　恒帅股份行情图

瑞丰光电（300241，图 3-7-5）于 2023 年 11 月 28 日涨停 20%，从季周期看，该股就不符合我们的选股要求，此时是“三阴不破阳”，短线可能还有机会，但绝不具有黑马基因。

图 3-7-5　瑞丰光电行情图

民德电子（300656，图 3-7-6）于 2023 年 11 月 29 日开盘 10 分钟内涨停 20%，看似强势，股价也突破了 250 日均线，但 120 日均线和 250 日均线呈空头排列，且月周期和季周期情况也不符合我们的选股要求。

图 3-7-6　民德电子行情图

利和兴（301013，图 3-7-7）于 2023 年 11 月 29 日“一”字涨停，次日没有延续涨停板，且股价处于一个相对高位，周周期情况不支持该股继续上涨。

图 3-7-7　利和兴行情图

中迪投资（000609，图 3-7-8）于 2023 年 11 月 21 日和 11 月 29 日分别涨停，且于 11 月 29 日瞬间涨停。从 K 线组合看，该股不具备连续涨停的趋势，尽管该股满足我们的选股要求，但从短期看该股不具备爆发力。

图 3-7-8　中迪投资行情图

蓝科高新（601798，图 3-7-9）于 2023 年 11 月 30 日在 1 小时内瞬间拉涨停，但次日低开低走。该股也是从底部逐渐走高，然后突然拉一个涨停板的情况。但该股与龙高股份（605086）是有区别的，龙高股份在上升途中，只有一根阴线，其强势特征非常明显，而蓝科高新从底部上升途中，K 线形态是阴阳相间的，弱势特征也十分明显，所以它不可能成为短线黑马股。

图 3-7-9　蓝科高新行情图

如意集团（002193，图 3-7-10）于 2023 年 11 月 30 日涨停，但没有破 250 日均线，周周期和季周期级别行情支持该股“走牛”，月周期级别行情不支持其上升，日周期级别行情也可能是“一步三回头”。

图 3-7-10　如意集团行情图

泰永长征（002927，图 3-7-11）于 2023 年 11 月 30 日“一”字涨停，次日涨停开盘，接着在分时图上有一波大的反抽。但为什么没有拉回涨停？这就是主力庄家的意图了，该股在分时图上均线一路下跌。12 月 4 日开盘该股低开高走，形成一个诱多的假阳线或阳线。

图 3-7-11　泰永长征行情图

从上述分析我们可以看出，市场上没有那么多的牛股，在熊市里也只有十来只牛股在狂奔，投资者选到牛股的概率是极低的。所以判断一只股票是不是牛股，还真是一件棘手的事。

2023 年 6 月初至 2023 年 12 月底，市场上“走牛”的个股包括南京商旅（600250）、伟时电子（605218）、引力传媒（603598）、惠发食品（603536）、东安动力（600178）、南京熊猫（600775）、日盈电子（603286）、皖通科技（002331）、双鹭药业（002038）、圣龙股份（603178）、常山药业（300255）和科源制药（301281）等。除了伟时电子（605218）、引力传媒（603598）、东安动力（600178）、南京熊猫（600775）、日盈电子（603286）、皖通科技（002331）和双鹭药业（002038）等让我们敢上车外，剩下的让我们不敢上车。让我们敢上车的个股都有一个共性，那就是均做了一个整理平台并突破整理平台。另外，所有个股均具有一个共性，即所有周期（年周期除外）MACD 指标、TRIX 指标和 KDJ 指标形成金叉，完全符合周期共振原理，日周期级别均线系统呈多头发散，并且股价不破 5 日均线攻击线，因它是强势个股的生命线。

到底怎么样捕捉到市场上的强势龙头股和妖股呢？我们先看看强势龙头股的特点，强势龙头股一定是有涨停板的个股，“有三必有五，有五必成妖”；但是“有三”说不定是脉冲股票，“有五”也未必成妖。怎么解决这一问题呢？对于强势龙头股，我们可以在第一个和第二个涨停板挂涨停板价位买入，因为庄家有可能在涨停板价位撤单洗盘，让不看好后市的散户投资者下车，让看好后市的投资者上车，垫高持仓者的持股成本。但是在第三个、第四个、第五个、第六个和第七个涨停板时，投资者就不要介入了，因为这五个涨停板是具有很大风险的。

而妖股的走势却各有不同，九安医疗（002432）的走势从一开始就是强势龙头股的上升走势，在上升途中基本上没有大的调整，而且时间也相对较短；而特力 A（000025）和双环传动（002472）的上升走势即“三步一回头，五步一回首”。当类似的个股启动时，你并不会知道该股未来会成为妖股，只有年周期 TRIX 指标的 TRIX 线向上形成拐点时，你才能确定该股未来将是一只妖股。

在实际的操盘中，如果我们捕捉不到第一个涨停板，那追涨就要看个股以往和现在的 6 种 K 线形态组合了。

（1）对于杭州热电（605011）和上海物贸（600822）这种有实体涨停板阳线的个股，投资者可以跟进。杭州热电挖了一个“黄金坑”，并于 2022 年 11 月 24 日至 11 月 29 日进行了试盘。上海物贸于 2023 年 5 月 4 日至 5 月 31 日做了一个“美人肩”，投资者看见这种形态就可以介入。

（2）东安动力（600178）和华映科技（000536）这类在上升途中做平台整理的个股，我们可以关注，在“两军会师”或“三军会师”时可以介入。所谓“两军会师”，即 5 日均线和 10 日均线调整到接近的价位；所谓“三军会师”，是指 5 日均线、10 日均线和 20 日均线三条均线运行到一起，并且 20 日均线和 30 日均线向上运行。

（3）天龙股份（603266）于 2023 年 10 月 9 日至 10 月 24 日在底部做了一个整理平台，然后突破平台，以各种涨停板形态上升。

（4）龙高股份（605086）于 2023 年 10 月 24 日至 11 月 7 日，起始为小阳线、中阳线和涨停板阳线，最后为“一”字板的上升行情。

（5）高新发展（000628）于 2023 年 9 月 22 日，在底部毫无征兆的情况下，连续出现十几个“一”字涨停板，找到这种个股只能靠运气了。

（6）天威视讯（002238）于 2023 年 10 月 18 日至 11 月 1 日挖了一个“黄金坑”，然后有两个实体阳线涨停板，接着又是“一”字板，在相对高位还进行了一个平台整理，最后是其冲刺阶段。

虽说第一个涨停板很难捕捉，但也不是完全没有方法。一种方法是，在盯盘操盘过程中，我们可以观察个股的5分钟涨速排名。如果某股在5分钟内涨幅达5%以上，我们可以看该股的K线形态，必须是在250日均线上方运行或是股价突破250日均线。该股如果有第一根大阳线，可能会有第一个涨停板，若分时走势不破均线，且交易状态处于买入状态，此时投资者要眼疾手快地按“笼子价格①”买入，因为即使按“笼子价格”买入，也是按上档卖出的基准价成交的。买入后再看看季周期MACD指标、TRIX指标和KDJ指标是否形成金叉，如果指标处于金叉状态，短线应该会有机会，不管该股是处于短期上升行情、脉冲行情或是牛股行情。

另一种方法是早盘的集合竞价买入法。一日之计在于晨，一日盘面在竞价，集合竞价对于当日操作的重要性不言而喻。集合竞价是指在开盘或收盘前的短时间内，买卖双方通过给出各自理想价位来确定开盘价或收盘价的过程。了解集合竞价一定要了解以下成交规则：

（1）时间规则：9点15分至9点20分这5分钟的开放式集合竞价可以委托买进和卖出的单子，这时你看到的匹配成交量可能是虚假的，因为这5分钟可以撤单，很多主力会在最后30秒撤单；9点20分至9点25分这5分钟的开放式集合竞价可以委托买进和卖出的单子，但不能撤单，9点25分才是集合竞价期间唯一一次真正的成交，会显示成交笔数；9点25分至9点30分，交易主机只接受申报，但不对买卖申报或撤销申报作处理。

（2）最大成交量原则：集合竞价由电脑交易处理系统按照价格优先、时间优先的原则，对全部申报进行排序，并在此基础上，找出一个基准价格，使它同时满足3个条件。一是成交量最大；二是高于基准价的买入申报和低于基准价格的卖出申报全部成交；三是在基准价相同的买卖双方中，有一方申报全部成交，该基准价格即被确定为成交价格。

在9点30分集合竞价后，若确定是第一个“一”字板涨停，就算是巨量封单，我们也可以以涨停板价位及时挂单，通常情况下是不会吃到单子的，但

---

① “笼子价格”是指在股票交易中，交易所对买卖申报价格设定的一种限制范围，也被称为“有效申报价格范围”。这一机制的主要目的是防止股价在短时间内出现大幅波动，抑制过度投机行为，从而维护市场的稳定性和公平性。

有些主力会瞬间撤单，形成点缀封，洗洗短期获利盘，让信心坚定的投资者上车。但投资者上车后，不见得就会马上获利，一定要坚持到该涨停板在 250 日均线上方运行，均线系统呈多头排列或股价突破 250 日均线时。再者，投资者一定要抓“一”字板，不能捕捉阳线涨停板，如弘业期货（001236）于 2023 年 11 月 30 日的涨停板以及蓝科高新（601798）于 2023 年 11 月 30 日的涨停板等。即使是“一”字板，也有风险，但“富贵险中求”！

接下来让我们聊聊妖股战法。首先让我们了解什么是妖股及其特征。通常把股市上那些股价走势奇特和怪异的股票称为妖股，妖股在较短时间内会出现价格大幅波动的情况，我们难以用常规的估值方法来衡量其价值。妖股的出现通常伴随着高风险和高收益，成为投资者们追逐的对象。所有妖股都具备一些共性。

（1）走势与大盘或常理相悖，完全不符合基本的技术分析规律。妖股就是走势与别的股走势不一样，不合常理，让人难以捉摸，且其不合常理的走势一般都是暴涨。比如，明明这家上市公司亏损，股票却连连拉出涨停；明明这家公司的股票达不到这么高的价位，却涨得很高。

（2）市场关注度高。妖股通常具有很高的市场关注度，是市场上的“明星股”；也正因为市场关注度高，所以一些股票才会在短期内连续涨停，从而成为妖股。

（3）高换手率。妖股拥有高关注度，因而也有高换手率，单日换手率常常在 20%左右。原有的人能够快速退出，新接力的人可以迅速接上。

（4）伴 5 月均线上升。这种情况常在行情的初期和中期出现，比如高新发展（000628）、捷荣技术（002855）、通化金马（000766）和九安医疗（002432），都以两根季大阳线结束行情。

（5）合力。妖股产生的原因正是资金在不断地接力。单一主力是无法将股票炒作成妖股的。

（6）盘子小。妖股的流通市值不高，大多数在 40 亿元左右，流通盘在 300 万股的股票大概率不会成为妖股。

（7）价格低。股价通常在 10 元以下，大部分在 5 元以下，价格上涨空间大。

（8）翻倍。翻倍至少 1 倍，即出现 7 个以上涨停板，上升行情不乏实体阳线、“一”字形和“T”字形涨停板，且伴有比较大的调整（九安医疗是特例）。

（9）市场上出现一次妖股的周期比较长①。此处的妖股通常是大盘在震荡市和熊市里出现的妖股。

（10）妖股不按常理出牌，它的走势不是涨停就是跌停。

（11）多主力合作。妖股的形成不是一个主力可以完成的，而是由多个主力团结起来不停地进行轮替炒作完成的，妖股必定是多主力团结运作的。

（12）妖股很少有基金和机构参与，即使有参与占比也非常低，妖股前十大股东一般不会出现基金和机构。

（13）年周期 TRIX 指标在接近死叉的情况下突然拉起妖股行情，至少特力 A（000025）、九安医疗（002432）和双环传动（002472）是这种情况。

妖股往往是市场阶段性总龙头。在买入股票的环节中，无论是低吸、半路上车还是打板，对于投资者而言，每种交易模式都是有利有弊的。妖股的买入方法其实要比其他短线股的模式简单，妖股战法的难点在于对妖股的理解。妖股战法的背后也融合了投资者对市场大势的判断，掌握了“捉妖”技巧之后，我们对市场的理解力就会更加强大。

妖股在市场里毕竟是凤毛麟角，若投资者在其他股票上耗费了仓位和时间，就会错过妖股。很多大妖股可遇而不可求，如果错过了，只能再等下一个。为了提高胜率，有的人就会克制自己，不去做别的品种，通过做妖股的暴利来弥补风险和错过其他好股的机会成本，将精力完全集中于妖股之上。

然后我们来聊聊妖股的涨势。妖股以连续涨停的形式展开，又高又急，途中有时会有短暂的停歇，以起到换手的作用，之后继续加速上涨，短期收益率当属三市第一。涨停形式对妖股非常重要，涨停和不涨停可以用来辨识妖股是否保持强势。妖股涨停多是一气呵成，能让市场情绪亢奋。如果不是涨停，仅是大阳线和小阳线，市场就会认为资金实力不够强，导致抛压变大，短线游资

① 除非是大“A”牛市行情，如 2006—2007 年的中金黄金（600489）和山东黄金（600547）。

只好作罢，去追逐其他品种。俗话说“有三必有五，有五必成妖①”，妖股的高度一般是通过三个涨停板逐步确立的。一板看不出任何端倪，二板能够把龙头确立起来，三板才有成“妖”的可能，四板、五板开始凸显“妖性”，五板往上才算完成了从量变到质变的过程，奠定了妖股的市场地位。

下面谈谈妖股的市场地位。市场以短期涨幅论英雄，妖股涨幅最高，涨速最快，通常先是板块龙头，在上涨的过程中，还会从板块龙头上升为市场总龙头，换言之，妖股会影响市场的涨跌、板块强弱、赚钱效应以及人气情绪。它是市场强弱转化的一个风向标。然而，市场龙头或板块龙头未必都是妖段，当市场在震荡上行或板块轮动的时候，一些板块龙头不以涨停形式来持续拉升，而是以大阳线和小阳线的形式往上涨，偶尔来个涨停，这种情况，我们可以称之为龙头，但不是妖股。此类品种往往以有业绩支撑的白马股居多。

再谈谈妖股产生的频率。人们常说，熊市容易出妖股。为什么会这样呢？难道牛市就不出妖股了吗？其实，这是一个关于妖股出现概率的问题，在不同的市场环境下，出“妖”的概率不同。在牛市中，由于聚光灯效应，强势股多如牛毛，大大地分散了市场的注意力，做妖股不是唯一选择，聚光灯不会全部照耀在妖股身上，其他的牛股同样会在舞台上呈现精彩的表演。那些涨涨停停的股票的收益率说不定就会慢慢追赶上妖股的收益率，而做妖股对操作者能力的要求高于其他股。那么，普通投资者还不如闭眼瞎买，持有一只走势较强的股票心里更踏实，不去做有风险的妖股。在震荡市和熊市中，增量资金不入场，存量资金有限，主力资金容易抱团取暖，活跃的大资金越少，抱团现象就越突出。行情如果特别差，强势股和普通股走势的差异就会迅速拉开，前者将连续暴涨，后者则会横盘震荡或持续下跌。整个市场上亿只股民的眼睛都会盯着这只逆势走强的个股，随着时间的推进，强势股日益做大，最终演变成妖股。当市场的赚钱效应变差时，资金一定会被吸引到少数品种中来，而其他品种则不可避免地会下跌。“虹吸效应”会让资金迫不得已地去关注妖股。在熊市中，做短线的选择余地是非常有限的，对于高手而言，想要获利，根本绕不

① 但我对这句股谚持质疑态度，因为大量的脉冲股票就是在三板过后的几天之内被打回原形。即使五连板的股票也未必成“妖”，从 2023 年 12 月 1 日至 12 月 7 日的昂立教育（600661）和 2023 年 11 月 23 日至 11 月 29 日的皖通科技（002331）的走势可以看出。

开妖股。

龙头股战法从理论上讲是一种炒股技巧，核心思想是拥抱强势龙头股，投资者即使亏钱也要亏给强势龙头股。强势龙头股指的是某一时期在股票市场中对同行业板块的其他股票具有影响和号召力的股票。龙头股的涨跌往往对其他同行业板块股票的涨跌起引导和示范作用。在股票市场中，龙头股并不是一成不变的，龙头股的地位往往只能维持一段时间。强势龙头股必须具备 5 个基本条件：

（1）龙头股必须从涨停板开始，不能涨停的个股不可能做龙头。涨停板是多空双方最准确的攻击信号，是所有黑马的摇篮，是龙头的发源地。

（2）龙头股一定是低价的，一般不超过 10 元，只有低价股才能得到股民的追捧。

（3）龙头股流通市值要适中，适合大资金运作，大市值股票和 3000 万以下的袖珍股都不可能充当龙头股。

（4）龙头股必须日周期、周周期、月周期和季周期 MACD 指标、TRIX 指标和 KDJ 指标均形成金叉，具备共振性。

（5）龙头股通常在大盘下跌末端、市场恐慌时逆势涨停、提前见底或者先于大盘启动，并经受大盘一轮下跌考验。

龙头股战法包括以下几个方面：

（1）永远聚焦龙头、前排和核心。做市场的明星高标，找辨识度高的龙头。连板越多越安全。

（2）踏准节奏做接力，机会就在弱转强；超预期，风险在于强转弱。

（3）只跟随最强的做多行为。

（4）真正的龙头股走主升浪时，任何价位都是买点。

（5）对于总龙头，不要在意分时波动，尾盘封不住时再考虑下车。龙头卖出只有一个原则，不破 5 日均线不下车，不看分时波动。

（6）大盘环境不好，龙头照样舞！

龙头股的特征和操作原则如下：

（1）龙头股都是在相对低位以涨停启动的。

（2）大多数龙头的技术形态，可以用“老鸭头”技术形态来分析，关键点是涨停突破某个重要价位，如120日均线、250日均线和前高。“老鸭头”技术形态是庄家建仓、洗盘和过“鸭头顶”拉高等一系列行为所形成的经典形态。具体来说，“老鸭头”技术形态包括以下几个部分。

①“鸭颈”：5日均线和10日均线放量向上穿过60日均线，形成“鸭颈”。

②“鸭头”：股价涨到一定高度时，庄家进行震仓洗盘操作，导致股价开始回调，形成“鸭头”。

③“鸭嘴”：经过一段调整，盘面相对稳定之后，庄家再进行吸筹拉升股价，5日均线和10日均线形成金叉并向上运行，形成“鸭嘴”。

④“量芝麻点”：成交量连续出现萎缩，表示量能的柱状体表现为小芝麻点，被称为“量芝麻点”。

⑤“鸭鼻孔”：指5日均线、10日均线和20日均线之间的空隙，要求这个空隙越小越好。

（3）龙头股启动的时候，一定是接近周期共振或已经周期共振的，日周期、周周期、月周期和季周期MACD指标、TRIX指标和KDJ指标是金叉状态，但要注意KDJ指标的J值，如果J值偏大，会影响后市的行情高度。这一点是脉冲股与龙头股在技术上的根本不同，这是重中之重，要切记于心。

（4）龙头股启动之前的流通市值大多在3亿元至60亿元之间，不能只看流通股。

找龙头股可以分为以下几步：

（1）从热点转换中鉴别龙头股，一般大盘下跌一轮，会出现新的热点。

（2）用放量特征鉴别龙头股，股票的放量存在着攻击性放量和强势股加仓性放量两种情况。假如个股持续出现三日以上放量，称之为攻击性放量；假如个股仅有单日放量，称之为加仓性放量，龙头股一定具有攻击性放量。

（3）以前是龙头股的股票通过充分调整后也可以重新来过，散户投资者可以事前做好准备工作，多了解以前知名的龙头股，有利于其在盘中立即捕捉热点。若分辨出龙头股，投资者可以持有到横盘区段再选择抛出，也就是我前面讲的KDJ指标和RSI指标钝化后，出现死叉状态就可以抛出。龙头股没有最高点，只有更高点。

（4）散户投资者还需要留意，能作为领头的个股通常其流通股处于中等偏高水平，而且龙头股的公司一定在某一方面有与众不同的地方，或是在所处领域中具有一定的地位和一定的影响力。

股票市场中不缺乏强势龙头股，但强势个股的运行轨迹各不相同，没有一定的模式，若又遇上脉冲股票，那将得不偿失。九安医疗（002432）是大牛股，从最低价 2. 30 元涨到最高价 95. 62 元。该股在 2021 年 11 月 26 日，KDJ 指标就形成死叉了，主力庄家在这个时点做了一根“骗线”。像这样的个股，我们只能在周周期级别上去考察它了，周周期 K 线一直沿着 5 周均线向上运行，起步是小阳线，中间有一根实体很小的十字阴线，随后是中阳线，最后是一根大阳线，并且一直没有破 5 周均线，只是在 2022 年 1 月 21 日前一周才出现了一根带上下影线的周阴线，这个时候才是持仓者的最佳卖点，因为周周期 KDJ 指标和 RSI 指标已经形成死叉了，于此时卖出后，至少以后的震荡波动我们可以不参与了。

龙头股与跟风股的区别如下：

（1）龙头股是指在某板块中起示范作用，其涨跌会影响其他个股的涨跌，具有主动性的股票；而跟风股是指跟着某股票一起涨一起跌，一般跟着龙头股，其涨跌存在被动性的股票。

（2）龙头股出现大涨的情况时，跟风股一般出现小涨的情况，而龙头股小跌时，跟风股可能会大跌。

（3）龙头股一般在开始上涨时，其成交量会出现持续放大的情况，突破后，分时图上会出现缩量，然后再放量，开始进入调整阶段，调整完毕之后，股价会继续拉升创新高；而跟风股在开始上涨时，成交量较少，一般由几笔大单拉升，等到股价上涨到一定高度之后，再出现密集放量，但在调整之后，股价不会再继续拉升。

强势龙头股和妖股的共同特征如下：

（1）股性活跃。

（2）跳空高开，连续涨停。

（3）一般都经过充分换手。

（4）在第三个或第四个涨停板后，成交量明显比第一个和第二个涨停板大。

（5）想参与的投资者都有机会买入，给所有人上车的机会。

强势龙头股与妖股的区别如下：

（1）妖股特立独行，而龙头股龙头不倒，跟风不止。

（2）妖股大多有庄家兴风作浪，筹码集中。龙头股一般是有游资和超短线资金联动哄抬，但筹码分散。

（3）妖股喜欢连板，更多的是“一”字板，一波过后，一地鸡毛、寸草不生。龙头股不一定连板，但有领涨效应，且有反复，经常会有第二浪、第三浪的拉升，属于市场最佳合力。

（4）龙头股有可能会进行切换，但是妖股一般不会切换，当妖股回落的时候，就表示已经见顶。

（5）从业绩上看，龙头股一般在行业中都是佼佼者，在市场中有一定的竞争能力。但是妖股有可能是业绩不佳的股票，甚至可能是垃圾股。

（6）龙头股是伴着 5 日均线和 5 周均线上升的，不破 5 周均线。而妖股是伴着 5 月均线或 5 季均线甚至 5 年均线上升的，不破 5 月均线、5 季均线或是 5 年均线。

（7）龙头股在年周期级别上，MACD 指标和 TRIX 指标是没有形成金叉的，至少 TRIX 指标的 TRIX 线没有形成向上运行的拐点，但 KDJ 指标形成金叉或接近金叉。而妖股年周期 MACD 指标、TRIX 指标和 KDJ 指标形成了金叉，特别是 TRIX 指标的 TRIX 线和 MATRIX 线在接近死叉时 TRIX 线突然形成向上拐点向上运行，自然也有大部分个股在死叉形成后，TRIX 线形成拐点向上运行的，同时 MATRIX 线也向上运行的。

投资者在二级市场上捕捉强势龙头股和妖股，靠 TRIX 指标的年周期 TRIX 线拐头向上运行是一方面；另一方面是每天复盘，将所有涨停板的个股选入自选股，如果第二天又出现“一”字涨停板，可以直接以涨停板价位买入。通常情况下，主力庄家想拉升一只股票，会撤单打开涨停板洗盘，这无非是为了清理市场多余的浮动筹码，抬高市场整体持仓成本。庄家为达到炒作目的，必须让低价买进且意志不坚的散户投资者抛出股票，以减轻上档压力，同时让持股者的平均价位升高，以达到牟取暴利的目的。在这种情况下一般是可以吸到筹码的，前提是必须在早盘9点30分以后立马按涨停板价格挂单买入，如果该股第二天涨停板封死，可继续持有，如果涨停板打开且尾盘不封涨停板，必须坚决抛售。因为市场上脉冲股票太多了，一不小心就会陷入多头陷阱。在第三个、第四个、第五个、第六个和第七个涨停板坚决不能下单买入，为什么呢？一是市场上脉冲股票频率太高，会得不偿失；二是对于第六个涨停板或第七个涨停板，特别是第七个涨停板，所有个股在第七个涨停板都将翻倍，此时介入，个股通常情况下都会调整，如果是妖股，大多以“一”字跌停板调整，这种情况下，我们可以看60分钟的TRIX指标是否形成金叉，如果出现这种情况，可以及时介入。个股能够连续涨到第七个涨停板，才由量变转为质变，奠定其在江湖中的地位。该类个股往往出现在大盘强势反弹或市场低迷的行情下，因为只有在这种行情下，市场上的资金才会像聚光灯一样，聚焦于该股，散户游资会蜂拥而上，从而推动股价上涨。这时，我们坚决不能犯恐高症了。像该类个股，特别是强势龙头股，只要涨停板打开，我们就应该溜之大吉。而妖股K线形态和均线系统走势过于复杂，但在年周期级别行情上，只要TRIX指标的TRIX线形成拐点向上运行，投资者就可以在该股上做低吸高抛。在第五个涨停板后，如果第二天低开，投资者坚决不能买入，一旦介入，就要看收盘价了，将该股的最高价加最低价除以2，得出平均价，如果收盘价高于平均价，也许第三天还有上升的可能性；如果收盘价低于平均价，则次日冲高即抛，决不恋战。一定是高开高走的个股，投资者才能介入。

最后，我强调一点，在年周期级别上，暂时可以不考虑MACD指标和TRIX指标是否形成金叉，只要考虑KDJ指标形成金叉或接近金叉，且不管是在空头区域形成金叉还是在“超卖”区域形成金叉，皆可以买入该股。但年周期KDJ指标能形成金叉，大多数情况是因为有一根年阳线，所以我们要考虑各小周期级别行情是否处于调整状态，并在日周期级别上做低吸高抛，这样我们所获得的不是龙头股就是妖股。我总结了一句话：各周期级别行情涨跌看日线，日周期级别行情涨跌看1分钟线。

第四篇　运用各周期级别 MACD 指标、TRIX 指标和 KDJ 指标选股需要注意的问题

本篇侧重于对不同 K 线形态、均线系统形态和 MACD 指标、TRIX 指标及 KDJ 指标在实盘操作中遇到的一些问题加以阐释，包括金叉、死叉、上涨、下跌、“一”字形和背离形态等，便于散户投资者更进一步了解这个市场。这些问题也是在实盘操作中回避不了的、需要注意的问题。

股票市场的三位一体——技术、原则和人性，三者密不可分，缺一不可，技术解决的是“怎么做”的问题，原则解决的是“做错了怎么办”的问题，而人性解决的则是能否严格执行原则的问题。操盘要坚持心态第一，策略第二，而技术只能屈居第三了。为什么技术只能屈居第三呢？因为在这个市场中，懂基本技术的散户投资者大有人在，而庄家在操盘中总会利用“骗线”来蒙蔽一些散户投资者。

一个股友在 2023 年 9 月 12 日发微信问我要不要卖掉上海沿浦（605128）。她是在 40 元价位处买入的，该股已经到了前期高点，长上影线是压力位。我说该股还没有发出卖出信号，一是 MACD 指标红柱状线还没有缩短，二是 KDJ 指标还没有形成死叉。到了 9 月 14 日，我发现该股的 MACD 指标红柱状线缩短，KDJ 指标也形成死叉了，便让她卖掉了。哪知该股庄家做了一次“骗线”，股价在 9 月 18 日涨到了 51.54 元，KDJ 指标形成死叉后又形成金叉了。我当时

应该看一下 RSI 指标，因为在 9 月 14 日，RSI 指标向下发出了一个脉冲信号，说明该股还有上升空间，此疏忽让股友少赚了 10%的利润。所以，日周期级别行情和周周期级别行情出现“骗线”的情况很多，防不胜防，处处是陷阱。

扫码获取

更多数字资源

第一章

运用日周期级别 MACD 指标、TRIX 指标和 KDJ 指标选股需要注意的问题

金叉型股票

一、大叶股份（300879）

该股（图 4-1-1）日周期 MACD 指标是因 2023 年 8 月 29 日的一根中阳线拉升才形成金叉的，TRIX 指标是在 9 月 1 日形成金叉的，KDJ 指标也是在 8 月 29 日形成金叉的。在这里要注意一点，之前该股 KDJ 指标有过金叉死叉，但其发出的信号是不能相信的，因为 MACD 指标并没有形成金叉。可以说，在日周期级别上，仅仅是某一两天的反抽所形成的金叉，可以视其为无效金叉，只有当 MACD 指标形成金叉，才能视 KDJ 指标的金叉为有效金叉。在日周期级别上，KDJ 指标的金叉真的是太过于频繁了，我们如果不弄清楚其本质，就凭 KDJ 指标形成金叉或死叉买进卖出，在日周期级别上那是要频繁被套的。

2023 年 9 月 10 日，该股 MACD 指标红柱状线连续缩短，估计还要经过两天的连续缩短，股价才会上升，因为 TRIX 指标在相对低位形成金叉，该股可能还会有一波上升行情，但 KDJ 指标的三条线均已运行到了“超买”区间，有形成死叉的可能，那么股价的调整幅度可能会较大。因此，各种指标的运用往往存在着矛盾，我们的任务就是要在这纷繁复杂的问题中解决矛盾，该股 60 分钟级别 MACD 指标和 TRIX 指标仍在调整之中，但 KDJ 指标似乎已形成金

图 4-1-1 大叶股份行情图

叉，要向上运行了，但在 60 分钟级别的 MACD 指标和 TRIX 指标没有形成金叉的情况下，可以将其视为无效金叉。我们看 60 分钟级别前面几个金叉的情况就好理解了，30 分钟线已经形成金叉了，但金叉形成后 MACD 指标和 TRIX 指标会不会走“一”字形也是一个问题，因为在 5 分钟、15 分钟、30 分钟和 60 分钟这几个级别，这种情况出现得太多了。

在周周期级别上，MACD 指标处于死叉状态，但绿柱状线缩短，TRIX 指标也是死叉状态，没有一个月以上的周期是不会形成金叉的，但该指标可以以顶背离的形态形成金叉。KDJ 指标没有形成金叉，J 线又向下运行，该指标可能在等待 K 线和 D 线均运行到“超卖”区间以后再形成金叉。

在月周期级别上，MACD 指标和 TRIX 两个指标早已形成金叉，K 线形态呈“一”字形运行有一年了。尽管 K 线形态呈“一”字形运行，但 MACD 指标和 TRIX 两个指标却一直向上运行。KDJ 指标两度形成金叉，当时的情况是已经形成死叉，而且死叉形成的位置相对较高。这样一来，情况就复杂了，形成死叉后，没有几个月的时间，K 线、D 线和 J 线是运行不到“超卖”区间的，但也不排除股价涨上去会修复 KDJ 指标，但这种可能性很小，因为 D 线也向下拐头运行了。

在季周期级别上，MACD 指标的绿柱状线连续缩短（但在 2023 年第 3 季度没有相应缩短，也就是说应该调整到 2021 年第 1 季度的位置才比较符合常理）。虽然 TRIX 指标的 TRIX 线和 MATRIX 线差值较大，但均是负值，在相对低位差值较大的情况下也有个股案例出现金叉的情况。KDJ 指标在 2022 年第 2 季度已经形成金叉，但对应当时的 MACD 指标和 TRIX 指标的情况，它可以被认为是无效金叉。KDJ 指标除 J 值外，K 值和 D 值均在“超卖”区间，而且这三个值差值较大。是否当 K 值、D 值和 J 值比较接近时，该股才会有一波上升行情，我们只能作出推测。

死叉型股票

一、天房发展（600322，现名津投城开）

该股（图 4-1-2）120 日均线和 250 日均线已从空头排列转为多头排列。日周期 MACD 指标于 2023 年 9 月 4 日形成死叉，TRIX 指标于 9 月 6 日形成死叉，KDJ 指标于 8 月 31 日形成死叉。该股在上升途中，KDJ 指标金叉死叉频繁形成，到底以哪一次 KDJ 指标的死叉为下跌信号，只能看 MACD 指标的红柱状线。8 月 31 日，MACD 指标的红柱状线缩短，且 KDJ 指标的 K 线、D 线和 J 线在“超买”区间运行（前面金叉死叉形成时均没有在“超买”区间运行），股价应该会在 250 日均线上下止跌回稳。周周期 MACD 指标的红柱状线缩短，尽管股价下跌，TRIX 指标的 MATRIX 线仍然会向上运行，等 TRIX 线形成拐点向下运行再形成死叉，而 KDJ 指标在 9 月 1 日之前就形成死叉了，这是比较明确的见顶信号，因为之前的几次死叉形成时均未形成拐点。月周期 MACD 指标和 TRIX 指标在已经处于死叉状态下，形成向上拐点，这样的个股一旦调整到位，仍有上升行情，KDJ 指标的 J 线在“超买”区间见顶回落，像 KDJ 指标的这种状态，没有几个月的调整，个股是没有上升行情出现的。季周期 MACD 指标已形成金叉，TRIX 指标接近金叉，KDJ 指标在 2023 年第 2 季度形成金叉，为有效金叉，所以该股经过充分调整后，仍有较大的上升空间，因为 KDJ 指标当时还在空头区域运行。2024 年第 2 季度末，年周期级别上，MACD 指标形成死叉后，绿柱状线仍在放大，TRIX 指标形成死叉后，以大角度向下运行，KDJ 指标的三条线已运行到了“超卖”区间，但 J 线有二次探底的可能。

图 4-1-2　天房发展行情图

上涨的股票

一、新赛股份（600540）

该股（图 4-1-3）是在 2023 年 8 月 25 日之前选定的，120 日均线和 250 日均线已经形成拐点呈多头排列，并且在均线上方做了一个“美人肩”K 线形态。最主要的是 MACD 指标于 8 月 28 日形成金叉，TRIX 指标于 8 月 29 日形成金叉，TRIX 值与 MATIX 值均为 0. 10，KDJ 指标在 8 月 22 日形成金叉，在此后 6 天时间里出现了一波脉冲行情，然后该股再现上升行情。周周期 MACD 指标红柱状线再次放大，TRIX 指标近期不会形成死叉，但 KDJ 指标死叉形成后，J 线又拐头向上运行了，但 D 线已向下运行，估计 J 线遇到 D 线又会向下运行。月周期 MACD 指标和 TRIX 指标形成金叉，但金叉形成不代表股价不会下跌，KDJ 指标的 K 线和 J 线在向下运行。2023 年第 3 季度，季周期 MACD 指标已形成金叉，TRIX 指标形成死叉后，TRIX 线形成向上运行的趋势，KDJ 指标形成金叉并向上运行。2024 年第 2 季度末，年周期级别上，MACD 指标的绿柱状线二次放大，TRIX 指标以大角度向下运行，KDJ 指标的 K 线和 J 线已运行到了“超卖”区间，D 线接近“超卖”区间。

图 4-1-3　新赛股份行情图

二、我乐家居（603326）

该股（图 4-1-4）是我在 2023 年 8 月 25 日之前罗列清单时选定的个股。我在“利用均线系统选股的思考和方法”一章中提到过，一旦 250 日均线形成拐点向上运行，并且各条均线密集分布在一起，表明该股会有上升行情。我选定该股正是基于这一观点以及对该观点的实践。但我本人并没有买该股，只是作为自选股备用，哪知该股于 8 月 28 日，MACD 指标和 KDJ 指标均形成金叉，8 月 30 日 TRIX 指标形成金叉，几乎是“一”字板开盘，即便有高开的小阳线，该股也是瞬间涨停，即便我能买到，也很担心买到脉冲股票。

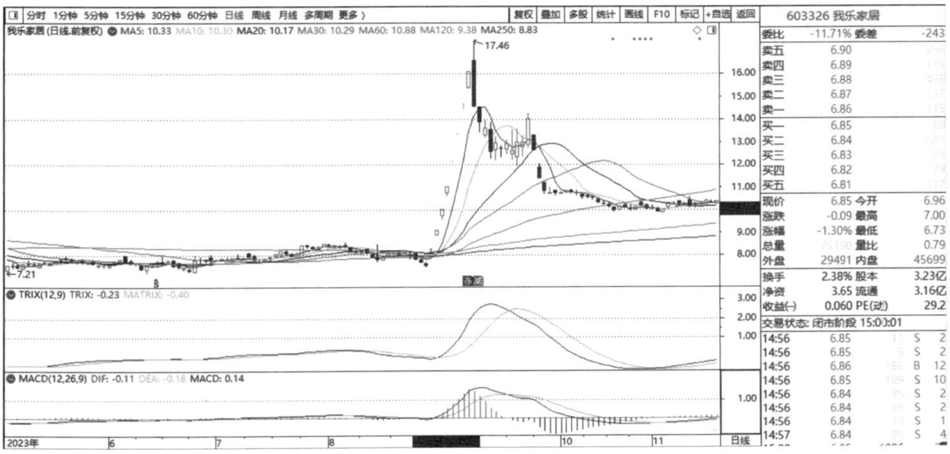

图 4-1-4　我乐家居行情图

随着该股大股东减持的丑闻被曝光，该股才出现回调行情，上方出现了一根带上影线跌停板的阴线，KDJ 指标形成死叉，MACD 指标红柱状线缩短。随着股价的下跌，该股 MACD 指标和 TRIX 指标会形成死叉。按该股的走势看，它会在高位反复震荡出货，出现“龙回头”的情况。2023 年 9 月 11 日，30 分钟级别 MACD 指标和 TRIX 指标基本走平，而 60 分钟级别还没有调整到位，等 60 分钟级别 MACD 指标和 TRIX 指标走平并形成金叉，投资者可以适度介入抢反抽。周周期正乖离率偏大，MACD 指标和 TRIX 指标金叉形成后没有发生大的变化，但 KDJ 指标已经形成死叉。月周期正乖离率偏大，有向下调整的趋势，但 MACD 指标和 TRIX 指标没有发生明显的变化，KDJ 指标趋向于死叉。季周期级别行情有点怪异，TRIX 指标没有调整完毕，TRIX 线就形成了向上运行的拐点，但从 MACD 指标看也属正常，因为季周期 MACD 指标的绿柱状线连续 4 个季度在缩短，KDJ 指标在 2023 年第 2 季度形成金叉，该股出现上升行情也在情理之中。2024 年第 2 季度末，年周期级别上，MACD 指标形成死叉，绿柱状线放大，TRIX 指标的 TRIX 线几乎垂直向下运行，KDJ 指标的 J 线已运行到“超卖”区间，但 K 线和 D 线在空头区域。

下跌的股票

一、苏文电能（300982）

2023 年 9 月 11 日，该股（图 4-1-5）所有均线系统均呈空头排列，120 日均线与 250 日均线形成死叉，该股股价自 60.47 元下跌至 34.27 元，几乎腰斩。自 MACD 指标于 2023 年 7 月 19 日形成死叉、TRIX 指标于 7 月 21 日形成死叉、KDJ 指标于 7 月 13 日形成死叉以来，下跌途中几乎没有像样的反抽。9 月 11 日，MACD 指标已形成金叉，但是为平交，且 TRIX 指标还没有形成金叉，KDJ 指标呈“一”字形运行，看不出接下来的行情是涨还是跌，在 60 分钟级别也看不出接下来的方向。

2023 年 7 月 21 日，从周周期看，该股仍有下跌空间，因为 MACD 指标和 TRIX 指标二度形成死叉，二度形成死叉一般跌幅较大，就像二度形成金叉后

图 4-1-5　苏文电能行情图

涨幅比较大一样，KDJ 指标所有线均运行到“超卖”区间，但并没有形成金叉。月周期 MACD 指标和 TRIX 指标形成死叉，在底部有几个月的调整期，但 KDJ 指标的 J 线已运行到“超卖”区间。在月周期级别上，该股有一个明显的特点，即股价与 TRIX 指标形成顶背离，因为 TRIX 指标于 2022 年 5 月形成死叉后，股价上涨，而 TRIX 指标向下运行 10 个月后，顶背离时间过长，股价反而下跌。

现在让我们来看看月周期的 BOLL 指标。2023 年 9 月 11 日，BOLL 指标下轨的价位是 29.13 元，当股价运行到这个价位，会出现一波反弹行情。季周期 MACD 指标二度形成死叉，TRIX 指标的 TRIX 线向下运行，还没有形成向上的拐点。所以股票最怕的就是阴跌，即每天跌一点点的这种情况，物极必反，我相信这样的股票总有一天会有反弹的，但反弹高度不会超过 250 日均线价位。

2024 年第 2 季度末，年周期级别上，MACD 指标的绿柱状线仍在连续放大，TRIX 指标的 TRIX 线继续向下运行，KDJ 指标形成死叉，J 线已运行到“超卖”区间，但 K 线和 D 线还没有运行到“超卖”区间。

二、兰卫医学（301060）

该股（图 4-1-6）日周期级别行情自 2023 年 4 月 13 日下跌以来，股价几乎腰斩，下跌期间，也没有像样的反弹，均线系统呈空头排列。2023 年 9 月 7 日，MACD 指标、TRIX 指标和 KDJ 指标均已形成或即将形成金叉，但 MACD 指标和 TRIX 指标形成金叉角度不大，至少该股暂时不会继续下跌。周周期

MACD 指标和 TRIX 指标继续处于死叉状态，并仍在向下运行，KDJ 指标有形成金叉的趋势，但只要 MACD 指标和 TRIX 指标没有出现金叉，都可以将其视为无效金叉。月周期 MACD 指标的绿柱状线没有明显缩短的迹象，TRIX 指标的 TRIX 线和 MATRIX 线差值较大，KDJ 指标在“超卖”区间已运行 9 个月了，还有继续延伸的可能，因为让 MACD 指标和 TRIX 指标形成金叉还需要时日。季周期级别上，MACD 指标已形成死叉，TRIX 指标只有 TRIX 线在向下运行，KDJ 指标也是死叉状态，且均在“超卖”区间运行，该股出现上涨行情还需要时间。

图 4-1-6　兰卫医学行情图

第二章
运用周周期级别 MACD 指标、TRIX 指标和 KDJ 指标选股需要注意的问题

金叉型股票

一、华映科技（000536）

该股（图 4-2-1）周周期 MACD 指标于 2023 年 7 月 21 日形成金叉后，一直平稳运行，直到 8 月 25 日 MACD 指标接近死叉，突然发力向上运行。TRIX 指标于 8 月 11 日形成金叉，金叉形成后 TRIX 线一直以“一”字形运行，突然

图 4-2-1　华映科技行情图

发力后，TRIX 线形成拐点向上运行。该股是受月周期和季周期保护的，也就是说，在月周期和季周期级别上，MACD 指标、TRIX 指标和 KDJ 指标均形成了金叉。在日周期级别上，作为强势股的技术指标，KDJ 指标的三个值还相差很大，假如后来该股在涨停板上方调整，投资者还可以买入，直至 KDJ 指标形成死叉为止。2024 年第 2 季度末，年周期级别上，MACD 指标分别于 2017 年、2020 年形成死叉，KDJ 指标于 2016 年形成死叉，于 2024 年运行到“超卖”区间，此时我们要注意了，一旦该指标形成金叉，投资者可以介入。

二、新疆交建（002941）

从周周期看，该股（图 4-2-2）是一只反弹行情股，其 K 线形态阴阳相间，所以该股适合投资者做低吸高抛。该股也是受月周期和季周期保护的，2023 年 9 月 8 日，该股日周期级别行情在调整。假如该股能调整到 250 日均线附近，投资者可以大胆持仓买入。2024 年第 2 季度末，年周期级别上，MACD 指标的绿柱状线在放大，TRIX 指标的 TRIX 线仍在向下运行，KDJ 指标的 K 线和 J 线已运行到“超卖”区间。

图 4-2-2　新疆交建行情图

死叉型股票

一、国华网安（000004）

该股（图 4-2-3）周周期 MACD 指标、TRIX 指标和 KDJ 指标均已处于死叉状态，只是 KDJ 指标于 2023 年 7 月 21 日就已经形成死叉了，准确地反映了其下跌趋势的形成，MACD 指标和 TRIX 指标分别于 9 月 1 日、9 月 28 日在相对高位开始形成死叉。从季周期看，由于 2020 年第 1 季度出现一根上影线较长的季阳线，MACD 指标差点形成金叉，TRIX 线也走平了，但最终两个指标均未能形成金叉，随后股价一路下跌。对于在季周期出现的这种情况，如果该股的 MACD 指标和 TRIX 指标形成金叉，该股将有比较大的上升行情。2008 年第 4 季度，该股的 MACD 指标将要形成死叉，TRIX 指标也将要形成死叉，最终该股走出一波上升行情。

图 4-2-3　国华网安行情图

该股年周期 MACD 指标在 2022 年形成死叉，TRIX 指标也有形成死叉的趋向，且 MATRIX 线还没有形成向下运行的拐点，KDJ 指标在 2017 年和 2018 年之间就已经形成死叉了，并且未来 KDJ 指标的三条线会运行到“超卖”区间，可即使运行到“超卖”区间，个股也只会出现反弹行情，绝不会出现反转行情，因为年周期 MACD 指标和 TRIX 指标还没有充分调整到位。

该股似乎有点自相矛盾，周周期级别行情下跌，而月周期 MACD 指标和

TRIX 指标却形成上涨趋势，TRIX 指标一旦形成金叉，特别是带一定上升角度的金叉，股价下跌也不会改变它继续向上运行的趋势，而 MACD 指标会随着股价下跌，红柱状线缩短。月周期 KDJ 指标已经形成死叉，所以周周期级别行情下跌是情理之中的。2024 年第 2 季度末，年周期级别上，MACD 指标的绿柱状线继续放大，TRIX 指标以大角度向下运行，KDJ 指标的 K 线和 J 线已运行到“超卖”区间。

二、深华发 A（000020）

该股（图 4-2-4）周周期 MACD 指标、TRIX 指标和 KDJ 指标已经形成死叉。从 2023 年 8 月 25 日的情况看，MACD 指标的绿柱状线缩短，有形成金叉的趋势，TRIX 指标也可能以顶背离的形式完成调整，KDJ 指标也将运行到“超卖”区间，KDJ 指标的 J 线已形成拐点向上运行。在日周期级别上，MACD 指标和 TRIX 指标已形成金叉，而 KDJ 指标已运行到“超买”区间，随时都有向下调整的可能性，但也不尽然，因为 KDJ 指标的调整只要有一两根阴线就能完成，所以还要看 MACD 指标和 TRIX 指标有没有出现实际变化。例如，该股在 2023 年 5 月 15 日和 5 月 17 日 KDJ 指标即将形成死叉的情况下，股价上涨，KDJ 指标一直没有形成死叉，只做了一个假动作，在 6 月 1 日才形成死叉，但死叉形成后，K 线形态做了一个“美人肩”。该股于 6 月 26 日试盘，6 月 27 日和 6 月 28 日震仓洗盘后才启动了一波脉冲行情。月周期级别上，MACD 指标和 TRIX 指标均已形成金叉，只有 KDJ 指标形成死叉，D 线也向下运行了。只要

图 4-2-4　深华发 A 行情图

月周期 KDJ 指标的 D 线向下运行，股价就会下跌，有可能调整到 250 日均线附近。在季周期级别上，三个指标均已形成金叉。从长期看这个情况支持股价上涨，但短期内该股不太可能有大的上涨行情，因为脉冲行情结束不久，主力庄家不将该股进行充分调整，是不会启动新一轮上升行情的，即使再启动脉冲行情，主力庄家也不会不考虑其周期性。2024 年第 2 季度末，年周期级别上，MACD 指标形成死叉且绿柱状线放大，TRIX 指标于 2023 年形成死叉；KDJ 指标已运行到“超卖”区间，一旦该指标形成金叉，投资者可介入抢反弹。

“一”字形股票

一、华资实业（600191）

2023 年 2 月 17 日至 7 月 21 日，该股（图 4-2-5）周周期 MACD 指标和 TRIX 指标呈“一”字形运行。随后该股日周期级别行情于 7 月 25 日试盘，于 7 月 26 日和 7 月 27 日震仓洗盘，7 月 28 日以后启动了一波脉冲行情。该股月周期 MACD 指标和 TRIX 指标也呈“一”字形在运行，KDJ 指标即将形成死叉，向下运行的可能性增大。季周期 MACD 指标、TRIX 指标和 KDJ 指标分别在不同时间形成金叉。从 2023 年 9 月 8 日的情况看，因为该股曾有过一波脉冲

图 4-2-5　华资实业行情图

行情，所以在短期内可能不会再有大的上升行情出现。2024 年第 2 季度末，年周期级别上，MACD 指标形成死叉且绿柱状线继续放大，TRIX 指标形成死叉且向下运行角度偏大，KDJ 指标在“超卖”区间接近金叉，一旦该指标形成金叉，投资者可以抢反弹。

二、贵州燃气（600903）

从 2022 年 11 月 4 日至 2023 年 5 月 12 日，该股（图 4-2-6）周周期 MACD 指标和 TRIX 指标呈“一”字形运行，此后该股于 2023 年 5 月 25 日至 6 月 20 日启动了一波脉冲行情。月周期 MACD 指标和 TRIX 指标已形成金叉，虽然角度不大，但经过前面的四次探底，该股应该不会有太大的跌幅了。虽然季周期 KDJ 指标已经形成金叉了，MACD 指标的绿柱状线连续缩短，但 TRIX 指标两条线之间的差值太大，该股在短期内可能不会有大的上升行情出现。2024 年第 2 季度末，年周期级别上，MACD 指标形成死叉且绿柱状线继续放大，TRIX 指标的 TRIX 线继续向下运行，KDJ 指标形成死叉且向下发散。

图 4-2-6 贵州燃气行情图

上涨型股票

豫光金铅（600531）

该股（图 4-2-7）周周期 MACD 指标于 2023 年 7 月 14 日形成金叉，TRIX 指标于 2023 年 7 月 28 日形成金叉，KDJ 指标于 2023 年 6 月 30 日形成金叉。

在 KDJ 指标金叉形成后，该股启动了一波上升行情。从 2023 年 9 月 8 日的情况看，KDJ 指标形成死叉了，该股仍有下调空间，强支撑位在 250 日均线上下。因为该股当时有过一波上升行情，所以短期内应该不会出现较大的上升行情，但从长期看，上升行情迟早会出现的。月周期 MACD 指标和 TRIX 指标已形成金叉，但 KDJ 指标在多头区域已形成死叉，且 K 线、D 线和 J 线均向下发散，调整时间不会很短。季周期 MACD 指标、TRIX 指标和 KDJ 指标均已形成金叉，为该股长期向好提供了保障。2024 年第 2 季度末，年周期级别上，MACD 指标形成死叉，绿柱状线缩短并形成芝麻点，TRIX 指标形成死叉且向下运行，KDJ 指标形成金叉。

图 4-2-7　豫光金铅行情图

下跌型股票

一、华电国际（600027）

该股（图 4-2-8）自 2023 年 7 月 14 日下跌，周周期 MACD 指标在 7 月 14 日形成死叉，但 TRIX 指标要晚一步，于 7 月 28 日形成死叉，KDJ 指标于 6 月 9 日形成死叉。该股日周期级别行情于 9 月 8 日反抽，但反抽幅度不大，反抽到 250 日均线附近戛然而止。120 日均线和 250 日均线呈多头排列，有形成死叉的趋势。尽管 MACD 指标和 TRIX 指标在低位形成金叉，但 KDJ 指标的 J 线已运行到了“超买”区间。月周期 MACD 指标和 TRIX 指标已形成死叉或接近死叉，KDJ 指标在 6 月和 7 月之间形成死叉。季周期 MACD 指标和 TRIX 指标形成金叉，但 MACD 指标的红柱状线缩短，KDJ 指标接近死叉，最终也会形成死叉。该股这波上升行情结束了，下跌行情开始缓慢进行。2024 年第 2 季度末，年周期级别上，该股的 MACD 指标曾出现过两次“骗线”，第一次没有形成死叉，第二次形成了死叉，TRIX 指标一直没有形成金叉，KDJ 指标的 J 线已运行到“超买”区间，该股随时可能出现调整。

图 4-2-8　华电国际行情图

二、铭普光磁（002902）

该股（图 4-2-9）周周期 MACD 指标在 2023 年 8 月 4 日形成死叉，如果 MACD 指标不能明示顶部，至少在 2023 年 6 月 30 日看到周周期 MACD 指标的红柱状线缩短时可以逃顶。TRIX 指标在 8 月 11 日形成死叉，显然这个时间点太晚了。TRIX 指标不管形成金叉还是死叉，它表明的是一种趋势，但这种趋势又往往被顶背离和底背离所困扰。KDJ 指标形成死叉的时间也比较晚，为 7 月 14 日，只能依据 KDJ 指标在“超买”区间 J 线向下形成拐点时逃顶。投资者可以将各种指标在不同周期的情况结合起来加以确认，以此来保证判断的准确性。该股月周期跌幅趋缓，但 MACD 指标的红柱状线连续缩短，TRIX 指标已处于相对高位，有调整的趋势，KDJ 指标已经形成死叉，还没有形成有效向下发散的形态，所以该股的下跌还远远没有结束。虽然季周期 MACD 指标的红柱状线还没有缩短，但在下个季度应当会缩短的，TRIX 指标在相对低位形成金叉，而且是在 TRIX 线和 MATRIX 线差值较大的情况下形成金叉，实属难得一见。虽然 TRIX 指标在低位形成金叉了，但股价向下调整的趋势不会改变，TRIX 指标会以底背离形态向上运行。2024 年第 2 季度末，年周期级别上，MACD 指标的绿柱状线快速缩短，TRIX 指标的 TRIX 线有形成拐点向上运行的迹象，KDJ 指标在空头区域形成金叉，尽管该股业绩出现亏损，但未来可期。

图 4-2-9 铭普光磁行情图

“骗线”型股票

捷荣技术（002855）

该股（图 4-2-10）周周期 MACD 指标和 TRIX 指标均制造了“骗线”，先是形成死叉，紧接着便是形成金叉。该股日周期级别行情几乎是“一”字板涨停，投资者在低位捕捉到了这样的强势股该怎么出货？答案是日周期 KDJ 指标什么时候形成死叉就什么时候出货。该股主力庄家持仓 70%的筹码，在该股上升途中又没有经过充分换手，那么出货的方式只有一个，即在高位震荡出货。该股启动前符合我在“利用均线系统选股的思考和方法”一章里表述过的只要 250 日均线呈多头排列，各均线又密集分布在一起，且股票一直出现缩量①的情况。2023 年 8 月 29 日，该股突然高开高走，但并没有涨停，如果投资者将

① 缩量与无量有着本质的区别，前者是股价健康发展的正常需要，后者则是疲弱的表现。

其作为自选股，一旦发现该股出现大阳线或接近涨停板时即可买入。年周期级别上，该股曾在2023年有一波牛市行情。2024年第2季度末，MACD指标的红柱状线缩短，TRIX指标的TRIX线还没有形成拐点向下运行，KDJ指标的K线和J线在空头区域形成向下的拐点，因此该股在近三四年内可能不会有大的上升行情。

图4-2-10　捷荣技术行情图

正乖离率偏大的个股

通化金马（000766）

该股（图4-2-11）周周期级别行情正乖离率偏大，从2023年9月8日的情况看，该股价位为7.78元，而5周均线价位为6.48元，周周期MACD指标和TRIX指标还没有发出卖出信号，而KDJ指标发出了卖出信号，因为KDJ指标的K线、D线和J线均已接近“超买”区间了。该股日周期级别行情当时正在调整，MACD指标的红柱状线缩短，KDJ指标的K线、D线和J线在“超买”区间均向下运行并发散。月周期MACD指标的DIF线和TRIX指标的TRIX线形成了拐点，似乎还有上升空间，但KDJ指标的J值已达到93.37。季周期MACD指标和TRIX指标均已形成金叉，为上升行情打开了空间，但KDJ指标的J线还没有运行到100以上，当时为82.75。年周期级别上，该股曾在2023年有一波牛市行情，2024年第2季度末，MACD指标的红柱状线仍在放大，

TRIX 指标的两线仍在向上运行，KDJ 指标的 J 线在多头区域运行，该股仍有上升空间。

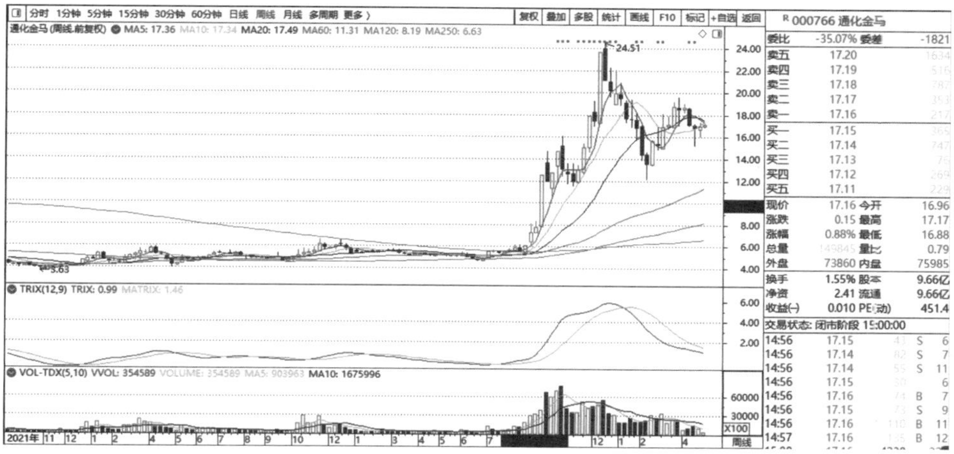

图 4-2-11　通化金马行情图

以下是我的总结：

（1）当一根周大阳线出现后，5 周均线在下一周自然会修复正乖离率偏大的问题；

（2）日周期 KDJ 指标是可以钝化的；

（3）不管是在周周期、月周期还是季周期级别上，如果个股呈现出强势特征，一般情况下，个股只有运行到出现两根中阳线或大阳线才会出现调整行情。

第三章

运用月周期级别 MACD 指标、TRIX 指标和 KDJ 指标选股需要注意的问题

金叉型股票

一、上海亚虹（603159）

从 2023 年 9 月 9 日的情况看，该股（图 4-3-1）月周期 MACD 指标和 TRIX 指标在 0 轴上均已形成金叉，而 KDJ 指标却处于死叉状态。谨记一点，季周期 KDJ 指标几乎不会频繁形成金叉和死叉，但月周期 KDJ 指标时常发生，所以我们在根据月周期级别行情选个股时，也要看看季周期级别行情是不是支持该股上涨，也就是说季周期 MACD 指标和 TRIX 指标必须形成金叉。从该股的季周期级别行情看，MACD 指标和 TRIX 指标早已形成金叉，而 KDJ 指标一旦形成金叉，该股就可能出现上升行情。从该股的历史发展看，MACD 指标于 2019 年 2 月形成金叉，TRIX 指标于 2019 年 4 月形成金叉以后，至 2021 年 1 月，股价总体上是下跌的，MACD 指标和 TRIX 指标与股价形成了底背离，直到 2021 年 2 月至 9 月，该股来了一波持续 8 个月的多头行情。该股日周期级别行情面临调整的压力，但最多跌破 250 日均线就会“收回失地”。120 日均线与 250 日均线呈多头排列，周周期级别行情也面临调整。最主要的是该股在 2023 年 6 月 12 日至 6 月 20 日出现了一波脉冲行情，套牢了许多散户投资者。主力庄家不在底部反复磨底，让被套牢者拱手让出带血的筹码，是不会在短期内启

动一波大行情的。2024 年第 2 季度末，年周期级别上，MACD 指标的绿柱状线缩短，TRIX 指标的 TRIX 线仍在向下运行，KDJ 指标尚未形成金叉。

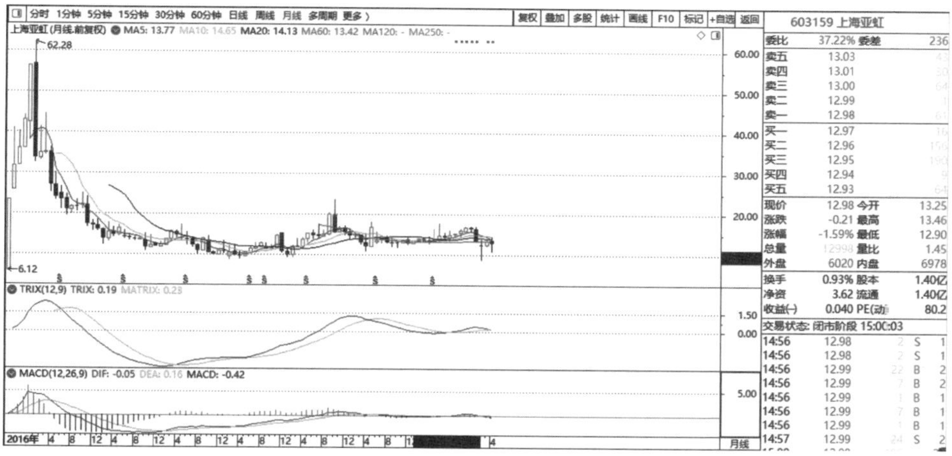

图 4-3-1　上海亚虹行情图

二、观想科技（301213）

该股（图 4-3-2）是我在 2023 年 8 月上旬就列出了清单要点评的个股，没想到它在 2023 年 8 月 17 日至 8 月 28 日就出现了脉冲行情。既然该股出现了脉冲行情，那就不会在几周之内调整完毕。从 2023 年 9 月 9 日的情况看，月周期 MACD 指标和 TRIX 指标早已形成金叉，但 KDJ 指标在空头区域要形成死叉了。一般来讲，若其在空头区域形成死叉的可能性较大，主力在此就不会做“骗线”。因为 120 日均线与 250 日均线呈多头排列，那么即使日周期级别行情调整，调整的最低价也会在 41 元。该股季周期 MACD 指标和 TRIX 指标并没有形成金叉，MACD 指标的绿柱状线连续缩短，TRIX 线也没有形成向上的拐点，KDJ 指标在“超卖”区间形成金叉了，5 季均线已形成拐点向上运行了，但该股 2023 年 8 月的月线的上影线过长，接下来应是调整行情。2024 年第 2 季度末，年周期级别上，MACD 指标的绿柱状线仍在放大，TRIX 指标的 TRIX 线向下运行，KDJ 指标形成死叉后向下发散。

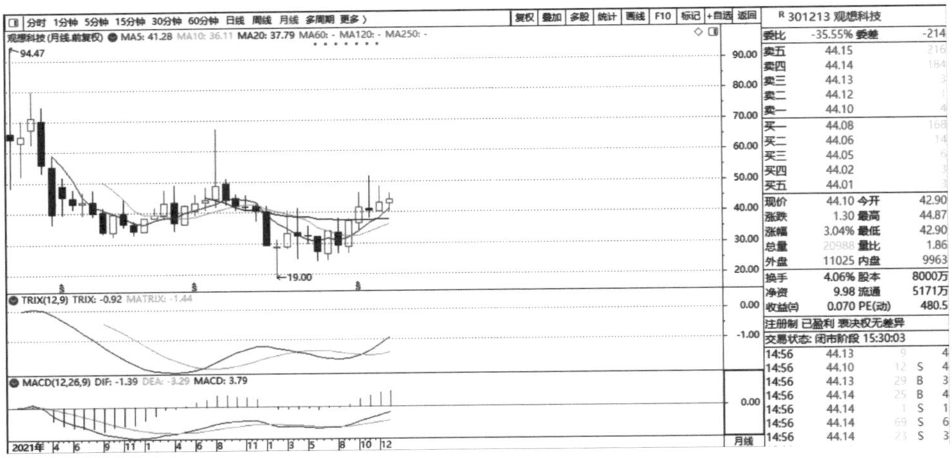

图 4-3-2　观想科技行情图

死叉型股票

一、振邦智能（003028）

从历史走势看，该股（图 4-3-3）比较活跃。从季周期看，MACD 指标已形成死叉，TRIX 指标的 TRIX 线已经拐头向下运行，KDJ 指标继续向下运行。月周期 MACD 指标已形成死叉，TRIX 指标也在相对高位接近死叉，KDJ 指标正在向“超卖”区间运行，运行到“超卖”区间后，会有一波反弹行情，但投资者不要寄予厚望，这仅仅是反弹行情而已，不会改变 TRIX 指标向下运行的趋势，我们看看 2021 年 12 月 TRIX 指标形成死叉后的情况就能明白了。从 2023 年 9 月 9 日的情况看，120 日均线和 250 日均线均呈空头排列，即便反弹，该股反弹高度也不会突破 120 日均线或 250 日均线，何况该股确实在 MACD 指标和 TRIX 指标形成死叉后，形成了顶背离，走出了一波上升行情。2024 年第 2 季度末，年周期级别上，MACD 指标形成死叉且有第一根绿柱状线，TRIX 指标的 TRIX 线向下运行，KDJ 指标形成死叉并向下发散，该股前几年里有过一波上升行情，未来几年内可能不会有大的上升行情，但不乏反弹行情。

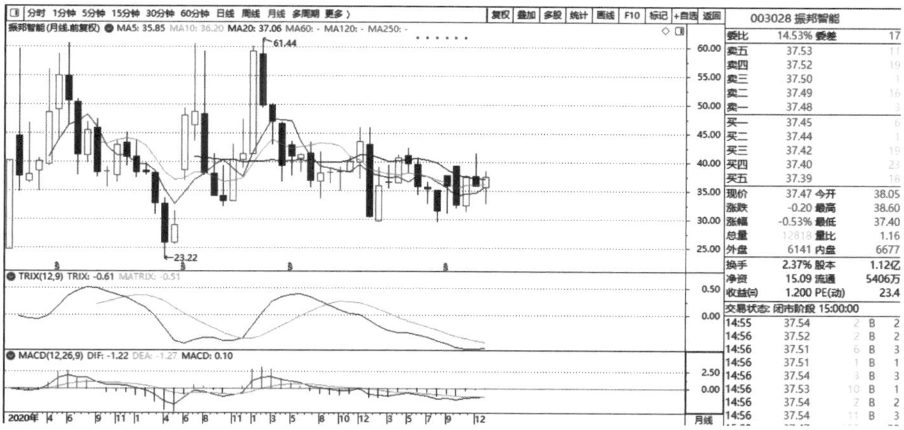

图 4-3-3 振邦智能行情图

二、天禾股份（002999）

该股（图 4-3-4）与振邦智能（003028）有不同之处，也有相似之处，不同之处是该股的季周期 MACD 指标和 TRIX 指标已经形成金叉，相同之处是 KDJ 指标已经形成死叉，但 KDJ 指标的三条线还没有接近“超买”区间。从月周期看，两者同样是 MACD 指标和 TRIX 指标已经形成死叉，KDJ 指标已接近“超卖”区间的情况，因此在未来可能会有一波反弹行情，但不是反转行情。2022 年 9 月，主力庄家做了一次“骗线”，MACD 指标形成死叉，TRIX 指标的 TRIX 线形成拐点向下运行，KDJ 指标的 D 线也向下运行，当 J 线运行到了“超卖”区间，该股启动了一波翻倍的上升行情。2024 年第 2 季度末，年周期级别上，该股与振邦智能（003028）存在相同的情况。

图 4-3-4 天禾股份行情图

涨幅过高型股票

一、宝明科技（002992）

该股（图 4-3-5）在季周期级别上，2023 年第 4 季度，MACD 指标的 DIF 线呈约 80 度角向上运行，红柱状线值为 12. 34，TRIX 指标的 TRIX 线也呈约 80 度角向上运行，KDJ 指标的 J 值为 104. 30，运行到了“超买”区间，说明该股的下跌行情即将展开。尽管各均线系统呈多头排列，但从周周期浪形结构上看，该股已走完了上升 5 浪，接下来是下跌 3 浪，所以 120 日均线和 250 日均线迟早会空头排列。

图 4-3-5　宝明科技行情图

月周期 MACD 指标虽然没有形成死叉，但红柱状线也没有连续放大，TRIX 指标即将形成死叉，KDJ 指标虽然仍处于金叉状态，但 J 线也将运行到“超买”区间，随时都可能有向下调整的趋势。KDJ 指标于 2021 年 11 月形成金叉，MACD 指标于 2022 年 6 月形成金叉，TRIX 指标于 8 月形成金叉，TRIX 值为-2. 30，MATRIX 值为-2. 50，所以三个指标在不同时间点形成金叉。投资者需要判别哪个指标形成的金叉才是有效金叉，要根据 MACD 指标和 TRIX 指标两条线之间的差值大小来判断行情。该股的 MACD 指标和 TRIX 指标已处于相对高位，相对来说，如果这两个指标在低位就很难确认两条线之间的差值。即使我们有当时的数据，也很难作出判断，只有从日周期级别行情确定股价在什么时候有效突破 250 日均线来加以判断。该股有效突破 250 日均线的时间是 2022 年 6 月 24 日，结合月周期 MACD 指标形成金叉的时间也是在 6 月，我们可以明确行情启动时间不是 KDJ 指标于 2021 年 11 月形成金叉的这个时间窗口。因此，投资者对于这种涨幅很大的股票，即使股价跌破了 250 日均线也不能抢反弹。2024 年第 2 季度末，年周期级别上，MACD 指标的红柱状线缩短，TRIX 指标的 TRIX 线向上运行，KDJ 指标的 J 线在“超买”区间已形成拐点向下运行。此后该股会有反复，随着股价反弹，J 线会向上运行。

二、工业富联（601138）

从季周期看，该股（图 4-3-6）的 MACD 指标于 2023 年第 1 季度形成金叉，此时股价已经从 8.49 元涨到了 17.44 元，TRIX 指标于 2023 年第 2 季度已形成金叉，此时股价已经从 13.61 元涨到了 25.92 元，KDJ 指标于 2022 年第 4 季度形成金叉，而股价突破 250 日均线的时间窗口为 2023 年 1 月 9 日，接近 2022 年第 4 季度，属于有效突破。尽管该股日后反复震荡，但最终在 2023 年 3 月 1 日开启了上升行情。从 2023 年 9 月 9 日的情况看，月周期 MACD 指标于 2023 年 1 月形成金叉，符合 2023 年 1 月 9 日股价突破 250 日均线这个时间点，TRIX 指标于 2023 年 3 月形成金叉，也不算晚，而 KDJ 指标在底部区间反反复复形成金叉和死叉，给投资者作出正确的判断带来了极大的麻烦，所以要将多个指标结合起来进行综合判断才能得出是否有一波上升行情。从 2023 年 9 月 9 日的情况看，月周期 MACD 指标的红柱状线缩短，但 TRIX 指标的 TRIX 线还没有形成拐点向下运行，KDJ 指标已形成死叉了。周周期 MACD 指标和 TRIX 指标已形成死叉，该股的调整还在进行中，会引发股价反弹，调整的目标价位在 14 元左右，也就是 250 日均线的价位。从浪形上看，该股还有一波上升 5 浪。后来，该股在 MACD 指标和 TRIX 指标形成死叉的情况下确实走出了一波上升 5 浪，这还要从周周期级别行情去看。年周期级别上，MACD 指标于 2022 年做了一次“骗线”，2024 年第 2 季度末，MACD 指标的红柱状线迅速放大，TRIX 指标形成拐点向上运行，KDJ 指标的 J 线已运行到“超买”区间，该股调整在所难免。

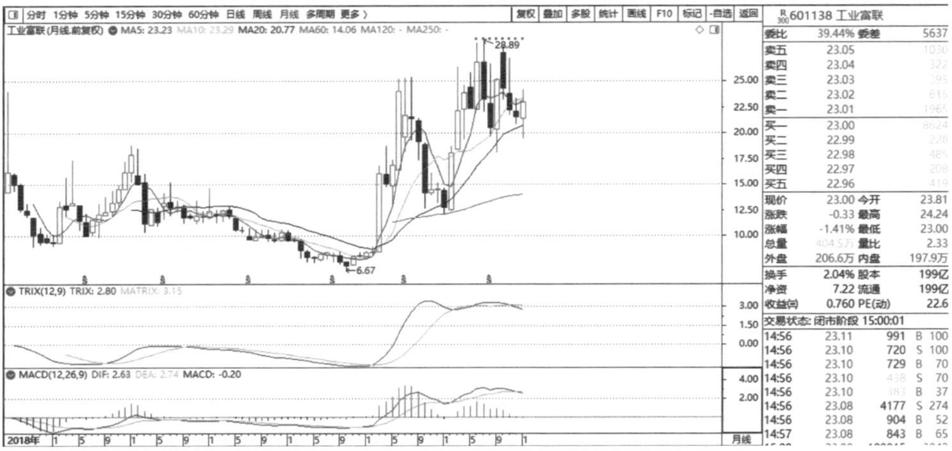

图 4-3-6　工业富联行情图

下跌型股票

一、苏盐井神（603299）

该股（图 4-3-7）是我在 2023 年 8 月上旬就备选作为评点的个股。2023 年 8 月 22 日，该股出现了一次脉冲行情，仅仅 6 天，该股就回到了原来的价位，在相对高位抢筹的散户投资者还没有反应过来就被悉数套牢，欲哭无泪。季周期 MACD 指标和 TRIX 指标处于金叉状态，KDJ 指标已形成死叉，从 KDJ 指标形成死叉的状态看，没有形成大的向下发散的状态，说明该股的调整远远没有结束。月周期 KDJ 指标率先形成死叉，时间为 2022 年 9 月；MACD 指标于 2022 年 12 月形成死叉，TRIX 指标于 2023 年 1 月形成死叉，该股处于缓慢下跌过程中。从 5 年均线看，该股调整到 8 元左右会止跌回升。在日周期级别上，所有均线呈空头排列，一旦 120 日均线和 250 日均线呈空头排列，想恢复多头排列，不是几个月就能解决的。所以对该类型的个股，投资者不要轻易抢反弹，即便要抢反弹，也要依据周周期级别的三个指标的情况抢反弹。2024 年第 2 季度末，年周期级别上，MACD 指标的红柱状线放大，TRIX 指标的 TRIX 线向上运行，KDJ 指标接近金叉，该股上升空间已打开。

图 4-3-7　苏盐井神行情图

二、康惠制药（603139）

该股（图 4-3-8）季周期 MACD 指标和 TRIX 指标处于金叉状态，但 KDJ 指标于 2022 年第 4 季度就已形成死叉了，并且向下发散已有 3 个季度，还要运行若干季度才能到达“超卖”区间，MACD 指标的 DIF 线已形成向上的拐点。实际上，KDJ 指标曾于 2019 年第 4 季度就形成过一次金叉，由于对应的 MACD 指标和 TRIX 指标两条线差值较大，该股只是启动了一波反弹行情。在月周期级别上，只有 KDJ 指标首先形成死叉，但这时股价已下跌到位了，该情况发生在 2022 年 9 月。MACD 指标在 2023 年 1 月形成死叉，TRIX 指标在 2023 年 3 月形成死叉，所以依据上述指标看股价涨跌均晚了一步，接下来就要看周周期级别行情了。在周周期级别上，KDJ 指标在 2022 年 8 月 12 日形成死叉，MACD 指标在 9 月 16 日形成死叉，TRIX 指标在 9 月 23 日形成死叉，KDJ 指标反应速度快于其他两个指标。从 2023 年 9 月 9 日的情况看，月周期 KDJ 指标形成金叉并向上运行，估计 J 线运行到 100 时会掉头向下运行，MACD 指标的绿柱状线逐渐缩短，似乎有形成金叉的趋势，如果金叉形成未果，则会再次探底，TRIX 指标基本没有什么反应，不管股价是涨是跌，MATRIX 线会运行到 0 轴下方。年周期级别上，MACD 指标的绿柱状线于 2023 年缩短，2024 年第 2 季度末，绿柱状线又迅速放大，TRIX 指标的 TRIX 线向下运行，KDJ 指标在“超卖”区间形成死叉，这种在“超卖”区间形成死叉的情况比较少见。

图 4-3-8 康惠制药行情图

“一”字形股票

一、赢时胜（300377）

“一”字形股票是相对于 K 线形态、MACD 指标和 TRIX 指标而言的，即便是“一”字形股票，中间也形成过金叉和死叉，而 KDJ 指标既有金叉又有死叉，不能作为买卖的依据，我们只能以周周期级别行情发出的信号作为买卖依据。

2015 年第 3 季度至 2023 年第 4 季度，在季周期级别上，该股（图 4-3-9）K 线形态呈下跌“一”字形，MACD 指标已形成金叉，TRIX 指标尚未形成金叉，KDJ 指标既有金叉，又有死叉，不能作为买卖的依据。年周期 MACD 指标已形成死叉，TRIX 指标接近死叉，KDJ 指标的 D 值为 37.71，没有运行到“超卖”区间。如果要修复年周期 MACD 指标和 TRIX 指标，那么季周期 MACD 指标和 TRIX 指标即使因一根较长的季阳线出现而形成金叉，也会呈“一”字形状态运行多年，或者在金叉形成后，启动一波上升行情（因为季周期 KDJ 指标有望形成金叉）。从月周期看，该股 K 线形态也呈“一”字形向下运行，所以月周期 MACD 指标和 TRIX 指标呈“一”字形运行 5 年有余，KDJ 指标既有金叉，也有死叉，但不能作为买卖依据，只能将周周期级别的三个指标作为买卖依据。2024 年第 2 季度末，年周期级别上，MACD 指标形成死叉，绿柱状线放大，TRIX 指标的 TRIX 线向下运行，KDJ 指标形成死叉后向下发散，J 线已运行到“超卖”区间。对于这种个股，投资者应密切关注其未来趋势发展。

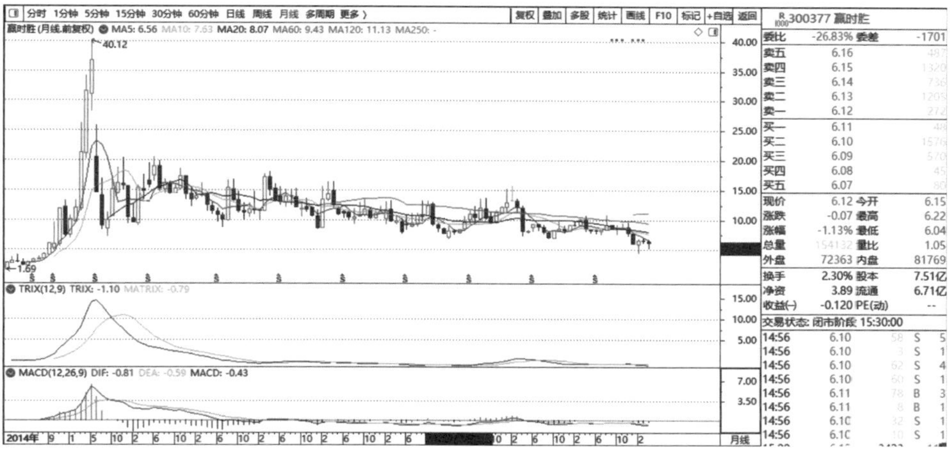

图 4-3-9　赢时胜行情图

二、上海电影（601595）

该股（图 4-3-10）从 2020 年 11 月至 2023 年 2 月，月周期 MACD 指标和 TRIX 指标呈“一”字形态运行两年有余；KDJ 指标时不时形成金叉或死叉，不能作为买卖依据。2023 年 3 月至 2023 年 4 月，一波牛市行情启动，当第一根月大阳线出现时，MACD 指标的红柱状线“才露尖尖角”，尽管此时 KDJ 指标的 J 值为 100，有些散户投资者会认为上升行情结束了。但“横有多长，竖有多高”，该股应该还有一根较 2023 年 3 月更长的红柱状线出现。果不其然，随后第二根更长的月阳线于 2023 年 4 月出现了，并使 KDJ 指标在 100 处钝化了两个月。从月周期和季周期级别行情看，卖点不好把握，那么我们只有看周周期了。周周期股价在上升期间，一直伴着 5 周均线向上运行，KDJ 指标于 2023 年 5 月 5 日接近死叉，这个时间是最佳卖点。在季周期级别上，MACD 指标和 TRIX 指标也以“一”字形运行了两年半。从 2023 年 9 月 9 日的情况看，日周期 MACD 指标和 TRIX 指标呈“一”字形运行了多日。从个股的跌势来看，月周期下跌起始是大阴线，在中间是中阴线，最后是小阴小阳线。根据该股在 2018 年 12 月前的情况，我们可以明显地看出这一点。年周期级别上，该股在 2023 年有过一波牛市行情。2024 年第 2 季度末，该股处于调整过程中。通常在往后几年，该股是不会出现大的上升行情的。此时 MACD 指标的绿柱状线缩短，有形成金叉的趋向，但可能不会形成金叉，且绿柱状线也可能二次放大。TRIX 指标的 TRIX 线走平，且会继续走平。KDJ 指标形成金叉，但有可能在若干年后会形成死叉，继续向下运行。

图 4-3-10　上海电影行情图

垂直型股票

一、嘉戎技术（301148）

该股（图 4-3-11）月周期 MACD 指标于 2023 年 7 月形成金叉后，该股股价开始上涨，8 月继续上涨，TRIX 指标于 2023 年 8 月形成金叉，并且 MACD 指标的 DIF 线和 TRIX 指标的 TRIX 线以近 90 度的角度向上运行，KDJ 指标早在 2022 年 10 月就形成金叉了，但这种金叉是无效金叉。在季周期级别上，MACD 指标的绿柱状线突然缩短，TRIX 指标的 TRIX 线还没有形成向上运行的拐点，投资者买入的介入点不明确。KDJ 指标更是做了一个假动作，在即将形成死叉的情况下，J 线突然垂直向上运行，我们也找不到买入点，所以只能借助周周期判别了。从周周期的情况看，投资者也只有在 2023 年 7 月 28 日可以介入。该股的一个重要的特点是 MACD 指标的 DIF 线和 TRIX 指标的 TRIX 线在月周期级别上呈垂直运行状态。2024 年第 2 季度末，年周期级别上，MACD 指标形成死叉，绿柱状线迅速放大，TRIX 指标的 TRIX 线向下运行，KDJ 指标形成金叉且向上发散。这种多指标运行状态不一致的情况在年周期级别行情中还是比较少见的。

图 4-3-11　嘉戎技术行情图

二、华是科技（301218）

在月周期级别上，该股（图 4-3-12）的 MACD 指标在 2023 年 6 月形成金叉，金叉形成后 DIF 线呈约 80 度角向上运行；TRIX 指标在 2023 年 7 月形成金叉，金叉形成后以近 90 度角向上运行；KDJ 指标在 2022 年 12 月形成金叉，没有什么意义，但可以引起我们对该股的关注。只有 MACD 指标形成的金叉最具意义，但此时 TRIX 指标的 TRIX 线并没有形成向上的拐点，我们也不敢贸然买入。季周期 KDJ 指标于 2022 年第 4 季度接近死叉，2023 年第 1 季度反转向上运行，此时应该是最佳买入点。从周周期看，KDJ 指标于 6 月 2 日形成金叉，但这种金叉出现过于频繁，所以还是月周期 MACD 指标形成的金叉最具意义。捕捉大牛股还真要费一番心思，投资者须具备综合分析能力。通过以上分析，我们可以得出一个结论，月周期和季周期 MACD 指标只要出现第一根红柱状线，就必然会出现第二根红柱状线，为我们追涨提供实战依据，但这个结论在 MACD 指标的绿柱状线缩短的情况下不适用。2024 年第 2 季度末，年周期级别上，MACD 指标的红柱状线缩短，TRIX 指标的 TRIX 线向上运行，KDJ 指标的 K 线和 J 线在“超卖”区间形成拐点向下运行。

图 4-3-12　华是科技行情图

底背离股票

幸福蓝海（300528）

该股（图 4-3-13）在 2020 年 10 月至 2022 年 10 月间，股价下跌，但月周期 MACD 指标和 TRIX 指标却不断走高，这就是底背离现象；其间 KDJ 指标反复形成金叉和死叉，不能作为买卖依据。季周期 MACD 指标于 2021 年第 2 季度形成金叉，TRIX 指标于 2022 年第 4 季度形成金叉，KDJ 指标在同一时间里

图 4-3-13　幸福蓝海行情图

眼看就要形成死叉了，随后被一根季阳线拉起。从 2023 年 9 月 9 日的情况看，该股正乖离率偏大，正在进行调整，KDJ 指标也需要进行修复，因为 J 线已运行到了“超买”区间。2024 年第 2 季度末，年周期级别上，MACD 指标的绿柱状线缩短，TRIX 指标的 TRIX 线继续向下运行，KDJ 指标的 K 线和 J 线在“超卖”区间形成拐点向下运行，预示着二次探底。

正乖离率偏大的股票

一、三维天地（301159）

该股（图 4-3-14）是一个慢牛行情，经过 4 个季度，股价从 21.95 元涨至 76.77 元。从 2023 年 9 月 10 日的情况看，由于 2023 年 8 月阳线上影线过长，并且收盘价与 5 月均线正乖离率偏大，2023 年 9 月在修复，待股价调整到 10 月均线 38.50 元附近，该股应该有一波反弹行情，但仅仅是反弹行情，短期内不会再创历史新高了。2024 年第 2 季度末，年周期级别上，MACD 指标的红柱状线变大，TRIX 指标的 TRIX 线向上运行，KDJ 指标的 K 线和 J 线形成拐点向下运行且接近死叉，但不会形成死叉。

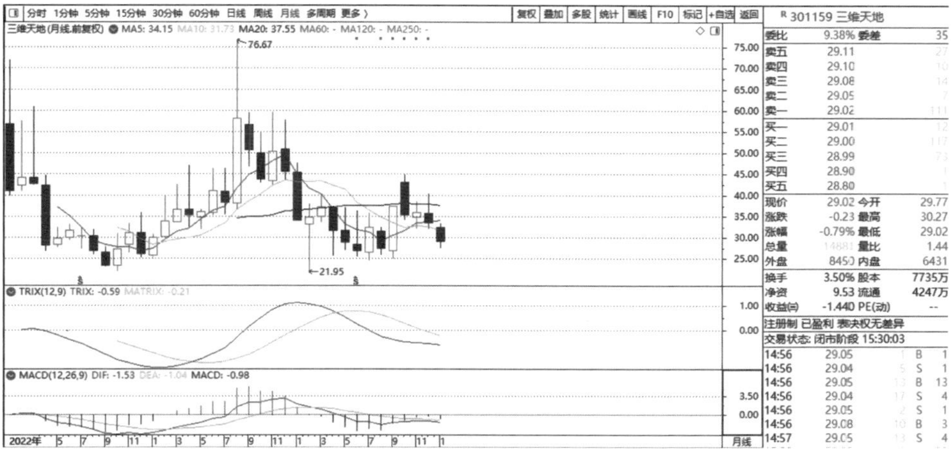

图 4-3-14　三维天地行情图

二、国泰环保（301203）

该股（图 4-3-15）的股价经过一年的上涨，股价从最初的最低价 34 元涨至71元多。2023年7月17日至8月17日，该股用一个月时间做了一个“美人肩”K线形态，然后仅用4天就直接将股价推高至71元多。2023年8月，该股正乖离率偏大，留下一根有上长影线的月阳线，9月正乖离率仍然偏大。该股日周期级别行情见顶信号是KDJ指标的J值在100处做了一个“双顶”，此时投资者就应该离场了。2024年第2季度末，年周期级别上，MACD指标形成死叉且绿柱状线迅速放大。由于该股是次新股，TRIX指标还没有形成。KDJ指标在“超卖”区间形成金叉并向上发散。

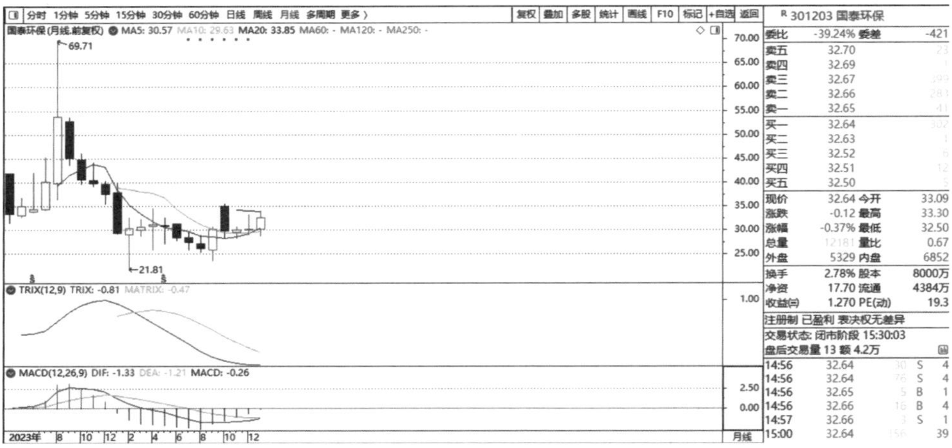

图4-3-15　国泰环保行情图

第四章
运用季周期级别 MACD 指标、TRIX 指标和 KDJ 指标选股需要注意的问题

金叉型股票

一、百洋股份（002696）

该股（图 4-4-1）季周期 MACD 指标、TRIX 指标和 KDJ 指标均已形成金叉，KDJ 指标是在 2021 年第 4 季度形成金叉的，金叉形成后季线组合步入上升通道，且在金叉后，MACD 指标和 TRIX 指标的所有值均为负值，KDJ 指标形成的金叉有效，MACD 指标在 2022 年第 4 季度形成金叉，TRIX 指标在 2023 年第 2 季度形成金叉。从历史走势看，该股季线上下影线均较长，是一只较活跃的股票。不管是上升通道，还是下降通道，特别是 2020 年第 1 季度出现一根季阳线后，6 根季阴线下跌，但 MACD 指标的绿柱状线一根一根缩短，股价与 MACD 指标出现了底背离；最后在 2021 年第 4 季度和 2022 年第 1 季度两根季阳线出现的情况下，使该股步入上升通道。由于 2023 年第 1 季度和第 2 季度有两根季阴线，所以该股形成金叉后，其向上角度不大。我们知道这两个指标均是将收盘价平滑处理后形成的指标曲线。

从该股年周期看，当时三个指标还没有完全调整到位。月周期也进入了调整期，MACD 指标和 TRIX 指标形成死叉后向下运行，KDJ 指标金叉形成未果。周周期进入了调整期，MACD 指标的红柱状线缩短，KDJ 指标已于 2023 年 9 月

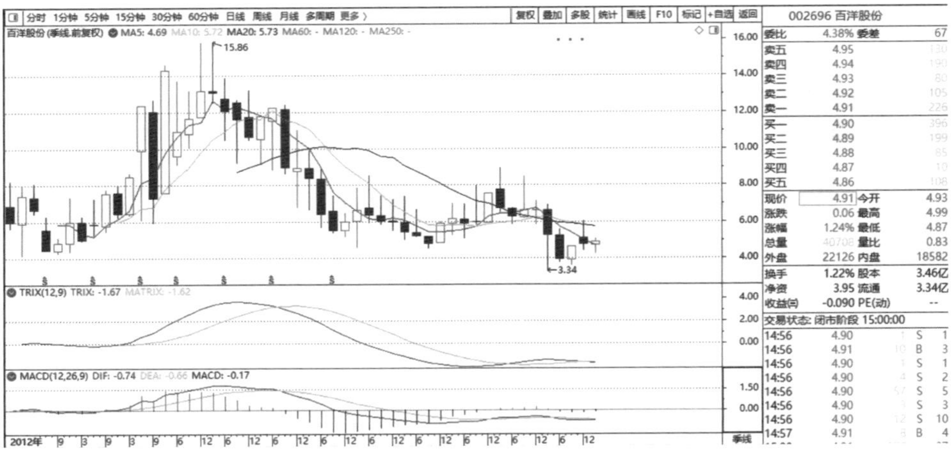

图 4-4-1　百洋股份行情图

之前形成死叉，后来向下运行。日周期级别行情也进入了调整期，鉴于 2023 年 8 月 23 日至 9 月 8 日该股启动了一波脉冲行情，要想在当时再启动一波上升行情是不可能的，虽然日周期 MACD 指标和 TRIX 指标处于调整状态中，但 KDJ 指标却在“超卖”区间形成金叉并向上运行。即使向上运行，股价也不会在短期内有较大幅度的升幅，该股横盘整理概率增大。

从 2023 年 9 月 5 日的情况看，我们需要注意不要将该股当作一只黑马股，理由有两点：一是季周期 MACD 指标和 TRIX 指标金叉形成后的角度太小，MACD 指标的红柱状线没有有效放大；二是 20 季均线还没有形成向上的拐点。

2024 年第 2 季度末，年周期级别上，MACD 指标形成死叉且绿柱状线放大，TRIX 指标的 TRIX 线向下运行，MATRIX 线也形成拐点向下运行，KDJ 指标的 K 线和 J 线已运行到“超卖”区间，J 线二次探底。

二、罗普斯金（002333）

从历史走势看，该股（图 4-4-2）多次出现脉冲行情，谨记一点，在 MACD 指标和 TRIX 指标没有形成金叉之前，即使 KDJ 指标于 2021 年第 1 季度形成金叉了，也是无效金叉，因为此时的 MACD 指标的绿柱状线较长，而通常情况下，季周期的绿柱状线缩短是一个渐进的过程。另外，TRIX 指标的 MATRIX 线还是正值。在这种情况下，该股不可能出现大的上升行情，大多是脉冲行情，所以投资者不要轻易追涨。当均线系统密集交织在一起时，看看大致的脉冲周期，投资者可以适量买入。周周期 MACD 指标的绿柱状线缩短则买入，红柱状线缩短则卖出。该股的年周期 TRIX 指标刚刚形成死叉，未来如果有大牛市行情，该类股票可能也不会大涨，只能依据周周期的情况做低吸高抛。2024 年第 2 季度末，年周期级别上，MACD 指标形成死叉且绿柱状线放大，TRIX 指标形成死叉，KDJ 指标已运行到“超卖”区间。

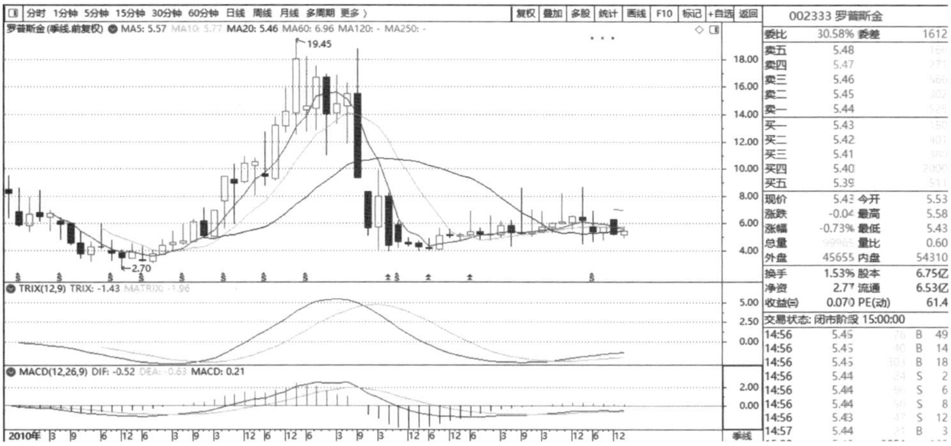

图 4-4-2　罗普斯金行情图

三、瑞玛精密（002976）

该股（图 4-4-3）季周期三个指标已形成金叉，并步入了上升通道。谨记一点，在各个周期级别行情中，一般 KDJ 指标先于 MACD 指标形成金叉，MACD 指标又先于 TRIX 指标形成金叉。KDJ 指标于 2022 年第 2 季度形成金叉，并且 MACD 指标的绿柱状线连续缩短，MACD 指标于 2023 年第 1 季度形成金叉，TRIX 指标于 2023 年第 3 季度形成金叉。当 KDJ 指标形成金叉时，MACD 指标和 TRIX 指标两条线的差值较大，但 MACD 指标的绿柱状线连续缩短，TRIX 指标两条线均处于负值区域，也就是说 TRIX 指标接近底部区域，那么 KDJ 指标是有效金叉。在这种情况下，MACD 指标和 TRIX 指标金叉形成后向上运行的角度肯定很大。果然，在 2023 年 9 月，MACD 指标和 TRIX 指标呈近 80 度角向上运行。

从季周期 K 线形态看，不管是下降通道，还是上升通道，每个季度都有一波上升行情。在这里我要重申一点，并不是季周期（包括所有周期）在下降通道就没有反弹行情，在上升通道才会有上升行情，而是股价一旦处于上升通道后，如果投资者被套牢，也有解套的可能性；而一旦在下降通道被套牢，投资

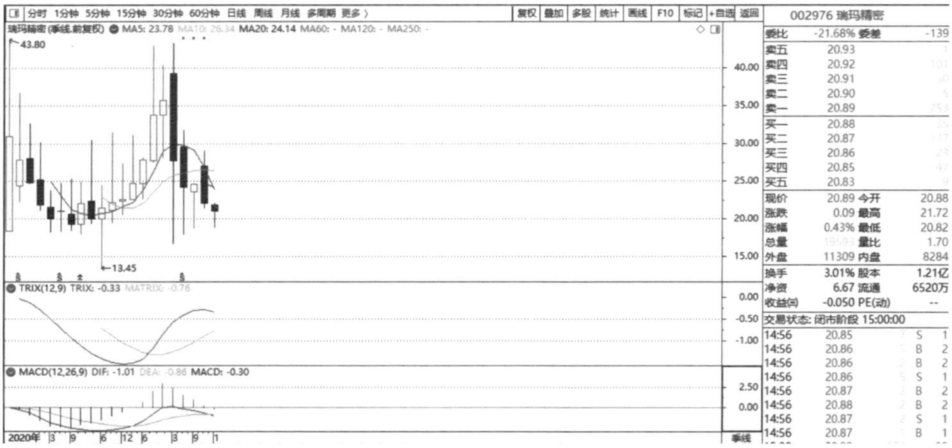

图 4-4-3 瑞玛精密行情图

者如果不会做低吸高抛的操作，那就真的不知道猴年马月才能解套。

在季周期和月周期级别上，该股当时的正乖离率仍然偏大，周周期存在调整的趋势，该股在 2023 年 7 月 4 日至 8 月 16 日发生了一波脉冲行情，在 2023 年 8 月 29 日又出现了一个涨停板，这是一个诱多的信号，尽管季周期 MACD 指标、TRIX 指标和 KDJ 指标已形成金叉，但实际上是一种假象。很多个股都有这种走势，短期内可能不会再有上升行情，因为庄家不会将 2023 年 7 月 11 日至 7 月 12 日进去的买家就此解放出来。2024 年第 2 季度末，年周期级别上，MACD 指标的红柱状线缩短，TRIX 指标的 TRIX 线仍向上运行，KDJ 指标的 K 线和 J 线形成拐点向下运行，但不会形成死叉。

四、生意宝（002095）

该股（图 4-4-4）从季周期看，在 2019 年第 1 季度有一根季阳线，将股价拉升，此后股价下跌，MACD 指标的绿柱状线缩短，形成了底背离。直到 2022 年第 4 季度，一根季阳线使 MACD 指标形成金叉。谨记一点，在通常情况下，只要 MACD 指标的绿柱状线接近 0 轴时，个股往往会出现一波上升行情，使 MACD 指标、TRIX 指标和 KDJ 指标形成金叉。MACD 指标于 2022 年第 4 季度形成金叉，TRIX 指标于 2023 年第 2 季度形成金叉，而 KDJ 指标于 2021 年第 4 季度形成金叉。KDJ 指标金叉形成后，连续 3 个季度股价下跌，与瑞玛精密（002976）形成了鲜明的对比。在这种情况下，我们怎么判断生意宝（002095）KDJ 指标形成的金叉的有效性呢？我们只能看 K 线形态了。瑞玛精密

(002976) 的 K 线形态十分活跃，而生意宝 (002095) 就不一样了，K 线形态上单边下跌，其间没有像样的反弹，阴多阳少，因此我们能确定其 KDJ 指标的金叉属于无效金叉。事后证明，KDJ 指标在 2022 年第 3 季度接近死叉的状态下，被 2022 年第 4 季度的季阳线拉升，才形成有效金叉。如果投资者在第一个金叉介入，被套牢事小，关键是浪费了我们资金使用的效率和时间。2024 年第 2 季度末，年周期级别上，MACD 指标形成了死叉且绿柱状线放大，TRIX 指标形成了死叉，KDJ 指标已运行到“超卖”区间，J 线二次探底，可能会三次或多次探底，该股在这期间会有反弹。

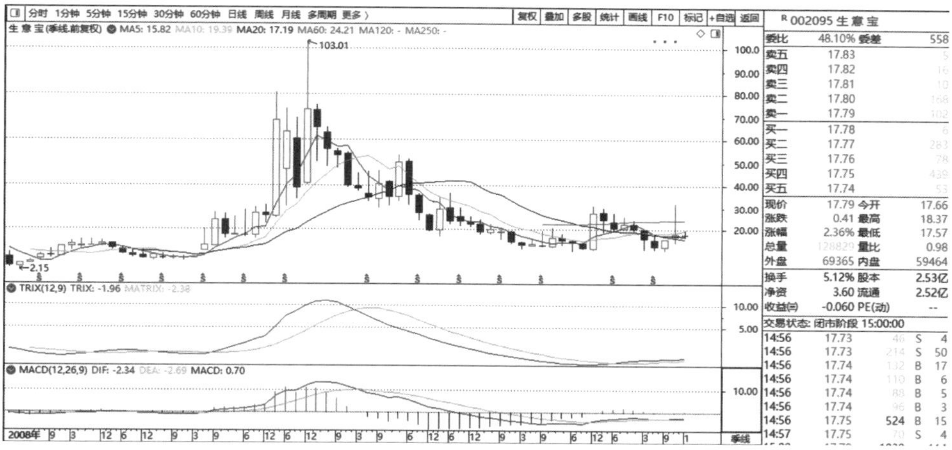

图 4-4-4　生意宝行情图

死叉型股票

一、甬金股份 (603995)

该股 (图 4-4-5) 季线处于下降通道，季周期 KDJ 指标于 2022 年第 3 季度形成死叉，MACD 指标已经形成死叉，TRIX 指标接近死叉。不知道这种股票跌到何时才是尽头，但下降通道也存在盈利的机会。如该股在 2022 年第 2 季度的最低价为 25.95 元，2022 年第 3 季度的最高价为 45.25 元，2022 年第 4 季度的最低价为 22.38 元，2023 年第 1 季度的最高价为 36.96 元。所以对于任何一只下跌股票，只要投资者精通对日周期级别行情的操作，盈利也是很丰厚的。

图 4-4-5 甬金股份行情图

从该股在 2023 年 9 月 11 日季周期 KDJ 指标的运行情况来看，如果 KDJ 指标的 K 线、D 线和 J 线运行到“超卖”区间，该股可能会结束空头行情，启动多头行情。月周期级别行情还没有出现买入信号，一是 MACD 指标的绿柱状线没有缩短的迹象，二是 TRIX 指标两条线的差值较大，MATRIX 线还没有运行到 0 轴以下，KDJ 指标已经运行到了“超卖”区间。由于前两次金叉出现在下降通道，金叉形成后立马就形成死叉了，这点值得我们注意，任何一只股票在月周期级别上处于下降通道，都只能视作一次反弹，投资者决不可寄予厚望。

2024 年第 2 季度末，年周期级别上，MACD 指标的红柱状线连续缩短，TRIX 指标的 TRIX 线似乎要形成拐点向下运行，KDJ 指标在空头区域接近死叉。对于这类个股，投资者可以不予关注。

二、信捷电气（603416）

该股（图 4-4-6）250 日均线已形成拐点向下运行，只要形成向下运行的拐点，250 日均线就会成为股价上行的压力线。尽管在 2023 年 9 月，月周期 MACD 指标和 TRIX 指标呈“一”字形运行，但迟早会形成死叉的，KDJ 指标还没有运行到“超卖”区间。在季周期级别上，5 季均线在 2023 年第 2 季度形成拐点向上运行了，但无奈 2023 年第 3 季度的一根阴线，使 5 季均线走平了。MACD 指标和 TRIX 指标均已形成死叉，但 KDJ 指标似乎要形成金叉了，但即使金叉形成，大概率会是无效金叉，因为 MACD 指标和 TRIX 指标还远远没有调整到位。2024 年第 2 季度末，年周期级别上，MACD 指标接近死叉，TRIX 指标的 TRIX 线形成拐点向下运行，KDJ 指标形成死叉并向下发散。

图 4-4-6　信捷电气行情图

三、国联股份（603613）

该股（图 4-4-7）季周期级别行情呈单边下跌状态，这些曾被炒高过的股票，下跌是必然会出现的趋势。这种个股不适宜短线操作，一般散户投资者最好不要介入该类型的股票。从历史走势可以看出，该股基本沿着 5 季均线展开上升行情，季周期 KDJ 指标随股价连续 3 年走高，在“超买”区间基本处于钝化状态，而 MACD 指标的红柱状线也时长时短，投资者不好操作。

但我们要谨记，只要 MACD 指标的 DIF 线没有走平或没有形成拐点向下运行，KDJ 指标在“超买”区间没有形成死叉并向下发散，就可以继续持仓。该股在上升途中，有两根季阴线，一根十字星阴线，它们均没有破 5 季均线。季阴线的出现使原本钝化的 RSI 指标也向下发散。随着股价走高，RSI 指标又接近金叉，这种情况的发生也是庄家刻意所为。在任何情况下，一只个股的涨跌均是由庄家根据技术指标的情况操盘而实现的。为什么市场大涨时会有个股下跌？为什么在市场大跌时会有个股涨停？这些情况的出现均是技术指标或主力操盘引起的。

2024 年第 2 季度末，年周期级别上，MACD 指标接近死叉，TRIX 指标的 TRIX 线形成拐点向上运行，KDJ 指标形成死叉并向下发散。

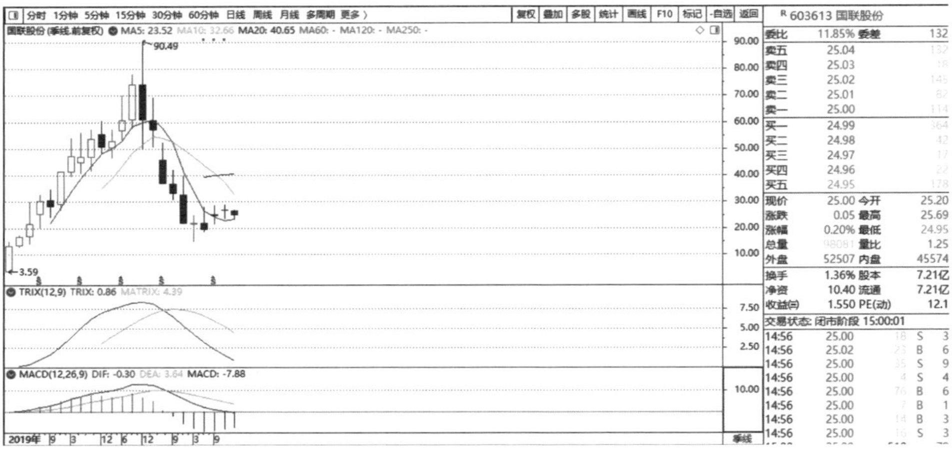

图 4-4-7　国联股份行情图

四、新大正（002968）

从 2023 年 9 月 11 日的情况看，该股（图 4-4-8）季周期 MACD 指标形成死叉有一年半了，TRIX 指标死叉形成也有一年了，KDJ 指标早在 2021 年第 2 季度就形成死叉了。MACD 指标的 DIF 线运行到了 0 轴，股价应该会止跌回稳了，但 TRIX 指标死叉形成后的运行角度太大了。如果 TRIX 指标要形成金叉的话，那么该股还需要在底部横盘整理一定时间，或出现顶背离的情况。未来 TRIX 指标的 TRIX 线会回到 2020 年第 1 季度的近-0.02，然后大概率要横盘整理一段时间才能修复指标，因为 MACD 指标的绿柱状线当时是-2.33，要缩短

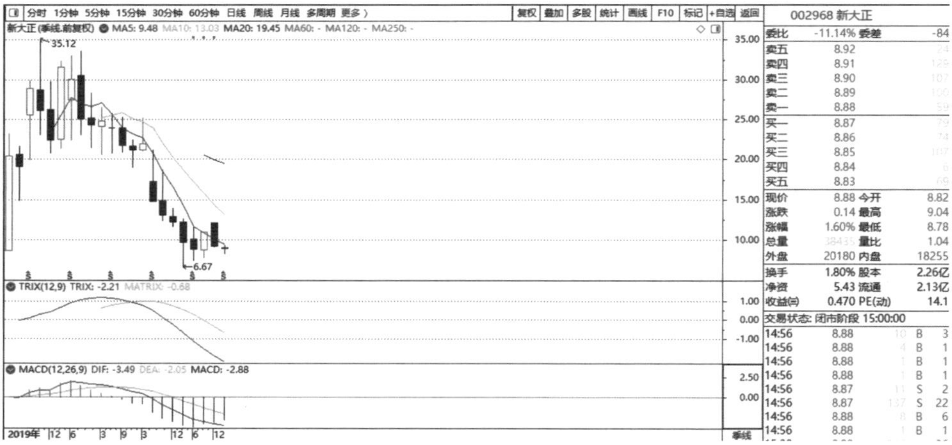

图 4-4-8　新大正行情图

的话也只能慢慢进行，不可能一步到位，这也就是我们平常讲的以时间换空间。2023 年 9 月，KDJ 指标的 K 线和 J 线已经运行到了“超卖”区间，D 值为 25.38，没有运行到“超卖”区间，即使 D 线运行到了“超卖”区间，K 值、D 值和 J 值之间差值太大，该股行情也需要一定时间来修复。2024 年第 2 季度末，年周期级别上，MACD 指标形成死叉且绿柱状线放大，TRIX 指标的 TRIX 线向下运行，KDJ 指标形成死叉并向下发散。

“一”字形股票

一、银信科技（300231）

该股（图 4-4-9）季周期 MACD 指标和 TRIX 指标金叉形成后，呈“一”字形运行。所谓呈“一”字形，即我们在打开个股界面后所看到的状态，如果将个股在界面上拉长，是不会存在这种形态的。

图 4-4-9　银信科技行情图

从 2023 年 9 月 11 日的情况看，该股的 MACD 指标呈约 20 度角向上运行，红柱状线连续放大，TRIX 指标也呈约 30 度角向上运行，KDJ 指标以很难见到的“一”字形出现在季周期级别行情中，在这种情况下，股价一旦有风吹草动，KDJ 指标将会迅速作出反应。需要注意的是，只有在日周期级别上，个股出现“一”字形态，KDJ 指标才会在“超买”区间“一”字形钝化。即使像九安医疗（002432）这样牛的股票，也有在上坡的路上喘口气的时候。出现这种现象的原因，一是为了充分换手，二是让指标进行修复。

我们还注意到，该股日周期、周周期、月周期和季周期等周期共振，即所有周期 MACD 指标和 TRIX 指标均形成金叉并向上运行。2018 年第 4 季度股价见底后，2019 年第 1 季度一根季阳线拉升，使该股季周期级别行情开始步入上升通道。5 季均线在 2019 年第 3 季度见底，在 2019 年第 4 季度形成拐点向上运行。2020 年第 3 季度该股结束上升行情，开始了自 2020 年第 4 季度至 2021 年第 1 季度的下跌行情，接下来是持续 3 个季度的盘整行情和持续 3 个季度的下跌行情，后来又是持续 4 个季度的上升行情。只有季周期级别行情出现反复涨跌，才会形成“一”字形走势。

因此，在日周期和周周期级别上，我们可以依据 MACD 指标、TRIX 指标和 KDJ 指标的情况做高抛低吸。2023 年 9 月，该股正乖离率偏大，日周期级别行情再怎么调整，也就是在 250 日均线上下附近，因为 250 日均线已经呈多头排列，我们看看日周期级别行情最近的低点就能明白。该股年周期 MACD 指标死叉形成后，DIF 线形成拐点向上运行了，但 TRIX 指标不为所动，尽管 5 季均线、10 季均线和 20 季均线已呈多头排列，30 季均线仍在调整之中。此时我们可以根据 2023 年 9 月的情况，推测 2023 年第 4 季度大概率有一根季阴线，所以要防范风险。在各个周期级别上，我们均能找到“一”字形股票的身影，在分钟级别上，它们更是频繁出现。

2024 年第 2 季度末，年周期级别上，MACD 指标和 TRIX 指标形成死叉，KDJ 指标的 J 线已运行到“超卖”区间，会出现多重底。

二、好当家（600467）

打开界面后，可以看到该股（图 4-4-10）季周期 K 线形态、MACD 指标和 TRIX 指标均呈“一”字形，且在相对低位有金叉和死叉，只是波动幅度不大。该股早在 2009 年第 1 季度就见底回升了，而 TRIX 指标于 2023 年 9 月处于金叉状态，经过两年的上涨，TRIX 指标与股价形成了顶背离，股价上涨，而 TRIX 指标却向下运行。MACD 指标也已形成死叉，并且随着股价的上涨，红绿柱状线时长时短，我们不易判断该股的涨跌幅。在这种情况下，我们只能考虑 5 季均线了，5 季均线在 2009 年第 4 季度形成拐点向上运行，上升趋势已经形成，但不排除季周期级别行情会进行调整且调整后一定会在日周期、周周期和月周期级别行情中表现出来，所以我们可以在日周期级别上做低吸高抛。KDJ 指标在前两个季度的季阴线的调整下形成金叉了，引发了一波多头行情。2014 年第 3 季度，该股又有一波长达 1 年的上升行情，这是 2014 年的大牛市行情引发的。1 年牛市行情，加上 2015 年第 4 季度的反弹行情，使收盘价变高，又使 MACD 指标形成金叉。MACD 指标形成金叉后，股价有调整，也有反弹。该股从 2016 年第 1 季度至今在底部呈“一”字形运行状态。从季周期看，KDJ 指标只有 D 线运行到 20 以下的“超卖”区间，并且 KDJ 指标形成金叉后，该股可能会有一波上升行情，但在 2023 年 9 月，KDJ 指标呈发散型，所以该股当时没有出现大的上升行情。年周期 KDJ 指标已接近运行到“超卖”区间，该股值得我们加以关注。2024 年第 2 季度末，年周期级别上，MACD 指标形成死叉且绿柱状线放大，TRIX 指标形成死叉，KDJ 指标形成死叉，J 线会出现三重底。

图 4-4-10　好当家行情图

双底（W 底）形态股票

一、人民网（603000）

该股（图 4-4-11）MACD 指标、TRIX 指标和 KDJ 指标在季周期形成双底（W 底）形态，在季周期级别上，个股一旦形成双底形态，其爆发力是非常强势的。该股从底部 10 元价位，经过一年时间上涨，翻了 4 倍有余。该股本身就具备牛股的基因，其股价在 2019 年第 1 季度就从 6. 61 元涨至 33. 91 元，又经过 14 个季度的深幅调整，卷土重来。KDJ 指标于 2022 年第 3 季度形成金叉，MACD 指标于 2023 年第 1 季度形成金叉，TRIX 指标于 2023 年第 2 季度形成金叉，股价从 9 元涨到了 42. 75 元。从浪形上看，该股已经走完了上升 5 浪，接下来可能会走下跌 3 浪。从年周期看，MACD 指标和 TRIX 指标在即将形成死叉时，KDJ 指标形成金叉了，这更加确定了该股在 2023 年有上升行情，这也是主力启动该股的一个主要原因。

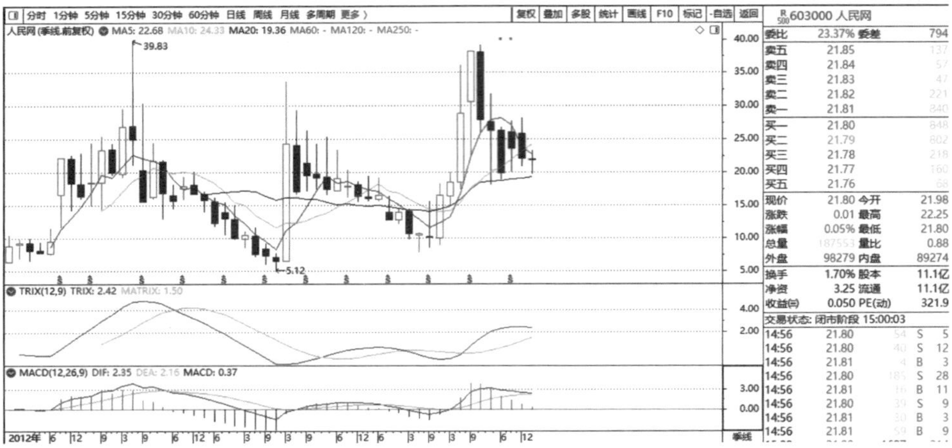

图 4-4-11　人民网行情图

从 2023 年 9 月 11 日的情况看，该股月周期和季周期正乖离率偏大，有继续调整的趋势。在月周期级别上，股价是伴着 5 月均线展开上升行情的。从 KDJ 指标看，第一次是在 2018 年第 4 季度到 2019 年第 1 季度，D 线运行到“超卖”区间；第二次是在 2022 年第 3 季度，D 线运行到接近“超卖”区间，值为 20. 17。这给我们一个启示，跟大盘一样，一旦季周期 KDJ 指标的所有线运行到“超卖”区间，就必定会有一波牛市行情，我们可以多花时间和精力在季周期级别上寻找黑马个股。

2024 年第 2 季度末，年周期级别上，MACD 指标的红柱状线放大，TRIX 指标的两线向上运行，KDJ 指标的 J 线形成拐点向上运行。

二、华力创通（300045）

该股（图 4-4-12）是一只亏损股，从季周期级别行情看，K 线形态是双底，从 MACD 指标、TRIX 指标和 KDJ 指标上看，其形态也是双底。该股于 2023 年 8 月 29 日拉升，可见具有双底形态的个股爆发力有多强势。从 KDJ 指标看，如果 D 线运行到“超卖”区间，双底形态出现，就是买入信号。从 2023 年 9 月 12 日的情况看，该股 KDJ 指标的 J 线已运行到了“超买”区间，这是见顶信号，投资者就可以卖出了。2024 年第 2 季度末，年周期级别上，该股于 2023 年启动一波牛市行情，2024 年出现调整在情理之中，技术面也给予支持。此时 MACD 指标的红柱状线放大，TRIX 指标向上运行，KDJ 指标在空头区域形成金叉。

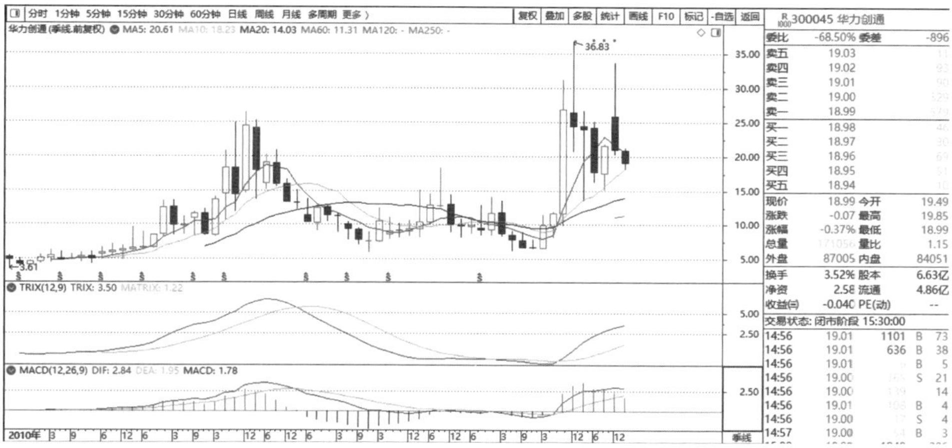

图 4-4-12　华力创通行情图

不涨反跌的股票

中晟高科（002778）

该股（图 4-4-13）KDJ 指标于 2019 年第 3 季度形成金叉，随后在 2020 年第 1 季度，5 季均线与 10 季均线形成金叉，股价形成了上升趋势。2020 年第 2 季度，由于 KDJ 指标的 J 线运行到了“超买”区间，股价回落下跌。2020 年第 2 季度，一根季阳线出现，使 MACD 指标形成金叉，随后 2021 年第 1 季度，TRIX 指标也形成金叉了。自 2020 年第 2 季度以后，股价总体上不涨反跌，其间虽有反弹，也改变不了下跌趋势。这根季阳线在 RSI 指标中的 RSI1 线遇上 RSI2 线后见顶回落，同时 KDJ 指标在“超卖”区间形成金叉后，股价从 11 元涨到了 22.64 元，在 3 个季度里翻了一番，然后 KDJ 指标的 J 线也运行到了“超买”区间，股价见顶回落。

图 4-4-13　中晟高科行情图

从 2023 年 9 月 12 日的情况看，MACD 指标和 TRIX 指标接近死叉，KDJ 指标形成金叉后又形成死叉了，这是个变盘的信号，股价要么上升，要么下跌，MACD 指标和 TRIX 指标的线大概率平稳运行。如果 KDJ 指标的 K 线、D 线和 J 线均运行到“超卖”区间，该股再出现一波上升行情，MACD 指标的 DIF 线会形成拐点向上运行，TRIX 指标的 TRIX 线也会形成拐点向上运行，那么该股的上升空间将会很大。

2024 年第 2 季度末，年周期级别上，MACD 指标的绿柱状线缩短，TRIX 指标的 TRIX 线仍向下运行，KDJ 指标的 J 线在“超卖”区间形成二重底。

涨幅过高的股票

一、双环传动（002472）

该股（图 4-4-14）KDJ 指标两次运行到“超卖”区间后，一次是在 2013 年第 4 季度，另一次是在 2020 年第 2 季度，均启动了一波牛市行情。2023 年第 3 季度 KDJ 指标已接近“超买”区间，该股已形成见顶回落态势，我觉得 2023 年第 2 季度庄家计算好了见顶的时间，在 2023 年 6 月 30 日以后开始让股价回落，留下一根有很短小的上影线的季阳线，随后出现一根季阴线。2023 年 9 月，MACD 指标和 TRIX 指标处于相对高位，KDJ 指标即将处于死叉状态。对于这样的个股，我们不建议抢反弹。2024 年，年周期级别上，MACD 指标的红柱状线放大，股价跌破了 5 年均线，TRIX 指标仍向上运行，KDJ 指标的 J 线已形成拐点向上运行，从季周期级别行情看，该股的下跌趋势形成。

图 4-4-14　双环传动行情图

二、润建股份（002929）

该股（图 4-4-15）在 2021 年第 1 季度到第 2 季度之间，其 KDJ 指标在“超卖”区间形成金叉。此金叉为有效金叉，原因有二：一是 MACD 指标的绿柱状线接近 0 轴，二是 TRIX 指标的 TRIX 线和 MATRIX 线已运行到了负值。随

图 4-4-15　润建股份行情图

后该股走出了一波牛市行情，持续两年。从 2023 年 9 月 13 日的情况看，KDJ 指标已经形成死叉了，下跌行情从 2023 年第 1 季度就开始了，有一根带有上影线的季阳线，在此期间，KDJ 指标的 J 线已运行到了“超买”区间。尽管股价向下运行，MACD 指标的红柱状线缩短，但 TRIX 指标会继续上行，所以没有绝对把握，投资者不要轻易触碰这类个股。2024 年第 2 季度末，年周期级别上，MACD 指标的红柱状线迅速缩短，TRIX 指标的 TRIX 线仍在向上运行，KDJ 指标尚未形成死叉。

三、浙江世宝（002703）

2019 年第 1 季度至第 2 季度，该股（图 4-4-16）KDJ 指标在“超卖”区间形成金叉，对应一下当时的 MACD 指标，由于 2019 年第 1 季度和第 2 季度有两根季阳线，此时 MACD 指标的绿柱状线缩短。谨记一点，只要在绿柱状线连续放大的情况下，有一两根季阳线出现，接下来即使股价下跌，绿柱状线也会连续缩短。随后该股股价连续 4 个季度下跌，MACD 指标与股价形成底背离，由于绿柱状线不断缩短，MACD 指标于 2021 年第 4 季度形成金叉。

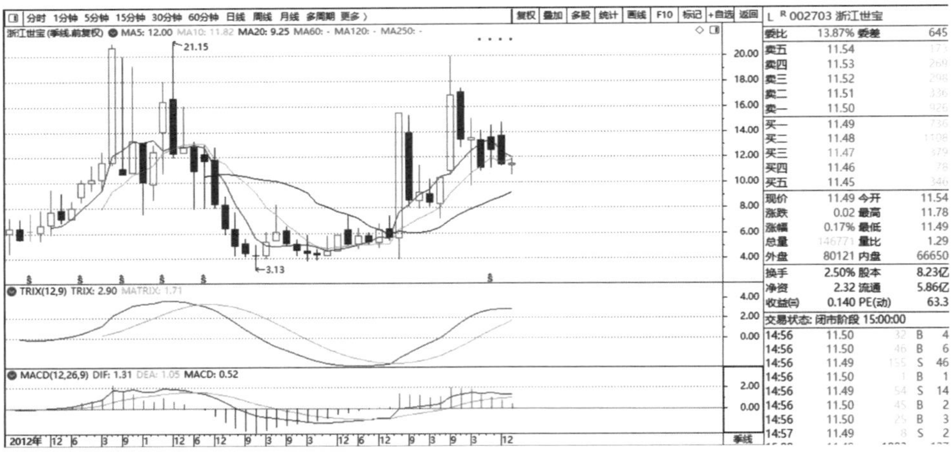

图 4-4-16　浙江世宝行情图

我们可以看到，MACD 指标的绿柱状线呈阶梯状连续缩短，直至绿柱状线转换为红柱状线以后，该股才启动了一波上升行情。我们在 KDJ 指标于 2019 年第 2 季度金叉形成的位置看看 TRIX 指标，此时 TRIX 值是-0.82，MATRIX 值为 1.46，两者之间差值很大，我们从两者的夹角也可以看出，尽管 KDJ 指标已形成金叉，但此时如果主力启动一波上升行情，在理论和实践中均是不可取的。我们看到的结果是，KDJ 指标形成金叉后，3 条线呈“一”字形运行，并没有出现死叉，TRIX 指标形成金叉后，该股启动了一波多头行情，股价在一个季度内从 3.87 元涨至 15.57 元。后来该股深幅调整，3 个季度后，MACD 指标的红柱状线没有呈阶梯状或连续缩短。该股于 2023 年第 2 季度和第 3 季度又启动了一波上升行情。这个例子告诉我们，尽管 KDJ 指标在“超卖”区间已经形成金叉了，也要看看 MACD 指标和 TRIX 指标的情况，判断该股是否具备启动上升行情的理论条件和实际条件。

从年周期看，MACD 指标在 0 轴上方形成金叉了，TRIX 指标的 TRIX 线也形成拐点向上运行了。有一点也非常重要，即 MATRIX 线一直是向上运行的。该股月周期、季周期和年周期正乖离率偏大，有调整的趋势，周周期级别行情在相对较高位做“美人肩”，在季周期级别上，该股下跌趋势已经形成，5 季均线与 10 季均线形成拐点向下运行，MACD 指标的红柱状线呈阶梯状逐渐缩短，TRIX 指标也处于相对高位，KDJ 指标已经形成死叉。投资者可以看看该股在 2015 年第 2 季度至 2020 年第 2 季度的行情走势，与该股在 2020 年第 2 季度至 2024 年第 4 季度的行情走势极其相似，历史不会重演，但仍有惊人的相似之处。2024 年第 2 季度末，年周期级别上，MACD 指标、TRIX 指标和 KDJ 指标一如既往。另外，请谨记，对于涨幅较大的个股，“高处不胜寒，不能乱接盘”。

“骗线”股票

一、科力尔（002892）

该股（图 4-4-17）TRIX 指标于 2021 年第 1 季度眼看就要形成死叉，第 2 季度的一根季阳线，使 TRIX 线形成拐点向上运行，该股出现了一波上升行情，主力庄家在 TRIX 指标上做了一次“骗线”。从 MACD 指标看，2021 年第 2 季度的季阳线使 MACD 指标形成金叉，与此同时，KDJ 指标也形成金叉，尽管不是在“超卖”区间形成金叉，该股也会有一波上升行情。2023 年第 1 季度，该股故技重演，TRIX 指标、MACD 指标和 KDJ 指标出现了同样的情况，但“事不过三”，未来可能不会有这种情况发生了。2024 年第 2 季度末，年周期级别上，该股与浙江世宝（002703）属于同一类型的股票。

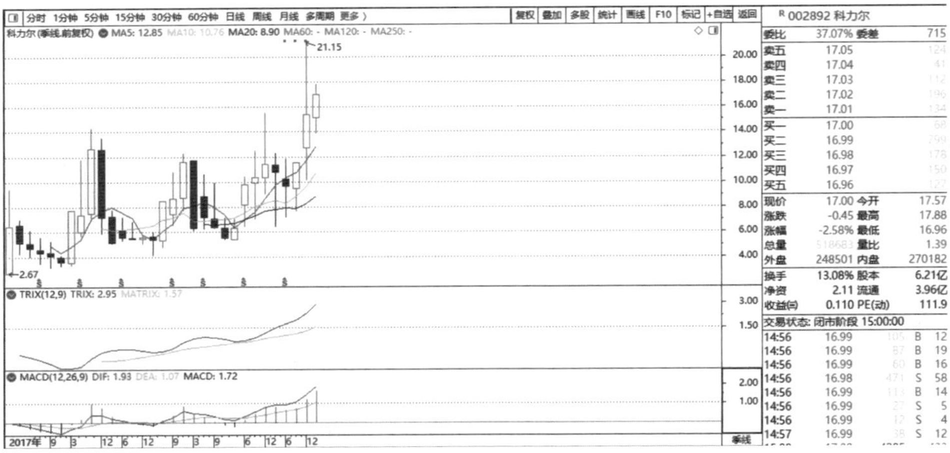

图 4-4-17　科力尔行情图

二、桓林股份（603661）

该股（图 4-4-18）在 2022 年第 1 季度，MACD 指标就已形成死叉，且 TRIX 指标的 TRIX 线平直运行，在 2022 年第 4 季度，眼看 TRIX 指标要形成死叉的时候，2023 年第 1 季度的一根季阳线，让 TRIX 线形成拐点向上运行。实际上，2022 年第 4 季度的 KDJ 指标已形成金叉。从 2023 年 9 月 13 日的情况看，KDJ 指标的 J 线已运行到了“超买”区间，发出了见顶信号。但不排除下季度会有一根季阴线，将 KDJ 指标稍作调整的可能，如果 KDJ 指标作了调整，那么股价将会再次向上运行。因为 TRIX 指标形成拐点，一般股价上升空间会是很大的。2024 年，在年周期级别上，MACD 指标的绿柱状线没有连续缩短，TRIX 指标的 TRIX 线形成拐点后向下运行，KDJ 指标的 J 线形成拐点向下运行，K 线平直运行，但大概率不会形成死叉，该股有机会在 2025 年或 2026 年迎来一波牛市行情。

图 4-4-18　桓林股份行情图

下降通道股票

帅丰电器（605336）

该股（图 4-4-19）的 5 季均线和 10 季均线一直在下降通道中向下运行，5 季均线也没有形成拐点向上运行，MACD 指标的绿柱状线缩短；TRIX 线也没有形成拐点向上运行，如果形成拐点，该股的上升行情即可展开。KDJ 指标在 20 的“超卖”区间上方形成金叉。虽然该股可能走出一波上升行情，但 RSI 指

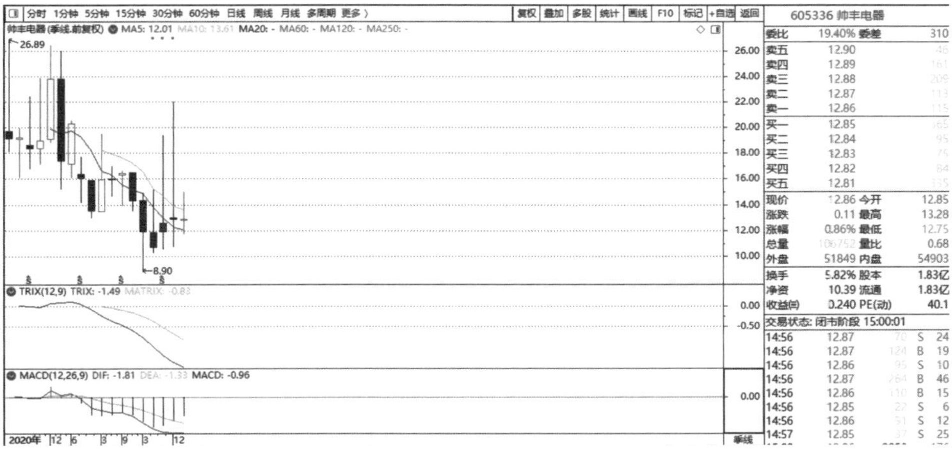

图 4-4-19　帅丰电器行情图

标即将“三军会师”，也就是说只要 RSI1 线、RSI2 线和 RSI3 线形成金叉，股价就可能向下运行，如果股价向上运行，RSI 指标也会向上运行，所以投资者做出判断还是要以 KDJ 指标发出的买入信号为主。2024 年第 2 季度末，年周期级别上，MACD 指标的绿柱状线放大，TRIX 指标的 TRIX 线向下运行，KDJ 指标形成死叉并向下发散。

正乖离率偏大股票

中原传媒（000719）

该股（图 4-4-20）是我在 2023 年 8 月 30 日选取的个股，当时价位为 14.67 元。通过一段时间的回调，在 2023 年 9 月 7 日，该股的收盘价为 12.56 元，该股处于修复正乖离率偏大的状态。根据 2023 年 9 月 13 日的情况看，该股日周期级别行情处于调整状态，如果该股调整到 250 日均线附近，投资者可大胆买入。因为从 MACD 指标和 TRIX 指标所处的位置来讲，该股仍有上升空间。KDJ 指标于 2018 年第 4 季度在“超卖”区间就形成金叉了，但此时的 TRIX 指标的 TRIX 线和 MATRIX 线均为正值，故不可能启动一波上升行情。此后的行情也证明我的预测是正确的，因为该股 KDJ 指标金叉形成以后，股价并没有上涨，且 J 线向下运行，直到季周期 MACD 指标于 2022 年第 1 季度形成金

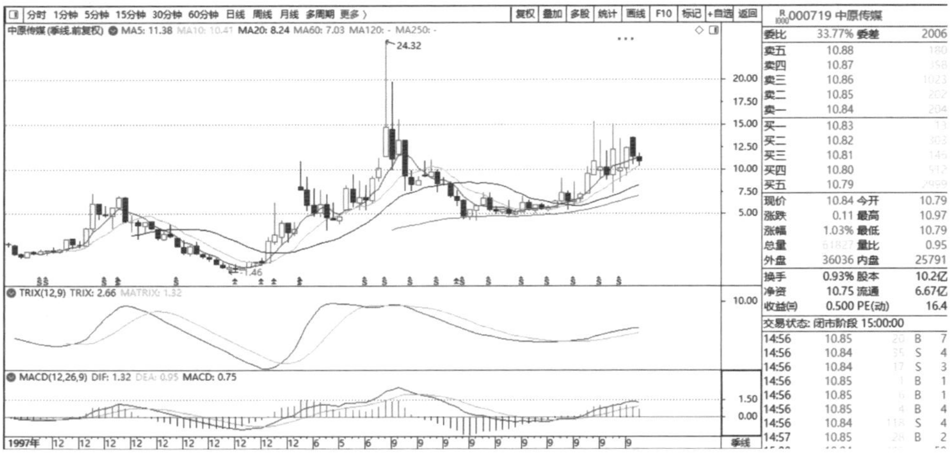

图 4-4-20　中原传媒行情图

叉，TRIX 指标于 2022 年第 2 季度形成金叉后，该股才启动一波上升行情。2024 年第 2 季度末，年周期级别上，MACD 指标在相对高位再度形成金叉，TRIX 指标形成死叉，KDJ 指标在空头区域形成金叉，股价上升会呈慢牛走势。

沿 5 季均线上升股票

一、鸣志电器（603728）

该股（图 4-4-21）KDJ 指标自 2020 年第 2 季度在“超卖”区间上方形成金叉以后，2020 年第 3 季度有一根季阳线，使 KDJ 指标接近“超买”区间，接着 2020 年第 4 季度和 2021 年第 1 季度的两根季阴线，让 KDJ 指标有形成死叉的趋势。我们应该注意到，2021 年第 1 季度正是 TRIX 指标形成金叉的时间，所以我们不要被 KDJ 指标一时向下运行吓倒，要多看各种指标的配合情况。MACD 指标也于 2020 年第 3 季度形成金叉。该股的最大特点即股价在上升过程中，一直伴着 5 季均线向上运行，其强势特征十分明显。2023 年 9 月，该股 KDJ 指标已运行到了“超买”区间，投资者可以见好就收了。2024 年，年周期级别上，MACD 指标的红柱状线放大，TRIX 指标的 TRIX 线向上运行，KDJ 指标的 J 线在“超买”区间形成拐点向上运行（这类 J 线接下来会形成向下运行的拐点），该股下跌趋势已经形成，但也不乏反弹行情的发生。

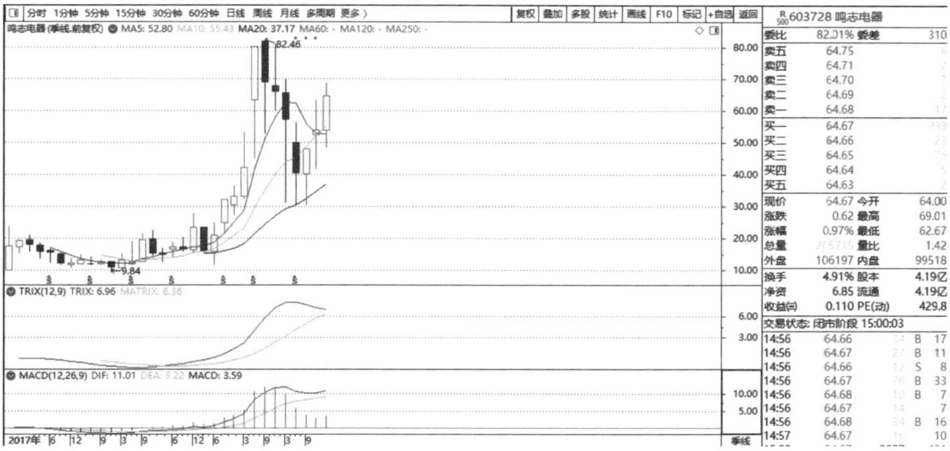

图 4-4-21　鸣志电器行情图

二、新华网（603888）

该股（图4-4-22）KDJ指标自2022年第4季度形成金叉后，MACD指标的红柱状线连续放大，TRIX指标的TRIX线形成拐点后呈近80度角向上运行，季周期K线形态于2023年第3季度之前（包括第3季度）是伴着5季均线向上运行的，一旦该股股价跌破5季均线，调整行情将展开。此外，该股日周期级别行情如果跌破250日均线，就是投资者买入的最好价位。2024年第2季度末，年周期级别上，MACD指标的绿柱状线缩短，TRIX指标形成拐点向下运行，KDJ指标在空头区域接近金叉，该股在2025年可能有牛市行情。

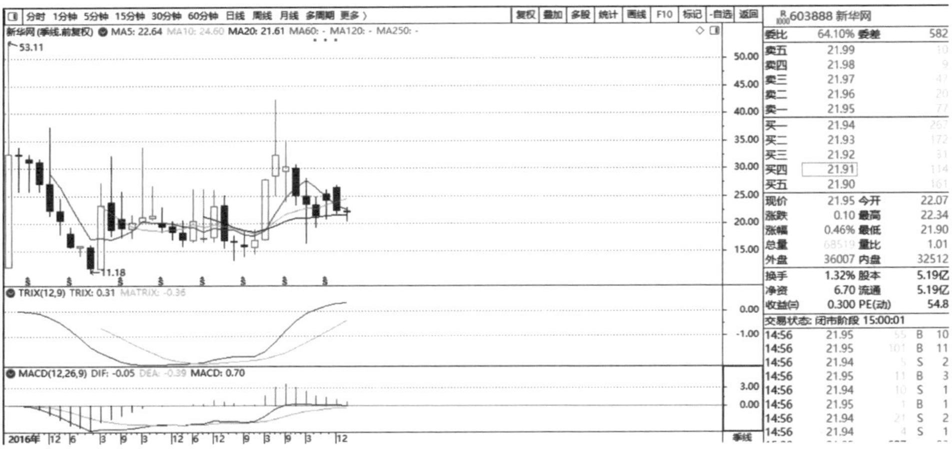

图4-4-22　新华网行情图

日周期、周周期、月周期和季周期共振股票

锐奇股份（300126）

该股（图4-4-23）在日周期级别上，各条均线呈多头排列，只要该股股价敢于跌到250日均线上下，投资者即可大胆买入持仓。从2023年9月13日的情况看，该股日周期、周周期、月周期和季周期MACD指标和TRIX指标均形成金叉，呈共振状态。KDJ指标也在2023年第1季度形成金叉，意味着该股在短期内将有一波上升行情。2024年第2季度末，年周期级别上，MACD指标的绿柱状线缩短，TRIX指标的两线向下运行，KDJ指标在“超卖”区间尚未形成金叉，即使形成金叉，该股大概率会出现反弹行情。

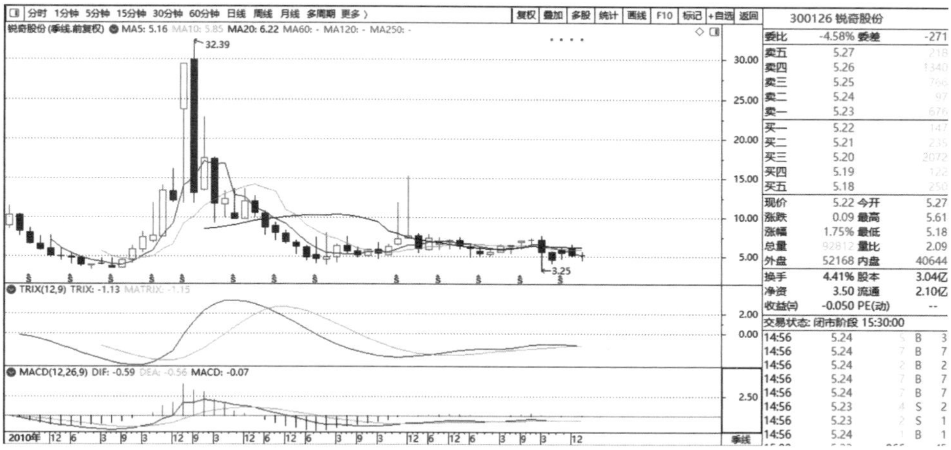

图 4-4-23 锐奇股份行情图

形成拐点向上运行股票

一、慈星股份（300307）

该股（图 4-4-24）季周期 MACD 指标在即将形成死叉之际，DIF 值随着季阳线的拉升，形成向上运行的拐点，并且红柱状线连续放大。TRIX 指标的 TRIX 线从 2022 年第 2 季度至 2023 年第 1 季度大致平行运行，此后形成拐点向

图 4-4-24 慈星股份行情图

上运行。KDJ 指标于 2023 年第 2 季度形成金叉。这种形成拐点向上运行的个股，上升空间较大，而且它是多周期共振的个股。2024 年第 2 季度末，年周期级别上，MACD 指标的绿柱状线缩短，TRIX 指标的两线向下运行，KDJ 指标形成金叉，但大概率属于无效金叉。

二、昊志机电（300503）

该股（图 4-4-25）底部 MACD 指标几度形成金叉或死叉，但 TRIX 指标仅出现一次死叉，就形成拐点向上运行。该股周周期级别行情有调整的要求，KDJ 指标于 2023 年第 1 季度形成金叉，且根据 2023 年 9 月 13 日的情况来看，J 线已运行到“超买”区间，似乎发出了见顶信号。既然这样，通过调整，就存在 J 线向下运行，然后再向上运行的可能性。该股股价如果能运行到 120 日均线的 14 元附近，就是投资者绝佳的买入点位。2024 年第 2 季度末，年周期级别上，MACD 指标的绿柱状线缩短，TRIX 指标的 TRIX 线形成拐点向下运行，KDJ 指标在空头区域尚未形成金叉，该股于 2025 年可能有一波上升行情。

图 4-4-25　昊志机电行情图

以近 90 度角向上运行股票

一、金桥信息（603918）

该股（图 4-4-26）MACD 指标在 2021 年第 4 季度形成金叉，TRIX 指标在 2022 年第 1 季度形成金叉，KDJ 指标在 2022 年第 4 季度形成金叉。KDJ 指标虽然没有在“超卖”区间形成金叉，但三个指标形成了金叉，个股涨幅很大。TRIX 线以近 90 度角向上运行，这种以大角度运行的个股上涨时间短，涨幅很大。

图 4-4-26　金桥信息行情图

从 2023 年 9 月 13 日的情况看，该股日周期级别行情和周周期级别行情均在调整之中，也必须调整，因为季周期正乖离率过大，但只要该股价位调整到 250 日均线附近，投资者即可买入。该股在下跌过程中，日周期级别行情在 60 日均线附近有小反抽，在近 120 日均线又有一波反抽，下跌至 250 日均线附近大概率会有一波反弹。从该股 KDJ 指标形态看，对于这种在“超卖”区间形成金叉后又二次形成金叉的个股，我们在实盘操作中要多加关注，因为黑马就是这样诞生的。

2024 年第 2 季度末，年周期级别上，MACD 指标的绿柱状线缩短，尽管 DIF 线形成拐点向下运行，但随着股价的上升，该状态会出现改变，绿柱状线不会第二次放大。TRIX 指标的 TRIX 线形成拐点向下运行。KDJ 指标有形成金叉的趋势，随着下半年股价上升，该指标又会形成金叉。该股于 2025 年可能有一波上升行情。

二、中国出版（601949）

该股（图 4-4-27）季周期 K 线形态是一个双底形态。2021 年第 1 季度，MACD 指标形成金叉，2021 年第 2 季度，TRIX 指标形成金叉，KDJ 指标也是双底形态，在 2023 年第 1 季度有一次金叉。所以从指标看，KDJ 指标在长线投资中非常好用，因为它比较准确地反映了该股的上升行情和下跌行情。该股TRIX指标的TRIX线以近90度角向上运行，KDJ指标的J线也以90度角向上运行，不像在2019年第3季度金叉形成以后，J线呈斜线向上运行，所以KDJ指标形成金叉后，角度有多大，个股的上升空间就有多大。从2023年9月13日的情况看，该股正乖离率过大，股价会调整到8元附近，也就是在250日均线附近会有一波较大的反弹，但重演牛市行情已经不可能了。因为被热炒过的股票，特别是在短期内被热炒过的股票，主力庄家不会去解放高位套牢的套牢盘。不过历史往往会重演，但可能这是若干年以后的事情了。2024年第2季度末，年周期级别上，MACD指标形成金叉，TRIX指标的TRIX线已形成拐点向上运行，KDJ指标的K线和J线在空头区域形成拐点向下运行，但随着股价上升，该指标会形成拐点向上运行或恢复为向上的趋势。该股于2025年可能有一波上升行情。

图4-4-27 中国出版行情图

后　记

“都云作者痴，谁解其中味”

股票交易市场上，每天都重复着同一个故事，这个故事里有“阴阳”“沉浮”“升降”“红绿”和“涨跌”。

本书中没有金句和名言，更没有什么经典案例，每一句话都充盈着温暖、善良和爱意，而每一个数据都充斥着无奈、失望和悲凉。2023 年 10 月 19 日，大盘直奔 3000 点，收盘 3005.39 点，真正印证了那句股谚：“利好出尽是利空。”

“大盘篇”采用常见的技术指标，对大盘各周期级别行情的走势进行了较有成效的解析，梳理了我国股票市场建立以来的历史脉络，以及牛熊交替的规律，使我们在面对暴跌的大盘时不会恐慌，也不会迷失方向、迷失自己。

“中长线股票篇”主要引导投资者以 MACD 指标、TRIX 指标和 KDJ 指标周期共振原理来选取个股。小周期是局部的，大周期是全局的，看大做小，看长做短，小周期级别和大周期级别代表短和长的时间周期的差异，而方向的分歧和统一，则反映了不同级别走势的分化和共振。

在“短线股票篇”中，我们重点讨论了脉冲股票。这种股票在交易市场中大行其道，几乎每周都有个股出现这种情况，特别容易让有追涨心态的散户投资者深受伤害，所以散户投资者在二级市场交易过程中要高度关注，谨慎小心，避免落入多头陷阱。

在“运用各周期级别 MACD 指标、TRIX 指标和 KDJ 指标选股需要注意的问题”一篇中，一些出现在K线形态、均线形态和技术指标形态中的问题，为我们是否进场或离场提供了依据，我在书中一一作出了解读。

股票交易的最高境界是静如处子，动如脱兔。股票市场永远不缺机会，缺少的是如何盈利的技巧。投资者要有足够的耐心等待交易机会，一旦出现进场信号，必须毫不犹豫地出击，同时还要谨记以下几点：一是水能载舟，亦能覆舟；二是大禹治水，因势利导；三是兵无常势，水无常形；四是细水长流，跬步千里；五是上善若水，大爱无疆。

股票价格受宏观经济、投融资体制、市场情绪和投资者偏好等多种因素影响。我们身处股市，对市场要有敬畏之心，洞悉股市，就明白了人生，挖掘人性，就会知晓交易的密码，与市场为伴，以交易为乐，少一点埋怨，多几份理性。真真切切地掌握一点技巧，炒股一旦开了窍，人生就像“开了挂”。

本书是作者近三十年磨一剑之作，有些章节以类似日记体的形式写作，成书时仍会留下一些不足之处。更多精彩和糟糕的事情每天都在市场上演绎着，本书不可能面面俱到，因为证券市场确实是太博大精深了。股市里没有专家，只有赢家和输家，更没有料事如神的股神。

最后，希望广大散户投资者管理好自己的账户，没有永远的成功，也没有永久的失败。“不要忘了，这个世界上能够穿透一切高墙的东西，它就在我们的内心深处，那就是希望。”没有过不去的冬天，也没有来不了的春天，让我们在探索股市的道路上一起共勉！“天下熙熙，皆为利来；天下攘攘，皆为利往”，追逐梦想是每个人的心愿和希冀。愿普天下人心随所愿，心想事成，不负岁月，不负韶华！赚钱才是硬道理！对于书中谬误之处，敬请见谅！

人生九十九步是努力，最后一步是冲刺和拼命！